DORDOGNE
PERIGORD · QUERCY

Vordere Umschlagklappe: Dordogne

Hintere Umschlagklappe: Périgueux

Alo und Nikolaus Miller

DORDOGNE

DUMONT

Titelbild: Kanufahrt auf der Dordogne
Umschlaginnenklappe vorne: Les Eyzies-de-Tayac
S. 2/3: Die Dordogne bei La Roque-Gageac
S. 8: Beynac
S. 58: Larroque-Toirac
S. 198: In La Roque-Gageac
Umschlaginnenklappe hinten: Im Lot-Tal

Alo Miller, Jahrgang 1950, studierte Germanistik, Geschichte, Sozialkunde und arbeitet heute als Lehrerin in München. Dr. Nikolaus Miller, Jahrgang 1949, studierte Germanistik und Romanistik und unterrichtet in Augsburg. Bei DuMont erschienen von ihnen die Reise-Taschenbücher »Réunion« und »Guadeloupe und Martinique«.

Die Deutsche Bibliothek – CIP-Einheitsaufnahme

Miller, Alo und Nikolaus:
Dordogne / Alo und Nikolaus Miller. –
Köln: DuMont, 2000
    (DuMont-Reise-Taschenbücher ; 2183)
    ISBN 3-7701-3205-X

© 2000 DuMont Buchverlag, Köln
Alle Rechte vorbehalten
Satz und Druck: Rasch, Bramsche
Buchbinderische Verarbeitung: Bramscher Buchbinder Betriebe

Printed in Germany   ISBN 3-7701-3205-X

INHALT

LAND & LEUTE

Natur und Geschichte

Fluss und Region	12
Thema: Steckbrief Dordogne-Tal	13
Thema: Die Gabariers: Aus der Zeit der Flussschiffer	14
Geologie	16
Klima	19
Flora und Fauna	20
Daten zur Geschichte	22
Thema: Der Cro-Magnon-Mensch	28

Wirtschaft und Kultur

Architektur	32
Thema: Kleines Architekturlexikon	33
Thema: Rosbifs retten Patrimoine	36
Landwirtschaft und Nahrungsmittelindustrie	42
Thema: Der Faustkeil im Maisfeld:	
Interview mit Monsieur Delpeuch	46
Thema: Kulinarisches ABC	54
Küche	55

UNTERWEGS IN DER DORDOGNE

Quercy

Argentat und die Dordogne-Schluchten	62
Ausflüge im Grenzland – Von Beaulieu bis Turenne	63
Bretenoux-Castelnau	67
St-Céré	68
Thema: Jean Lurçat: Schöpfer des modernen Gobelins	70
Von Loubressac nach Padirac	73

Rocamadour	75
Zwischen Carennac und Martel flussabwärts	79
Souillac	85
Die Bouriane	87

Lot-Tal

Cahors	90
Felspanoramen – Von St-Cirq-Lapopie flussaufwärts	94
Figeac	96
Célé-Tal	99
Die Weinstraße – Von Mercuès nach Puy-l´Evêque	103
Thema: Gehen Kommen Bleiben:	
Was Menschen im Lot-Tal bewegt	104
Bonaguil	106

Sarladais

Von Fénélon nach Montfort	110
Die Bastide Domme	111
La Roque-Gageac	114
Castelnaud und Beynac	115
Thema: Wurfmaschinen	117
Sarlat	120
Moulin de la Tour	125
Thema: Grüne Träume:	
Die Gärten von Marqueyssac und Eyrignac	126
Der Kanton Salignac	128

Vézère-Tal

Beune-Täler	132
Les Eyzies-de-Tayac	135
Thema: Höhlenmalerei	136
Zwischen Tursac und St-Léon-sur-Vézère	141
Losse und Le Thot	142
Lascaux – »Sixtinische Kapelle der Vorgeschichte«	143
St-Amand-de-Coly	146
Montignac – Auf den Spuren von Eugène Le Roy	147
Thema: Jacquou le Croquant:	
Ein périgordinischer Robin Hood	149
Rouffignac	151

Périgueux und Dronne-Tal

Périgueux	154
Zwischen Auvézère und Dronne	163
Brantôme	166
Thema: Sittsamkeit ist Formsache:	
Über den galanten Schriftsteller Brantôme	168
Bourdeilles	171
Ribérac – Rundfahrt für Romanikliebhaber	173

Bergeracois

Limeuil und Trémolat – Route des Cingles	178
Lalinde und der Kanal	180
Lanquais	181
Cadouin	183
Straße der Bastiden – Beaumont und Monpazier	185
Thema: Bastiden	186
Biron	188
Bergerac	190
Monbazillac und weiter südlich	193
Auf dem Weg nach Bordeaux	195

TIPPS & ADRESSEN

Reisevorbereitung	201
Anreise	203
Unterwegs im Dordogne-Tal	204
Unterkunft	205
Essen und Trinken	207
Urlaubsaktivitäten	209
Kleiner Sprachführer	212
Informationen von A bis Z	214
Abbildungsnachweis	217
Verzeichnis der Karten und Stadtpläne	217
Register	218

LAND & LEUTE

»Da und dort zeigt ein im Schatten von Nussbäumen ruhendes Dorf die grauschimmernde Masse seiner Steindächer.«

Eugène Le Roy

Natur und Geschichte

Fluss und Region

Geologie

Klima

Flora und Fauna

Daten zur Geschichte

Die Dordogne bei Château Fayrac

Die Dordogne bei Gluges

Fluss und Region

Die **Dordogne** ist mit fast 500 km einer der längsten Flüsse Frankreichs. Unter dem höchsten Gipfel des Zentralmassivs, dem Puy de Sancy (1885 m), entsteht sie aus dem Zusammenfluss der Dore und der Dogne. Sprudelnd stürzt sie durch die Schluchten der Auvergne und des Limousin, bis zwischen Bort und Argentat mehrere Staustufen den Bergfluss in eine Abfolge künstlicher Seen verwandeln. Ab Argentat beginnt die Dordogne den gemächlichen Parcours, für den sie berühmt ist. Denn jenseits des harten Vulkan- und Granitgesteins setzen die Kalkablagerungen des Quercy und Périgord ihren Fluten wesentlich weniger Widerstand entgegen. So wetzt sie an den Plateaus und schlängelt sich unter Felsenfestungen talwärts, wobei die typischen Mäander bei nachlassendem Gefälle immer größer und weiter ausfallen. Die Strecke der Schleifen (*cingles*) endet in der Ebene von Bergerac, wo der breit gewordene Fluss nun der Garonne entgegenströmt, um mit ihr nördlich von Bordeaux den Gironde-Trichter zu bilden und in den Atlantik zu münden.

60–80 km südlich nimmt der **Lot** auf fast gleich langer Strecke einen parallelen Verlauf. In den Cevennen entsprungen, passiert er bei Figeac die südlichen Ausläufer des Zentralmassivs, um in immer größeren Schleifen der oberen Garonne zuzustreben. Von Norden her ist die mit der Corrèze vereinigte **Vézère** eben-

Fluss und Region

Steckbrief Dordogne-Tal

Provinz	Quercy	Périgord
Département	Lot	Dordogne
Fläche	5217 km²	9060 km²
Einwohner	158 000	388 000
Bevölkerungsdichte	52 pro km²	42 pro km²
Arbeitslosigkeit	10,5 %	11,8 %
Beschäftigte		
– in der Landwirtschaft	15,5 %	13,1 %
– in der Industrie	22,7 %	23,8 %
– im Dienstleistungsbereich	61,8 %	63,1 %
Hauptstadt	Cahors	Périgueux
	(22 676 Einw.)	(30 280 Einw.)

falls ein kleineres Ebenbild der Dordogne. Der Zusammenfluss dieser beiden Wasserläufe ist der ästhetische Höhepunkt des ganzen Tals, denn die Vézère nähert sich mit immer majestätischeren Schleifen der Dordogne, die just nach der Mündung ihre prächtigsten Mäander (Cingle de Limeuil, Cingle de Trémolat) vollführt. Parallel zur Vézère bilden die **Auvèzère, Isle** und **Dronne** im ›Grünen Périgord‹ eine noch dichtere Abfolge von Wasserläufen. Alle diese Flüsse entspringen den Ausläufern des Zentralmassivs, das man zu Recht als Wasserturm Frankreichs bezeichnet, und das angesammelte Nass ergießt sich wiederum in den Trichter der Gironde. So versteht man auch, weshalb die Römer das große Becken zwischen dem Zentralmassiv, den Pyrenäen und dem Atlantik *Aquitania*, das wasserreiche Land, genannt haben.

In diesem aquitanischen Becken bildet die Dordogne mitsamt ihren Seitentälern eine Region des Übergangs. Noch gebirgsnah und doch schon südlich, dem Atlantik zugewandt und immer noch zwischen Plateaus gesperrt, ist sie – von Bordeaux aus betrachtet – finsteres Hinterland und – von der Auvergne aus gesehen – weltoffener Südwesten. Die Ambivalenzen sind aber keine Frage der Perspektive, sondern charakterisieren die in diesem Buch beschriebene Gegend, die geographisch, historisch wie kulturell von erstaunlicher Einheitlichkeit ist. Ohne Oberlauf und ohne Mündung, steht die Dordogne – als Landschaftsname verwendet – für diese Region des Übergangs. Dass man sie in zwei Provinzen (Quercy, Périgord) aufgegliedert, diese in Départements verwandelt (Lot, Dordogne) und schließlich unterschied-

Natur und Geschichte

Die Gabariers
Aus der Zeit der Flussschiffer

Die Dordogne, in geringerem Umfang auch der Lot und die Vézère, sind heute beliebte Paddlerreviere. Kanus, Kajaks, Schlauchboote sieht man tagsüber im Wasser und morgens wie abends auf Minibussen, die unternehmungslustige Urlauber zum Startplatz transportieren oder am Ziel wieder auflesen. Nur an der unteren Dordogne, von Bergerac Richtung Bordeaux, verkehrt noch der eine oder andere Frachter. Außerdem fahren auf der Paddlerstrecke noch ein paar Ausflugsboote, die *gabares* heißen. Einige von ihnen waren vor wenigen Jahren für die französische Fernsehserie »Rivière Espèrance« (Hoffnungsfluss) gebaut worden. Die sagenhaften Zeiten, die in dem nostalgischen Familienmelodram vor Millionen von Zuschauern wiederauflebten, liegen nicht einmal lange zurück. Denn erst Ende des 19. Jh., mit dem Aufkommen der Eisenbahn, war die traditionelle Flussschifffahrt dem Untergang geweiht.

Schon im Mittelalter nutzten Kaufleute die Flüsse als Handelswege, und der aus Cahors stammende Papst Johannes XXII. steckte im 14. Jh. kirchliche Gelder in den Bau von Schleusen. Doch erst die Fertigstellung des Kanals von Lalinde läutete Mitte des 19. Jh. die große Zeit der Dordogne-Schifffahrt ein. 1848–57 zählte man im Jahresdurchschnitt 325, 1858–67 sogar 400 Schiffe. Das war nicht wenig, wenn man bedenkt, dass das »Jahr« durchschnittlich aus nur 27 Fahrtagen bestand. Die Frachter, oft zu »Zügen« zusammengestellt, brachten vor allem Holz aus den Wäldern der oberen Dordogne. Aber auch Käse aus der Auvergne, Kastanien aus dem Limousin und Kohle aus den Gruben von Argentat wurden flussabwärts geschippert. In umgekehrter Richtung kamen von Bordeaux Meersalz, Trockenfisch und überseeische Gewürze ins Binnenland, und von Bergerac wurden Lumpen an die flussaufwärts gelegenen Papierfabriken geliefert.

Schifffahrt auf einem Wildfluss – das war keine einfache Sache. Der stark schwankende Wasserstand war im Sommer zu niedrig, in verregne-

lichen Verwaltungsregionen (Midi-Pyrénées, Aquitaine) zugeschlagen hat, verwirrt vor allem die ausländischen Besucher, kann aber an der Identität der Region nichts ändern.

Im Osten markiert ein geologischer Wechsel die Grenze zum Limousin und zur Auvergne mit ihren Granit-, Gneiss- und Schieferböden. Das **Quercy** beginnt mit dem

Fluss und Region

ten Wintern und nach der Schneeschmelze wiederum zu hoch. Nur im Frühjahr und Herbst zeigte der Pegel von Argentat längere Zeit einmal die richtige Marke von 1,50–2 m. Das Fehlen einer sicheren Fahrrinne, die wandernden Schwellen und Sandbänke, tückische Strudel und Felsenriffe erforderten dann viel Fingerspitzengefühl und Erfahrung, vor allem auch einen flachbödigen Bootstyp. Diese *gabare* war 8–20 m lang, lief vorne spitz zu und hatte am breiten Hinterende ein langes Steuerruder. Es war das wichtigste Instrument, denn die Fortbewegung besorgte die Strömung, nur zum Manövrieren und Beschleunigen wurden die vorne eingelegten Ruder benutzt. Die wenigsten Schiffe hatten einen Segelmast, der bei der Brückendurchfahrt blitzartig umgelegt und wieder aufgerichtet werden musste. In den Schleusen, teilweise auch flussaufwärts wurde getreidelt. Die meisten Kähne fuhren ausschließlich flussabwärts und wurden am Zielort zerlegt, so dass mit der Ladung auch die Schiffsplanken zum Verkauf kamen. Nach dem Starthafen, in dem sie als »Wegwerfkähne« zusammengezimmert wurden, nannte man sie auch *argentats*.

Von Argentat bis Souillac benötigten die Frachter etwa 8 Stunden. In weiteren Tagesetappen ging es dann hinunter nach Bergerac und Bordeaux. Die Flussschiffer, die *gabariers*, waren selbstbewusste Unternehmer, die aber von den Kaufleuten abhängig waren. Denn die Aufkäufer garantierten die sichere und vollständige Abnahme der Ladung nur zu ihrem Preis. Man ahnt die Diskussionen und Temperamentsausbrüche in den Aubergen, wo sich die Gabariers bei Suppe und nicht nur einem Glas Wein trafen. Vor allem in Argentat hielten sie sich wochenlang unter Ihresgleichen auf. Sie warteten dort nicht nur auf den richtigen Pegelstand, sondern sicherten die Ladung, kümmerten sich um die Frachtpapiere, stellten ihre Mannschaft zusammen, besorgten den Proviant. In den Häfen boten sich junge Leute als Matrosen, Lotsen und Treidler an. Natürlich wurden auch Mädchen in die Gasthäuser gelockt, wo sich die Flussschiffer mit Glücksspiel, Gesang und Tanz die Zeit vertrieben. Frau und Kind begnügten sich zuhause derweil mit der Vorfreude, denn irgendwann kam das Familienoberhaupt mit Geld und allerlei Erzählungen heim.

Kalkstein, den die Dordogne in zwei große Plateaus spaltet: den Causse de Martel im Norden und den Causse de Gramat im Süden. Zwischen dem Lot und seinem Zufluss Célé folgt dann noch der kleine Causse de Cajarc. Der fruchtbarste Winkel des weitgehend von kargen Hochflächen geprägten Quercy ist die Limargue, eine weite

Senke im Mündungsdelta von Dordogne und Céré.

Weiter westlich erkennt man das **Périgord** am Farbwechsel der Häuser. Der Kalkstein, seit Jahrhunderten wichtigstes Baumaterial, leuchtet nicht mehr hellgrau, sondern ockergelb. Wegen der dunklen Steineichen hat man die bewaldete Hügellandschaft im Dordogne-Vézère-Dreieck als ›Schwarzes Périgord‹ bezeichnet. Es bildet im Umkreis der Stadt Sarlat das Herzstück der ganzen Dordogne-Region. Rund um Périgueux liegen das ›Grüne Périgord‹, bewaldetes Hügelland, und das ›Weiße Périgord‹, nach den Kreideböden benannt, eng beieinander. Das ›Purpurne Périgord‹ ist ein neueres Etikett, welches das Bergeracois mit dem Rotwein in Verbindung bringt. Das Tal weitet sich zur Ebene, wo hinter Lamothe-Montravel die Grenze zum berühmteren Anbaugebiet von Bordeaux verläuft.

Geologie

Karstlandschaften gibt es nicht nur im ehemaligen Jugoslawien, dessen meist waldlose Hochflächen mit dem ursprünglich slowenischen Begriff *Kras* verbunden wurden. Als Karst bezeichnet man heute alle geologischen Erscheinungen, die auf die Wasserlöslichkeit von Gesteinen zurückgehen. Die Kalkplateaus des Dordogne-Tals geben dafür viel Anschauungsmaterial.

Karstrelief

An die Granit- und Gneissformationen des Zentralmassivs schließen sich westwärts die Kalkplateaus des Quercy und Périgord an. Sie sind wesentlich jüngeren Datums und stammen von verschiedenen Meeresüberflutungen, denen jeweils Perioden des Meeresrückzugs folgten. Auf dem alten Sockel haben Jurameer (Quercy) und Kreidemeer (Périgord) Schichten von Sand, Muscheln, Ton abgelagert. Der trockenliegende Meeresboden verfestigte sich im Tertiär zu **Kalkstein**, der gebietsweise mit Geröllschutt aus dem Zentralmassiv bedeckt wurde. Unter dem eigenen Gewicht und infolge der Plattentektonik bekamen die 60–300 m dicken Kalksteinplateaus damals Risse. Zur selben Zeit begannen die aus dem Gebirge abfließenden Wasserläufe in das weiche Gestein Täler zu graben.

Die Landschaft der Dordogne hat ihre liebliche und karge Seite, besteht aus saftig-grünen Flusstälern und trockenen Hochplateaus. Diese tafelartigen **Causses** weisen trichterförmige Dolinen mit Lehmböden auf. Sonst sind die Hochflächen steiniges, ödes Weideland, das an notorischem Wassermangel krankt. Trocken ist aber nur die Oberfläche, denn alles Wasser versickert in dem durchlässigen Kalkstein. Wenn weiter unten wasserundurchlässige Ton-Mergel-Schichten den Sickerprozess stoppen, sprudelt eine Karstquelle aus dem Massiv. Manchmal verschwinden ganze Bäche nach einer

Geologie

Verkarstung einer Landschaft mit Bildung einer Tropfsteinhöhle

oberirdischen Strecke in Schlucklöchern, werden zu unterirdischen Wasserläufen, die Kilometer später an tieferer Stelle ins Tal schießen.

Abris und Höhlen
Die so genannten **Abris** (frz. Unterstand) sind Felsdächer, die durch äußere Einwirkung in der Ufersteilwand entstehen. Die Flüsse graben sich immer tiefer in den Kalkstein und unterspülen dabei die zunehmend höher aufragenden Felswände. Wenn die entstandenen Überhänge einstürzen, ist der Canyon wieder ein Stück breiter. Doch die Erosion durch die Wirkung des Wassers betrifft nur den unteren Bereich der Steilwand. Im oberen, vom Fluss längst freigegebenen Teil entfaltet der Frost seine Sprengwirkung. Die Kalksteinschichten sind unterschiedlich porös und daher mehr oder weniger feucht. Während der kalten Perioden gefriert das eingedrungene Wasser und es entstehen Frostrisse oder Eisklüfte. Das Gestein wird brüchig, sukzessive lösen sich Platten ab, und hoch über dem Ufer entsteht eine Terrasse mit Felsdach. Je tiefer die Aushöhlung, desto größer die Einsturzgefahr. Geröll sammelt sich vor dem Abri, der mit fortschreitender Erosion tiefer in den rückwärtigen Fels hineinwächst.

Die **Höhlen** hingegen bilden sich im Inneren des Kalksteinblocks und sind nach außen abgeschlossen, daher nicht leicht zu entdecken und entsprechend geheimnisumwittert. Die kleinsten Hohlräume sind das Werk des Regenwassers, das in die Ritzen des Karstplateaus dringt. Mit Kohlensäure angereichert, frisst es sich durch den Kalkstein, weitet die

Treidelweg im Lot-Tal

Spalten zu Schloten und Schächten. Zur vertikalen Zerklüftung kommt eine horizontale, denn längs der Schichtungsfugen bilden sich Galerien. Die verschiedenen Karstgefäße verbinden sich schließlich zu einem Netz von Röhren. Wenn das gesammelte Sickerwasser oder eingebrochene Wasserläufe darin frei strömen, entstehen Höhlenflüsse, die den Kalkstein noch tiefer ausschwemmen und Töpfe, Gesimsbänke, Kuppeln bilden. Das Flussbett kann sich zum See weiten oder über Stufen Kaskaden ausformen. Je höher das Gewölbe zum Plateau hinauf wächst, desto eher kommt es zum Einsturz. Die Höhle wird dann im Französischen nicht mehr als *grotte*, sondern als *gouffre* bezeichnet.

Tropfsteinbildungen
Wenn das kalkhaltige Sickerwasser aus dem Gestein in die lufterfüllte Höhle tropft, kommt es unter dem Druck- und Temperaturwechsel zu einer chemischen Umwandlung. Das Kohlendioxid entweicht, ein Teil des Wassers verdampft und der aufgelöste Kalkstein rekristallisiert sich in Form von Kalkspat (Calcit). Dieses formenreiche Mineral ist wasserklar bis schneeweiß und wird erst trüb, wenn die Kristallbildung aufhört. Weiß leuchtet aber nur der chemisch reine Kalkspat, der sich rötlich oder grünlich verfärbt, wenn im Tropfwasser Eisenoxide oder Mangan enthalten sind.

An der Höhlendecke bilden sich eiszapfenähnliche **Stalaktiten,** die relativ schnell (5–15 cm pro Jahrhundert) nach unten wachsen und sich zunehmend verdicken. In umgekehrter Richtung und wesentlich langsamer (1 cm pro Jahrhundert) wachsen vom Höhlenboden die massiver ausfallenden **Stalagmiten** in die Höhe. Wenn sich diese komplementären Tropfsteine vereinigen, entstehen Säulen oder Orgeln. Bei diesen Gebilden ist das Längenwachstum eingestellt, aber ein ständiger Wasserfilm auf ihrer Oberfläche sorgt für stetige Verdickung. Ähnlich bilden sich an schrägen Flächen durch Abwärtsrinnen der Kalklösung Sinterfahnen.

Geologie und Klima

Neben den klassischen Konkretionen gibt es in den Höhlen Südwestfrankreichs so genannte **Excentriques.** Es sind seltsam verschlungene Sinterröhrchen, die wider alle Gesetze der Schwerkraft in den Raum wuchern und korallenartige Polster bilden. Bei diesen scheinbar anarchischen Tropfsteinbildungen bestimmt vor allem das Kristallwachstum die Richtung. Die Regelmäßigkeit des Kristallaufbaus spiegelt sich in den Dreiecken (*triangles*) oder gar Sechsecken (*hexagones*), die sich auf dem wechselnd hoch unter Wasser stehenden Boden bilden können. Ähnlich wie dieser Bodensinter sind auch die **Sinterbecken** (*gours*) Calzitablagerungen des teils stehenden, teils abfließenden Wassers.

Klima

Im Dordogne-Tal herrscht ein atlantisch-kontinentales Mischklima, das zugleich milde und strenge Züge aufweist. Die Temperaturen schwanken zwischen –10° und 14° C im Winter und 25° und 33° C im Sommer. Vom Meer her kommt feuchte, vom Zentralmassiv trockene Luft. Die meisten Niederschläge gibt es im Frühjahr und Herbst, was Blumen und Pilze hervorschießen lässt. Im Sommer regnet es selten und wenig, bei längeren Hitzeperioden verbreitet sich auch in den Tälern das fahle Gelb der Causse-Hochplateaus. Im Winter gibt es schon einige Frosttage, aber Schnee fällt fast nie.

Flora und Fauna

Das feucht-warme Mischklima begünstigt den Anbau von Obst, Mais, Tabak, Walnuss, Wein, die als typische Kulturen das Landschaftsbild des Dordogne-Tals prägen. Jahrhundertelang wechselten sie auf engem Raum, und erst seit Jahrzehnten weicht der bunte Fleckenteppich großflächigen Feldern und Plantagen. Um die Schäden der intensivierten Landwirtschaft zu begrenzen und Nitrate zurückzudämmen, pflanzt man sogar im Talbereich wieder Wiesen und Wälder.

Jenseits der Niederungen dominiert der **Laubwald,** der im Département Dordogne mehr als 40% der Fläche bedeckt. Es ist eines der größten geschlossenen Waldgebiete Frankreichs, leider durch den Jahrhundertorkan vom 26. Dezember 1999 stellenweise brutal gelichtet. Man spricht vom ›Schwarzen Périgord‹, weil die beherrschenden Steineichen zusammen mit den schwärzlichen Stechpalmen die Wälder dunkelgrün färben. Es gibt aber auch hellere Wälder, vor allem Bestände von Hainbuchen und Esskastanien, in die sich der Montpellier-Ahorn und nachgeforstete Kiefern mischen. Ein dichtes Gestrüpp von Brombeer, Efeu und Schlehen behindert heute die Pilzsucher, die nach Mairitterlingen, Morcheln, Pfifferlingen und Steinpilzen Ausschau halten. Früher war das Durchforsten des Waldes weniger mühsam, weil noch Schafe und Ziegen das Unterholz zerbissen. Nur der ›gefegte‹ Wald ist im übrigen für den Trüffelanbau geeignet.

Eine besondere Vegetation überzieht die trockenen Hochflächen der **Causses,** die vor allem im Département Lot die Landschaft bestimmen. Die mageren Ziegenweiden sind durchmischt von Steineichen, Wacholderbüschen und intensiv duftenden Geißblattgewächsen. Am eindrucksvollsten sind jedoch die wildwachsenden Orchideen, von denen man rund 20 Arten gezählt hat. Zwischen Mai und Juni blühen das gefleckte Knabenkraut, die Pyramiden-Hundswurz, die breitblättrige Sumpfwurz, die grünliche Waldhyazinthe, das rote und weiße Waldvögelein, um nur einige der phantasievollen Namen zu nennen.

Die Orchideenblüten gleichen oft geheimnisvollen **Insekten,** und der Botaniker ist dann überrascht, wenn eine schöne Libelle, eine leibhaftige Wespe, Grille, Heuschrecke oder gar eine Gottesanbeterin auftaucht. Farbakzente setzen gerade auf den Causses vor allem die **Schmetterlinge.** Grell leuchten auch die giftgrünen Smaragd-Eidechsen, die wie alle Eidechsenarten das warme Gestein lieben. Die anderen **Reptilien** bevorzugen feuchtere Plätze, wo man dem Mittelmeer-Laubfrosch, der Geburtshelferkröte und verschiedenen Lurchen begegnen kann.

Auch verschiedene **Vögel** finden in der abwechslungsreichen Flusslandschaft geeignete Brut- und Nistplätze. An den Ufern sieht man

Flora und Fauna

Pfifferlinge und Steinpilze

noch Eisvögel und Graureiher; in Hecken nisten Grasmücken. An den Steilfelsen schwirren Schwalben und werden dort oft zur Beute von Wanderfalken, die hoch über dem Tal ihre Nester bauen. Auch andere Raubvögel fühlen sich an der Dordogne ausgesprochen wohl: der Schwarzmilan, der Fischadler, der Schlangenadler, der Wespenbussard.

Die unregulierten Flüsse und Bäche bieten gute Lebensbedingungen für allerlei **Süßwasserfische,** die den Hobbyanglern an die Rute oder ins Netz gehen. Die Palette reicht von Forellen über Barben, Barsche, Schleien, Karpfen, Hechte und Weißfische bis zu Aalen. Lachse, Maifische, Neunaugen wandern vom Meer zum Laichen die Flüsse hoch. Staustufen bremsen und erschöpfen die Tiere, die sich leicht an den Fischleitern verletzen und – einmal verwundet – im nicht mehr ganz so sauberen Wasser infizieren.

Die Franzosen sind passionierte Jäger und stöbern in den Wäldern noch Wildschweine und Hasen, Rehe und Hirsche auf. Das **Großwild** mutet freilich spärlich an im Vergleich zur eiszeitlichen Fauna, die in den Höhlenmalereien dokumentiert ist: Mammuts, Wollnashörner, Auerochsen und Höhlenbären sucht man heute vergebens. Durch die um sich greifende Speleologie sind als letzte Höhlentiere heute die Fledermäuse vom Aussterben bedroht.

Daten zur Geschichte

Besiedlung und Christianisierung

120 000 v. Chr.	Gegen Ende des Interglazials zwischen Riss- und Würm-Eiszeit erscheint in Südfrankreich der Neandertaler.
35 000 v. Chr.	Dieser erste Typus des Homo Sapiens verschwindet während der Würm-Eiszeit mit dem gleichzeitigen Auftauchen des Cro-Magnon-Menschen, der mit seiner immer raffinierteren Werkzeugfabrikation die jüngere Altsteinzeit prägt. Es ist die ›Zeit des Rentiers‹, das neben dem Mammut die wichtigste Jagdbeute darstellt.
17 000– 10 000 v. Chr.	Im Magdalénien, als allmählich eine Erwärmung eintritt, entstehen fantastische Höhlenmalereien, die auf einen Jagdzauber hindeuten.

Die Venus von Laussel

Daten zur Geschichte

5000– 3000 v. Chr. In der Jungsteinzeit bildet sich eine Zivilisation von Bauern, die in Dörfern siedeln, um Ackerbau und Viehzucht zu betreiben. Es gibt Steinbeil-Werkstätten und Kollektivgräber, die als Megalithbauten vor allem auf den Plateaus auftauchen.

600 v. Chr. Keltische Stämme wandern von Osten ein. Im Quercy lassen sich die Cadurcen, im Périgord die Petrocuren nieder.

1. Jh. v. Chr. Von der Provinz Narbonne aus unterwerfen die Römer ganz Aquitanien. Cahors (Divona Cadurcorum) und Périgueux (Vesunna Petrurcoriorum) werden Zentren der gallo-römischen Kultur. Auf dem Land beginnt der Anbau von Edelkastanien, Kirschen, Walnüssen und Wein.

413 n. Chr. Nach den Vandalen besetzen die Westgoten Aquitanien. Bordeaux wird zur Hauptstadt eines Königreichs, das von Gibraltar bis an die Loire reicht.

507 Westgotenkönig Alarich II. fällt in der Schlacht von Vouillé. Sein frisch getaufter Bezwinger Chlodwig integriert Aquitanien ins Frankenreich, das unter christlichem Vorzeichen in Gallien das römische Erbe antritt.

8. Jh. Karl der Große gründet die Abtei von Brantôme. Mit ihren Ausbildungszentren und sozialen Einrichtungen werden die Klöster unverzichtbare Träger der karolingischen Reichsidee.

9. Jh. Nach der fränkischen Reichsteilung kommt es immer häufiger zu Raubzügen der Normannen (Nordmänner = Wikinger), die es auf den Reichtum der Abteien und Kirchen abgesehen haben und auch Périgueux zerstören.

10. Jh. Die Zentralgewalt weicht zurück, mächtige Feudalherren haben das Sagen. Die Geschlechter von Gourdon, Castelnau, Cardaillac und Turenne teilen sich das Quercy, während im Périgord die vier Baronien von Mareuil, Bourdeilles, Beynac und Biron entstehen.

12. Jh. Die neugegründete Abtei Cadouin wird dank ihrer Reliquie ein wichtiger Pilgerort der französischen Könige. Bedeutende Wallfahrtsziele sind auch Rocamadour und Sarlat. Figeac, Cahors, Souillac und Périgueux liegen auf stark frequentierten Routen der Jakobswallfahrt nach Santiago de Compostela.

Die englisch-französische Rivalität

1152 Nach Annullierung ihrer Ehe mit dem französischen König Ludwig VII. heiratet Eleonore von Aquitanien Heinrich Plantagenêt, den Herzog von Anjou. Als dieser zwei Jahre später

Natur und Geschichte

	König von England wird, erwächst dem König von Frankreich ein mächtiger Konkurrent, der nur formalrechtlich sein Vasall bleibt.
1190	Richard Löwenherz, der nächste Plantagenêt, besetzt die Burg Beynac und schließt mit König Philipp August eine Übereinkunft. Mit Ausnahme der Abteien Figeac und Souillac kommt das Quercy unter englische Verwaltung.
Anfang 13.Jh.	Papst Innozenz III. bläst zum Kreuzzug gegen die Katharer, eine häretische Sekte, die sich vor allem in der Grafschaft Toulouse ausgebreitet hat. Die französische Krone unterstützt die ›Aufräumaktion‹, um ihren Einfluss in Südfrankreich zu sichern. So zieht Simon de Montfort eine Blutspur durch das Languedoc und stößt bis an die Dordogne vor, wo er 1214 die Burgen Beynac und Domme schleift.
1250	Alphonse von Poitiers, der Bruder Ludwigs XI., gründet die erste Bastide, Villefranche-du-Périgord. Im englisch-französischen Wettlauf entstehen binnen eines halben Jahrhunderts rund 40 solcher befestigter Siedlungen.

Die Bastide Monpazier

Daten zur Geschichte

1259 Im Vertrag von Paris überlässt Ludwig der Heilige dem englischen König neben dem Quercy auch das Périgord unter der Bedingung, dass die französische Oberhoheit anerkannt bleibt. Zum nach wie vor französischen Agenais hin entsteht eine Verteidigungslinie, die sich an den Bastidegründungen ablesen lässt: hier die französischen Plätze Eymet (1270), Domme (1281), Villefranche-de-Lonchat (1287) – dort die englischen Besitzungen Lalinde (1267), Beaumont (1272), Monpazier (1284).

1345 Nach dem Dynastiewechsel zu den Valois erhebt König Edward III. Anspruch auf den französischen Thron. Der Hundertjährige Krieg beginnt.

1360 Den englischen Siegeszug besiegelt der Vertrag von Bretigny, in dem Frankreich die Hoheit über Aquitanien aufgibt und England dafür auf die französische Krone verzichtet. Trotz des Friedensschlusses geht der Kleinkrieg weiter, und der französische Söldnerführer Bertrand Du Guesclin macht an der Dordogne wieder Boden gut. Der Norden des Périgord bewährt sich als königstreu, den Engländern bleibt der Süden.

1429–1452 Die Befreiung Orléans' durch Jeanne d'Arc bringt die Wende im Hundertjährigen Krieg, der aber erst mit der Schlacht von Castillon zu Ende geht. Der in Reims gekrönte König Karl VII. braucht also noch 23 Jahre, bis er die englische Armee an der unteren Dordogne endgültig schlägt.

Religions- und Bauernkriege

1540 In Ste-Foy-la-Grande verbreitet sich unter den Handwerkern und Kaufleuten die protestantische Lehre. Vier Jahre später erreicht der reformierte Glaube Bergerac, das zur Protestantenhochburg wird.

Bis 1589 Der Protestantismus wird für die Krone gefährlich, weil er Anhänger im Hochadel findet. Der Hugenottenführer Heinrich von Navarra agiert auch im Dordogne-Tal. Er lässt durch einen Gefolgsmann Schloss Lanquais belagern (1577), nimmt selbst Cahors ein (1580) und verhandelt auf dem Gut des Philosophen Montaigne mit einem Vertreter des Königs (1584). Hauptmann Geoffroy de Vivans setzt sich in der Region fest, wo er Castelnaud als protestantische Zitadelle nutzt und unter anderem Périgueux (1875) und Domme (1888) angreift.

Nach 1589	Nach dem Tod Heinrichs III. wird Heinrich von Navarra 1589 König von Frankreich. Aus Staatsraison schwört er dem Protestantismus ab, um 1598 im Edikt von Nantes den Religionsfrieden zu verordnen.
1594	In Monpazier und im Wald von Limeuil werden große Bauernräte abgehalten.
Ab 1624	Kardinal Richelieu, Verfechter der absoluten Monarchie, stärkt mit allen Mitteln die Zentralmacht. Er erhöht die Steuern, nimmt den Protestanten ihre politische Sonderstellung, bekämpft den rebellischen Hochadel.
1630	60 000 aufständische Bauern fordern auf Versammlungen die Abschaffung der Salzsteuer.
1637	Bei weiter steigenden Steuern bringt eine außerordentliche Kornabgabe das Fass zum Überlaufen. Mehrere königliche Steuereintreiber werden gelyncht. Unter der Führung des Webers Buffarot verwüsten rund 8000 Bauern die Schlösser rund um Biron. Nicht viel weniger scharen sich um den Edelmann La Mothe La Forêt, der Périgueux einzuschließen sucht und Bergerac besetzt. Söldnertruppen bereiten dem Spuk ein baldiges Ende. Buffarot wird auf dem Platz von Monpazier gerädert, La Mothe La Forêt erreicht einen ehrenvollen Abzug.
1685	Aufhebung des Toleranzedikts von Nantes durch Ludwig XIV. Die protestantischen Zentren verlieren ihre Wirtschaftsbürger, die zu Tausenden ins Ausland emigrieren. Am stärksten betroffen ist Bergerac.
1707	Die Wiedereinführung der Hochzeits- und Taufsteuer löst im Quercy einen Aufstand aus. Die wütenden Bauern ziehen brandschatzend und plündernd durch die Dörfer und werden erst vor Cahors gestoppt.

Von der Französischen Revolution bis heute

1889–93	Die Pariser Revolution verheißt neue Zeiten. Die alten Provinzen (Périgord, Quercy) werden in der zentralistischen Republik als Départements (Dordogne, Lot) verwaltet.
1840–70	Die Fertigstellung des Kanals von Lalinde gibt 1843 der Dordogne-Schifffahrt einen enormen Auftrieb. Ab 1850 erreicht sie mit 50 000–60 000 t ihr größtes Transportvolumen.
1857ff.	Auf die erste Eisenbahnlinie Contras-Périgueux folgen in den nächsten Jahren die überregionalen Verbindungen nach Brive

Daten zur Geschichte

	(1860), Limoges/Paris und Agen (1863), die das Dordogne-Tal aus seiner wirtschaftlichen Isolierung lösen. Die regionalen Zuglinien Bordeaux-Bergerac (1877), Bergerac-Sarlat (1883), Cahors-Capdenac (1886) tragen gegen Ende des Jahrhunderts zum Niedergang der Flussschifffahrt bei.
Ab 1868	Die Reblaus zerstört die Weinberge von Bergerac und Cahors und führt zur Landflucht. Zehntausende verlassen die Region Richtung Bordeaux und Paris.
1886	Beim Bau einer neuen Eisenbahntrasse werden im Norden von Les Eyzies die ersten Cro-Magnon-Skelette gefunden.
1914–18	Männer im wehrfähigen Alter von 20 bis 45 werden eingezogen. 40 000 kehren nach Ende des Krieges nicht mehr zurück. Zum Ehrenlohn werden überall auf den Dorfplätzen Kriegerdenkmäler errichtet.
1940–45	Die deutsche Wehrmacht nimmt Paris ein und besetzt halb Frankreich. Der größte Teil der Dordogne gehört zur ›freien Zone‹, die dem französischen Kollaborationsregime unterstellt ist. Die Résistance operiert im Untergrund und bekommt erst ab 1944 großen Zulauf.
1946–79	Der Résistancekämpfer und Sozialist Robert Lacoste führt als langjähriger Präsident des Conseil Général das Département Dordogne ins moderne Zeitalter. Trinkwasserversorgung und Elektrifizierung sind mit seinem Namen verknüpft, und die Landbevölkerung wählt traditionell rot.
1962	Die Höhle von Lascaux, seit 1947 für Besucher zugänglich, wird wegen irreparabler Veränderung des Mikroklimas geschlossen. Ab 1966 arbeitet das Staatliche Geografieinstitut (IGN) an Lascaux II, einer originalgetreuen Nachbildung, die seit 1983 jährlich rund 200 000 Besucher anzieht.
1972	Die Gebietsreform regelt den Zusammenschluss mehrerer Départements zu größeren Verwaltungseinheiten. Das Département Lot wird der Region Midi-Pyrénées (Hauptstadt Toulouse), das Département Dordogne der Region Aquitaine (Hauptstadt Bordeaux) zugeschlagen.
1970–90	Die jungen Leute wandern in großer Zahl in die Städte ab. Viele Engländer erwerben verwaiste Landhäuser als Zweitwohnsitze.
1999	Mit der Fertigstellung der Autobahn Limoges – Toulouse rückt das Dordogne-Tal ein Stück näher an die wirtschaftlichen Zentren heran.

Natur und Geschichte

Der Cro-Magnon-Mensch

Der Museumsbesucher steht ratlos oder gar belustigt vor den Vitrinen, die Steinwerkzeuge in allen Varianten zeigen. Es scheint nicht besonders spannend, Faustkeil-Typen zu bestimmen und Schaber (*grattoir*), Stichel (*burin*), Spitze (*pointe*), Bohrer (*percoir*), Klinge (*lame*) voneinander zu unterscheiden. Es ist fast unglaublich, dass der Mensch vom rohen Abschlag bis zum feinen Schliff der Geräte zwei Millionen Jahre gebraucht hat. Vom abgebrochenen Bachkiesel zum zweiseitig bearbeiteten Faustkeil (*biface*) ist es schon ein Riesenfortschritt. Die Kanten der Faustkeile verraten im übrigen verschiedene Abschlagkulturen, denn ob man den passend vorgefundenen Feuerstein (Silex) mit Schlagsteinen behaut oder durch Aufschlagen auf eine Steinunterlage das Werkstück in Splitter zerlegt, ist im Resultat wieder ein enormer Unterschied. Die zunehmende handwerkliche Fertigkeit erlaubte auch den Abschied vom Allzweckinstrument hin zu einer größeren Differenzierung.

Die Erforschung der Vorgeschichte war immer eine französische Domäne, weil sich bedeutende Fundorte im Périgord, in den Pyrenäen und auch an der Seine konzentrieren. Nach langjährigen Ausgrabungen im Vézère-Tal gelang Edouard Lartet (1801–71) eine erste Klassifikation der prähistorischen Epochen, die Gabriel de Mortillet (1821–98) weiter differenzierte. Von ihm stammt die noch heute gültige Benennung der Zeitabschnitte nach wichtigen Fundstätten, vom Moustérien (nach Moustier/Vézère-Tal) übers Aurignacien (nach Aurignac/Garonne), Gravéttien (nach La Gravette/Couze-Tal), Solutréen (nach Solutré/Saône-et-Loire) bis zum Magdalénien (nach La Madeleine/Vézère-Tal). Für das Gravéttien hat sich auch der Name Périgordien eingebürgert. Die zeitliche Zuordnung der Fundstücke gelingt den Archäologen relativ leicht, wenn die Ausgrabungsstätten unbeschädigt sind und Schicht für Schicht abgetragen werden können. Bei organischen Stoffen erlaubt im übrigen die Radiokarbon-Methode eine genaue Altersbestimmung.

Die Fundorte sind in der Regel Abris, also Felsüberhänge, die den Urmenschen als Wohnstätten dienten. Neben Steinwerkzeugen entdeckte man aus Tierknochen und Geweihen gefertigte Gegenstände sowie Skelette von Menschen. Die ältesten Gebeine sind Skelette des Homo sapiens neanderthalensis, der im Moustérien auch im Périgord auftaucht und um 35 000 v. Chr. weltweit von der Bildfläche verschwindet. Zur selben Zeit erscheint in der Region der Cro-Magnon, den man anhand der Skelettfunde von Les Eyzies als Homo sapiens sapiens, unseren direkten Vorfahren, identifizierte. Im Unterschied zum sehr viel früheren Homo erectus, der vermutlich schon in denselben Tälern lebte, zeichnet die Arten des Homo sapiens ihr relativ großes Gehirn (1500–1700 cm^3) aus. Mit seiner flachen Stirn, den Überaugenwülsten, dem fliehenden Kinn und höchstens 1,60 m ist der Neandertaler allerdings noch affenähnlicher als der durchschnittlich 1,80 m große Cro-Magnon mit seiner kinnbetonten und hochstirnigen Physiognomie. Interessanterweise haben beide Populationen in der Dordogne kurze Zeit koexistiert, bis sich im Aurignacien die heutige Menschenart durchsetzte.

Es war während der letzten Eiszeit (Würm), als der skandinavische Gletscher einen Teil Nordeuropas bedeckte. Jahrtausendelang folgten die Cro-Magnon ihren Tieren aus den vereisten Gebieten in die südlichen Täler. Das Klima in der Dordogne ähnelte damals dem der kalten Steppen und Tundralandschaften. Überleben konnten die Menschen nur durch ständige Fleischversorgung, also durch Jagen und Fischfang, im Sommer ergänzt durch das Sammeln verschiedener Pflanzen. In längeren Wärmephasen wuchsen auch Bäume, dann gesellten sich zu den Mammuts und Wollnashörnern Auerochsen, Pferde, Hirsche, Rehe, Wildschweine, die ein gemäßigteres Klima ankündigen. Doch ehe zum Ende der Eiszeit die nordischen Großtiere aus der Dordogne abwandern, ist das Rentier das typische, wichtigste Tier dieser Jägerhorden. Sie verwerten nicht nur sein Fleisch, auch die Knochen, das Geweih, das Fell – und ignorieren es in ihren Höhlenmalereien (s. S. 136 f.), die attraktivere Tiere herausstellen und jenseits der Sphäre der Nützlichkeit, auch räumlich von den Felswohnstätten entfernt in tiefliegenden unterirdischen Heiligtümern aufzufinden sind.

Wenn auch viele Rätsel bleiben, die zahlreichen Fundstücke erlauben doch sichere Rückschlüsse und vermitteln uns ein ziemlich genaues Bild von der Cro-Magnon-Zivilisation. Von den Speerspitzen bis zu den Harpunen wurden die Waffen der Rentierjäger immer perfekter, und mit der Fleischmenge wuchs nicht nur die Vorratshaltung sondern auch die Bevölkerung. Sie konzentrierte sich in den großen, auf Sichtweite nebeneinanderliegenden, auch direkt miteinander verbundenen Abris des Vézère-Tals, das gegen 10 000 v. Chr. dicht bevölkert war, obwohl die Rentierjäger ihre schweifende Lebensweise noch nicht aufgegeben hatten. Trotzdem: die verschiedenen Werkzeuge zum Jagen, Zerlegen, Konservieren und Zubereiten der Tiere beweisen eine fortgeschrittene, auch geschlechterspezifische Arbeitsteilung, und die unablässige Benutzung der Felswohnstätten eine schon partielle Sesshaftigkeit. Bis aus den Jägern Bauern wurden, sollten nur noch 5000 Jahre vergehen.

Wirtschaft und Kultur

Architektur

Landwirtschaft und Nahrungsmittelindustrie

Küche

Markt in Gourdon

Architektur

Bevorzugtes Baumaterial ist der regionaltypische Kalkstein, der im Quercy hellgrau, im Périgord ockergelb ausfällt. Ursprünglich spielte in der Architektur die Verteidigung die wichtigste Rolle, bis die Reproduktionsbedürfnisse der Bauern und Kaufleute in den Vordergrund rückten. Bezeichnenderweise sind selbst die Sakralbauten (siehe Wehrkirchen) profan genutzt worden und nur selten bergen sie wirklich große Kunstdenkmäler. Dies gilt für einige romanische Kirchen (Beaulieu, Carennac, Souillac), deren Skulpturen von Bildhauern der Toulouser Schule ausgeführt worden sind.

Burgen und Schlösser

Im Dordogne-Tal bieten die zahlreichen Felskuppen geeignete Standorte für Festungen, die zur Not auch auf eigens aufgeworfenen Erdhügeln errichtet werden. Jeder Feudalherr hat seinen Donjon, einen Wohn- und Verteidigungsturm, der auch den Vasallen als letzter Zufluchtsort zur Verfügung steht. Mit einer einziehbaren Leiter gelangt man in den ersten Stock des unten fensterlosen Wehrturms, in dessen Mauerdicke verschiedene Treppen die durch Balkendecken getrennten Stockwerke verbinden. Im unbeleuchteten Erdgeschoss befinden sich Magazine und Verliese, in der Mitte die durch Schießscharten erleuchteten Empfangs- und Wohnräume, im Dachgeschoss der Waffensaal mit dem umlaufenden Holzwehrgang.

Das Steigen der Ansprüche dokumentiert sich ab dem 12. Jh. im Bau eines eigenen Wohn- und Repräsentationsgebäudes, des fürstlichen Palastes oder Logis, zu dem auch ein Ehrenhof gehört. Die Verteidigung sichert nun eine Ringmauer, die mit einer ganzen Reihe von Türmen bewehrt ist und den ursprünglich isolierten Donjon als Hauptturm in die komplexe Anlage integriert. Eine zweite Mauer hält die Belagerer weiter auf Distanz und schafft Platz für einen unteren Burghof, auf dem sich in der Regel die Kapelle, die Küche, eine Backstube, Scheunen, Ställe und Wohnungen fürs Personal befinden. In Reaktion auf die neuen Fernwaffen (Armbrust, Wurfmaschinen) entstehen Barbakane, die zusammen mit einer dritten Umwallung die Front noch weiter nach außen verlagern. Vor den Mauern liegen jeweils Gräben, und nur über Zugbrücken gelangt man zu den mit Fallgittern ausgestatteten Torbauten.

Der Festungskrieg spiegelt sich in den Zinnen, Schießscharten und Pechnasen, die Mauern und Türme der Burganlage wie eine Girlande umschließen und einen langen Wehrgang verbergen. Erstaunlicherweise finden sich diese typisch mittelalterlichen Elemente auch noch während der Renaissance. Ohne Verteidigungsfunktion sind sie dann aber reines Ornament, Zitate aus der feudalen, heroischen Vergangenheit des Adels, der sich inzwischen brav

Architektur

Kleines Architekturlexikon

Apsis: Halbkreisförmige Altarnische
Archivolte: Rahmenleiste an der Stirnseite eines Bogens
Arkade: Mauerbogen auf Säulen oder Pfeilern in fortlaufender Reihe
Barbakane: Der eigentlichen Burg vorgelagertes Befestigungswerk zum Schutz eines Tores
Chor: Altarraum mit apsisförmigem Abschluss des Kirchenschiffs
Donjon: Bewohnbarer Wehrturm
Flamboyant: Flammenartig stilisiertes Maßwerk, typisch spätgotisch
Galerie: Vorhalle oder offener Gang eines Wohnhauses
Kapitell: Oberer Abschluss einer Stütze (Säule, Pfeiler), bevorzugter Schmuckträger
Kragsteine: Aus der Fläche heraustretende Steine
Kreuzgang: In Klöstern offener, meist überwölbter Gang um den Kreuzhof, von dem alle angebauten Räume erreichbar sind
Loggia: Nach vorn, meist zur Hofseite hin offener überdeckter Raum
Logis: Palast mit Wohngemächern, Hauptwohngebäude des Schlosses
Lukarne: Erkerartige Dachgaube mit reich verzierter Fensterumrahmung
Maschikuli: Vorkragende Mauerblende an Wehrgängen, mit Gusslöchern nach Art der Pechnasen
Pechnase: Erker an der Ringmauer oder anderen Wehrbauten mit senkrechtem Schacht zum Begießen und Bewerfen des Feindes
Pendentifkuppel: Kuppel mit Hängezwickel zwischen den runden und eckigen Formen
Pilaster: Aus der Wand hervortretender Halbpfeiler
Treppenturm: Meist außen angefügter Turm mit Wendeltreppe
Tympanon: Bogenfeld über einem Portal, oft durch Malerei oder Reliefs ausgeschmückt
Vierung: Schnittraum zwischen Langhaus und Querschiff einer Kirche
Wehrgang: Auf der Ringmauer der Burg umgeführter Gang für Wächter und Verteidiger, offene oder überdachte Brüstung mit Zinnen und Schießscharten

dem Königshof untergeordnet hat. Die Herrenhäuser, Manoirs oder Gentilhommièren des 16. und 17. Jh. orientieren sich daher an den Loire-Schlössern, die noch an die französische Gotik anknüpfen, aber mit den italienischen Künstlern neue ästhetische Maßstäbe einführen: Pilaster und Lukarnen schmücken Fassaden und Dächer, Wendeltreppen

Wirtschaft und Kultur

weichen geräumigen Treppenhäusern, Galerien und freistehende Treppen öffnen die Schlösser auf Innenhöfe und Gartenräume.

Wehrkirchen

Die romanischen Kirchen des Périgord und Quercy wirken schlicht und streng. Ihre massiven Fassaden sind weitgehend schmucklos, ihre Portale oft ohne Tympanon. Der durchwegs simple Bauplan zeigt in der Regel ein einziges Schiff, dessen Chor sich nicht einmal zu einer Apsis rundet. Eine gewisse Raffinesse zeigen die Kuppelkirchen mit ihren Hängezwickeln, die zwischen eckigen und runden Formen vermitteln. Wichtiger als komplizierte Gewölbe und kunstvolle Dekoration waren jedoch die wehrhaften Elemente, die man sich von den Burgen abschaute.

Architektur

Wehrhaft überragt die Kirche in St-Amand-de-Coly das Dorf

Für viele Dorfgemeinschaften war die Kirche der einzige robuste Bau, der angesichts drohender Plünderungen als Schutzraum in Frage kam. Denn nicht jede mittelalterliche Siedlung lag unterhalb einer Burg, die im Notfall Zuflucht gewährte. Die Feudalherren boten dort Sicherheit gegen die Dienste, die ihr Landvolk auf den umliegenden Feldern und auch im Burgbereich verrichtete. Sie unterstützten aber auch die zur Selbstverteidigung entschlossenen Untertanen beim wehrhaften Ausbau ihrer Kirchen. Die Bischöfe sahen das anders, denn die Lagerung von Wein und Getreide, die Unterbringung von Menschen und Vieh, das Errichten von Holzstößen und Bereitstellen von Waffen war eine Zweckentfremdung und Entweihung der Gotteshäuser, die nur ausnahmsweise und vorübergehend geduldet werden konnte. Trotzdem: ab dem 13. Jh. wurden die romanischen Dorfkirchen oft wehrhaft ausgebaut, eine illegale Praxis, die erst 1591 durch das königliche Verbot Heinrichs IV. beendet wurde.

Die »Kirchenburgen« beeindrucken durch ihre hohen, fast blinden Mauern, die anstelle von Fenstern Schießscharten aufweisen. Im Obergeschoss erinnern oft Kragsteine an einen früheren Wehrgang, der hinter Zinnen und Maschikulis noch gut erhalten ist, wenn er statt aus Holz aus Stein erbaut war. Der Glockenturm hat grundsätzlich die Funktion eines Bergfrieds und zeigt entsprechende Aufbauten. Auch der Chor wird häufig um einen zinnenumkränzten Schießstand aufgestockt. Über dem Gewölbe ist Platz für einen Zufluchtsraum, der über ein raffiniertes System von Wendeltreppen und Verbindungsgängen erreicht werden kann.

Wirtschaft und Kultur

Rosbifs retten Patrimoine

An der Kirche von Limeuil stehen neben den Messzeiten auch die Termine der anglikanischen Gottesdienste, in Sarlat erinnern englischsprachige Schilder (»Keep right«) an den Rechtsverkehr, und auf dem Etikett des renommierten Weingutes La Jaubertie firmiert der Name eines gewissen Mister Ryan. Überall stößt man auf Zeichen englischer Präsenz, die sich noch in den entlegensten Weilern an säuberlich gepflegten Rasenstücken, prangenden Blumengärten, adrett renovierten Bauernhäusern ablesen lässt. Sie gehören den Rosbifs, wie die Engländer hier genannt werden, weil sie das rote Fleisch nicht nur liebendgerne verzehren, sondern ihm unter der südlichen Sonne auch verdächtig nahekommen.

Die Immigration begann in den späten 1960er und 1970er Jahren und bekam während der Thatcherzeit noch einmal neuen Schub. Anfangs dominierten die Pensionäre, die ihren Lebensabend nicht im Nebel verbringen wollten. Dann aber waren es Aussteiger aller Art – gestresste Angestellte, Langzeitarbeitslose, Künstler –, die durch die niedrigen Grundstückspreise über den Kanal ins Tal der Dordogne gelockt wurden und unternehmungslustig genug waren, die dort vom Zerfall bedrohten Bauernhäuser in schmucke Residenzen zu verwandeln. Denn die Stadtflucht der Briten fiel zusammen mit der Landflucht der Einheimischen. In den Dörfern des französischen Südwestens standen immer mehr alte Häuser leer, weil die Jungen Arbeit in den regionalen Zentren suchten und die zurückgelassenen Alten eines Tages wegstarben. Inzwischen haben in den beiden Départements Dordogne und Lot etwa 4000 Briten ihren ständigen Wohnsitz. Das sind 75% der ausländischen Wohnbevölkerung, unter denen nur noch die Niederländer eine zweite relevante Gruppe bilden.

Die Engländer fühlen sich, wie sie immer wieder bestätigen, an der Dordogne besonders wohl. Dass die Region einmal »englisch« war, mag zu reizvollen Reminiszenzen Anlass geben. Keiner der Inselflüchtlinge wird aber den Spaß so weit treiben, daß er sich mit Eleonore von Aquitanien und Edward I. ernsthaft verbunden wähnt. Nostalgische Gefühle weckt vor allem die Landschaft, die für südfranzösische Verhältnisse ungewöhnlich grün ausfällt und Engländer an Sussex oder Yorkshire erinnert. Als emigrierende Stadtbewohner bringen sie ländliche Bilder aus ihrer Kindheit mit an die Dordogne, wo sie klimatisch im Vorteil sind und doch Engländer bleiben. Sie konzentrieren sich übrigens in bestimmten Ortschaften, die englischer als andere geworden sind: Eymet, Monpazier,

Architektur

Die Landflucht im Südwesten Frankreichs fiel zeitgleich zusammen mit der Stadtflucht von Briten, die sich hier Zweitwohnsitze zulegten

Ribérac. Eymet ist z. B. bekannt für seine Cricket-Mannschaft, ist Sitz der regionalen Monatszeitschrift »The News« und hat ein auf britische Wünsche und Probleme spezialisiertes Immobilienbüro.

Und wie beurteilen die Franzosen das englische Faible für die Dordogne? Es gibt keine Angst vor »Überfremdung«, auch keine xenophoben Übergriffe oder spektakulären Wahlerfolge der Front National. Und doch ist es den Einheimischen unheimlich, wenn Engländer Immobilienbüros betreiben und der Eindruck einer systematischen Immigration aufkommt. Andererseits kann niemand bestreiten, dass die Angelsachsen sich um Frankreich verdient machen, wenn sie alte Landhäuser restaurieren und ganze Dörfer vor dem Zerfall bewahren. Und sie waren die Ersten, haben das französische *patrimoine* (= kulturelles Erbe) tatkräftig instandgesetzt, als die Franzosen noch nicht einmal das Schlagwort kreiiert hatten. »My home is my castle« war im Ergebnis vielleicht auch die effektivere Devise.

Architektur

Stadtpaläste

In Sarlat, Périgueux, Bergerac, Cahors, Figeac sieht man eindrucksvolle Bürgerhäuser, die größtenteils nach dem Hundertjährigen Krieg entstanden sind. Die reich gewordenen Kaufleute orientierten sich an den Schlossbauten des Adels und errichteten repräsentative Stadtpaläste, so genannte *hôtels*, die zugleich Geschäfts- und Wohnhäuser waren. Obwohl zwischen den Epochen der Gotik und Renaissance baugeschichtlich mehrere Jahrhunderte liegen, wurden die im nördlichen Frankreich aufgekommenen Stilformen im Südwesten relativ spät und fast gleichzeitig adaptiert.

Im Erdgeschoss öffnen sich die Läden, Werkstätten und Kontore mit großen Spitzbögen zur Straße hin. Die darübergelegenen Stockwerke, für Empfangs-, Wohn- und Schlafräume bestimmt, haben schmucke Fenster unterschiedlicher Größe. Die Formen reichen von den gotischen Zwillings- und Drillingsfenstern hin zu den renaissancetypischen Kreuzfenstern mit Pilastern und geschmückten Rahmen. Wachtürmchen, Loggien, Galerien lockern die Fassade weiter auf. Meist gipfeln die Bürgerhäuser in spitzen Giebeln und steilen Dächern, die noch mit Lukarnen und Kaminen geschmückt sind. Den offenen Dachstuhl (*soulelho*) sieht man nur in Figeac.

Bauernhäuser

Gut die Hälfte der Bauernhäuser der Dordogne dürften renovierte Zweitwohnsitze sein. Als Immobilien beliebt sind die zweistöckigen, erstaunlich eleganten Exemplare der großen Bauern, nicht die einstöckigen Métairien der armen Pächter, die gleich neben dem Stall ihren einzigen Wohnraum hatten. Es gibt freilich auch eine lange Ausführung des einstöckigen Bauernhauses, die Chartreuse, die vor allem unter den Winzern verbreitet war. Eine weitere Sonderform ist das ebenfalls einstöckige bäuerliche Fachwerkhaus, das aber nur im holzreichen Double-Wald Standard war.

Das klassische Bauernhaus hat sämtliche Ställe und Lagerräume im leicht unterkellerten Erdgeschoss, das daher *cave* (Keller) genannt wird. Die Wohnräume befinden sich im ersten Stock, der über eine repräsentative Außentreppe erreicht wird. Sie mündet vor der Eingangstür in eine überdachte Terrasse (*bolet*). Die meist steilen Dächer, mit Ziegeln oder Steinplatten (*lauzes*) gedeckt, bergen viel Speicherraum. Besonders charakteristisch sind die Lukarnen und Taubentürme, die dem Bauernhaus vor allem im Quercy das Aussehen eines Schlösschens verleihen. Noch heute bauen die Einheimischen ihre Landhäuser in diesem traditionellen Stil.

Maison de La Boétie in Sarlat

Steinhütten

Sie heißen *cabanes, caselles, gariottes* und gleichen den provenzalischen *bories*. Im Mittelmeerraum, dem Hauptverbreitungsgebiet, gibt es sie nachweislich seit 4000 Jahren. Im Dordogne-Tal sind die noch erhaltenen Exemplare nicht mehr als 200 Jahre alt. Aber auch hier künden sie von bäuerlichen Arbeits- und Lebensformen, die heute »vorsintflutlich« erscheinen.

Wenn die Bauern mühsam ihre steinigen Böden durchpflügten, kamen immer wieder große Brocken zum Vorschein, die sie am Rande der urbar gemachten Felder aufhäuften. Bald entstanden dort geschlossene Trockenmauern, die das Eigentum abgrenzten und das Vieh in den Weideparzellen einschlossen. Die Steinhaufen konnten auch leicht zum Schuppen oder Unterschlupf »ausgebaut« werden, wenn nur innen ein Hohlraum und in der Mauer eine Türöffnung übrig gelassen wurde. In diesen Steinhütten, die vor Regen und Sonne schützten, konnten Gerätschaften, aber auch Lebensmittel gelagert werden. Zur Brotzeit entkamen die Bauern dort der heißen Mittagssonne, im Notfall diente die *cabane* auch als Nachtlager. Man findet die Vielzweckbauten vor allem in alten Weinbergen, denn die arbeitsintensive Pflege der Rebstöcke erforderte viel Werkzeug und ständige Präsenz.

Die Konstruktion der Hütten ist denkbar einfach. Die größten Steine schichtete man zu einer bis zu 1 m dicken Mauer, die im Viereck, meist aber im Rundbau errichtet wurde und kein Fundament aufweist. Darüber kam ein »falsches Gewölbe«, das den Bau ohne Bogenverstrebung schließt. Diese hauben- oder pyramidenförmige Kuppel trägt ein Dach aus flacheren, auch grob behauenen Platten. Oft ist diese Kuppel identisch mit dem Schindeldach, besteht also nur aus einer einzigen Schichtung. Jede Steinhütte ist ein Unikum, ohne Plan, aber von erfahrenen Händen errichtet. Die Baumeister waren Bauern, keine Architekten, keine Maurer.

Taubentürme

Der Taubenturm (*pigeonnier* oder *colombier*) schmückt als ein feudales Symbol fast jedes Bauern- und Landhaus im Quercy. Er steht aber – aus drei Gründen – häufig allein. Erstens brauchen die Tauben Ruhe. Zweitens ist es wegen der Verschmutzungsgefahr ratsam, den Taubenturm nicht in unmittelbarer Nähe des Brunnens aufzustellen. Drittens setzen die Taubentürme in der freien Landschaft einen architektonischen Akzent, der mit der schlossparktypischen Wirkung von Pavillons vergleichbar ist.

Nur im Quercy und – in geringerem Umfang auch im Périgord – war das Recht auf Taubenhaltung schon vor 1789 kein Privileg der adeligen Großgrundbesitzer. Dabei lohnte das zweifellos schmackhafte Fleisch für sich allein den Zuchtaufwand nicht.

Architektur

Taubenhaus auf Pfeilern im Lot-Tal bei Schloss Larroque-Toirac

Denn – wie Agronomen schon vor 200 Jahren ausgerechnet haben – ein Taubenpärchen und sein vierköpfiger Nachwuchs verzehren an Körnern den eineinhalbfachen Monatsverbrauch eines Menschen, ersetzen mit ihrem Fleisch aber nur jeweils eine Mahlzeit. Ihr Einsatz als Brieftauben spielte nur bis zum Ersten Weltkrieg eine gewisse Rolle. Nützlich war vor allem der Taubenmist, der ein hervorragender Dünger war und auch bei Apothekern und Bäckern Verwendung fand. Der Mist war so begehrt, dass er bei Erbschaften aufgeteilt wurde wie die Grundstücke und das Vieh.

Die einfachsten Taubentürme sind Steinhütten mit einer Kuppel aus behauenen Platten, auf der meist noch eine Laterne sitzt. Im Lot-Tal sieht man gelegentlich quaderförmige Türme mit übereinandergestuften Dachschrägen, die den seltsamen Namen ›Maultierfuß‹ (*pied de mulet*) tragen. Schließlich gibt es auf Pfeilern stehende Taubenkästen, deren Fachwerk mit Lehm-Stroh-Verstrich oder Backsteinen ausgefüllt ist. Auf dem meist ziegelgedeckten Pyramidendach sitzt häufig eine gleichfalls pyramidenförmig abgeschlossene Laterne mit Taubenlöchern.

Landwirtschaft und Nahrungsmittelindustrie

Die Dordogne zählt zur *France profonde*, der strukturell ländlichen Provinz, die abseits der großen Verkehrsadern kaum industrialisiert wurde. Konserven- und Papierfabriken, Textilbetriebe und andere mittelständische Unternehmen beschäftigen gerade 23% der Bevölkerung. Die mit Abstand bedeutendste Branche ist bezeichnenderweise die Nahrungsmittelindustrie, die landwirtschaftliche Produkte verarbeitet und konsumfertig macht. Mit 14% ist die Quote der in der Landwirtschaft Beschäftigten für EU-Verhältnisse immer noch ungewöhnlich hoch. Dabei hat sich die Anzahl der bäuerlichen Betriebe in den letzten Jahrzehnten mehr als halbiert. Die traditionellen Kleinbauern mit ihren Parzellen von 30 ha und weniger verschwinden rasant, und es halten und etablieren sich moderne Landwirte mit Anbauflächen von über 100 ha.

Gänse- und Entenstopfleber

Der Südwesten Frankreichs ist ein Eldorado der Geflügelzucht. Das feuchtwarme Klima bekommt nicht nur dem Federvieh gut, es ist auch ideal für den Anbau von Mais, das den Hauptbestandteil des Futters ausmacht. Die Produktpalette ist weitgefächert und reicht von den eingelegten Teilen (*confit*) über die Mägen (*gésiers*) und gefüllten Hälse (*cou farci*) bis zum Aufstrich (*rillettes*) und reinen Schmalz (*graisse*). Die edelste und lukrativste Feinkostware, die alle anderen Spezialitäten als Abfall- und Nebenprodukte erscheinen lässt, ist jedoch die Stopfleber (*foie gras*).

Feinschmecker besingen sie als höchsten Gaumengenuss, Tierschützer verdammen sie als Ergebnis »quälender Mast«. Der Trichter im Gänsehals spricht ja für sich, weil er die Zwangsernährung anschaulich macht. Die Bauern und Tierhalter behaupten hingegen, der kropflose Schlund der Gänse und Enten führe direkt in den Magen, weshalb das »Stopfen« nicht allzu unnatürlich sei. Inzwischen kommen sogar Stopfmaschinen zum Einsatz und die Stopfzeiten werden zielstrebig verkürzt. Dauerte die Intensivmast auf dem Bauernhof traditionell 20–30 Tage, so benötigt der moderne Zuchtbetrieb bei den Gänsen nur noch 15–16, bei den Enten gerade eben 10–12 Tage. Früher war das Federvieh, solange es noch laufen konnte, draußen auf den Wiesen, heute ist es in graslosen Pferchen und Mastkäfigen eingesperrt. Man mästet die Tiere auf 700 g (Gans) bzw. 400 g (Ente) Lebergewicht, deutlich weniger als die 1500 g, die ein périgordinischer Bauer triumphierend aus dem fetten Gänserumpf holt.

Erst eine Reihe klimatisierter Räume machen den Zuchtbetrieb zur *conserverie*, wo geschlachtet, zubereitet und eingedost wird. Während die kleinen bäuerlichen Betriebe nur die einheimischen Abnehmer bedienen, halten drei große Unternehmen (Champion, Delpeyrat, Rougié) bedeutende Anteile am nationalen Stopflebermarkt. Mit vergleichbaren Firmen aus den benachbarten Landes konkurrieren sie weniger um die Gunst der Gastronomen als vielmehr um die Kaufkraft der Massen, die in den Supermärkten eine ihrem Geldbeutel angepasste Feinkost vorfinden. Der enorme Preisdruck hat seine Konsequenzen. Die harmloseste ist der Siegeszug der herzhaften Entenstopfleber, die aufgrund der kürzeren und auch einfacheren Produktion (zwei, nicht drei Stopfgänge am Tag) billiger angeboten werden kann als die feinere und berühmtere Gänsestopfleber. Zunehmend wird auch preiswerte *foie gras* aus Ungarn eingeführt und ohne Angabe der Herkunft unter périgordinischem Firmensignet verkauft. An Irreführung grenzt auch der *bloc de foie gras*, eine Emulsion aus minderwertiger *foie gras*, viel Wasser, etwas Säure und Zucker, der die Geschmacksunterschiede verschleiert. Dieses glatte, gleichmäßig beigefarbene Industrieprodukt ist wesentlich billiger und für den modernen Foodkonsumenten auch ansehnlicher als die echte marmorierte Stopfleber, die vom Rosa bis ins Gräulich-Grünliche changiert.

Die echte Stopfleber eignet sich schon deshalb nicht als Ware, weil sie ohne Konservierungsmethode roh auf den Tisch kommt und nur 5–6 Tage haltbar ist. Man bekommt

Gänse im Freigehege

Wirtschaft und Kultur

Tabakernte

sie daher nur in Restaurants oder beim *Traiteur*. Die pasteurisierte, bei annähernd 70° C eine gute Stunde lang erhitze *foie gras mi-cuit* ist eine Halbkonserve, die in Kühlwagen transportiert werden kann. Nur die bei rund 110° C sterilisierte *foie gras cuit* ist eine wirkliche Konserve, die problemlos kommerzialisierbar ist. Sie steht in den Feinkostläden neben den vielen anderen Büchsen, die *foie gras* in abgestuften Prozenten (75% im *parfait*, 50% im *pâté* oder *mousse*) oder die oben genannten »Schlachtreste« enthalten.

Tabak

Zwischen den dominierenden Maisfeldern häufen sich in Flussnähe die Tabakplantagen, die je nach Sorte dunkel- oder hellgrüne Bänder bilden. Die im 16. Jh. aus Amerika eingeführte, großblättrige Herba Nicotiana liebt das feucht-warme Klima des Südwestens und gedeiht dort auf den schlammigen Talböden. Das Département Dordogne ist nicht zufällig Frankreichs größter Tabakproduzent und liefert zusammen mit dem benachbarten Lot fast ein Viertel der nationalen Ernte.

Die 60–90 cm langen Tabakblätter sind breitlanzettförmig und wachsen zu zehnt bis zwölft an hohen Stengeln. Nach der Aussaat Ende März werden die Pflanzen pikiert, beschnitten und ausgeputzt. Sobald sie im Mai, Juni bis hinauf zur hellrosa Blütenrispe heranreifen, bricht man sie Stengel für Stengel. Die Ernte ist äußerst personalintensiv und wird von den Familienbetrieben unter Einsatz der nahen und fernen Verwandtschaft durchgeführt. Anschließend hängt man die Tabakblätter in gut durchlüfteten Hangars zum Trocknen auf. Nach etwa sechs Wochen werden die getrockneten Blätter nach Qualitätsstufen sortiert und in die Tabakfabrik transportiert.

Zwei staatliche Unternehmen, die S.E.I.T.A. (bei Agen) und Tabac de France (Sarlat), verarbeiten die Ernte von nahezu 3000 Tabakpflan-

Landwirtschaft und Nahrungsmittelindustrie

Trüffel

Unter den mehr als 70 Trüffelarten ist die schwarze Périgord-Trüffel (*Tuber melanosporum*) die aromatischste und teuerste. Im Unterschied zur braun-weißlichen, schwach duftenden und wesentlich billigeren Sommertrüffel (*Tuber aestivum*) nennt man sie wegen der späten Ernte auch Wintertrüffel. Der zur Gattung der Schlauchpilze zählende Würz- und Speisepilz wächst unter den Wurzeln der Eiche oder Haselnuss. Es ist eine symbiotische Beziehung, denn der Baum empfängt Mineralien über den Pilz, der ihm Zucker und kohlenstoffhaltige Substanzen entzieht. Er gedeiht im feucht-warmen Klima und geht ein bei Frost oder Trockenheit. Hauptverbreitungsgebiet sind die Causses des Périgord und Quercy, aber auch vergleichbare Kalkböden in Italien oder Spanien.

zern. Bis vor zehn Jahren stellte man im Südwesten noch ausschließlich Gauloises und Gitanes her. Heute bildet der »braune Tabak«, das typisch französische Suchtmittel einer langsam aussterbenden Rauchergeneration, nur noch 20% der Produktion.

Dafür ist im Gefolge der Light-Zigaretten-Werbung die Nachfrage nach »weißem Tabak« amerikanischer Provenienz in die Höhe geschnellt. Ein staatlich gefördertes Forschungsprogramm dient der Züchtung neuer Sorten und soll verhindern, dass die modernen, ›gesundheitsbewussten‹ Raucher der französischen Tabakindustrie verloren gehen.

Früher fand man den »schwarzen Diamanten« im Unterholz, das von Schafen und Menschen regelmäßig durchkämmt wurde, weil es als Waldweide und zur Reisigsuche diente. Die Winzer zogen am Waldrand Gräben, damit die wild wachsende Trüffel nicht in den Weinberg wanderte. Das geschah erst mit der Reblaus, die um 1880 vier Fünftel der Rebstöcke vernichtete und zu einem Exodus der Landbevölkerung führte. Die Schlauen unter den ruinierten Weinbauern pflanzten jedoch Eichen und verwandelten ihre zerstörten Weinberge in Trüffelkulturen. So kam es zu einer Trüffel-

Der Faustkeil im Maisfeld

Interview mit Monsieur Delpeuch

M: Sie haben eine schöne Sammlung prähistorischer Steine. Ein Erbstück von Ihrem Vater?
D: Er ging beim Pflügen hinter den Ochsen in der Furche. Jedesmal wenn er einen Feuerstein sah, der ihm bearbeitet vorkam, steckte er ihn in die Hosentasche. Und am Abend leerte er alles in eine Holzkiste.
M: Und Sie finden heute keine Steine mehr?
D: Es ist schwieriger, der Traktor macht seine Runde und ich sage mir: Das nächste Mal hältst du an, aber dann finde ich das Stück nicht mehr. Doch, doch, es liegen noch prähistorische Steine im Acker, erst neulich habe ich einen Faustkeil gefunden.
M: Die Feldarbeit hat sich grundlegend verändert.
D: Ich habe meinen Vater noch mit den Ochsen mähen sehen. Ich war sieben, da haben wir 1950 den ersten Traktor gekauft. Als ich mit 21 den Hof übernahm, hatte ich vorher die Landwirtschaftsschule besucht. Man zeigte uns fast täglich zwei Stunden lang Filme über die amerikanischen Farmen mit ihren Heumaschinen und Mähdreschern. Wir konnten uns nicht vorstellen, dass wir einmal solche Dinger besitzen würden.
M: Nicht alle Bauern haben die Entwicklung mitgemacht?
D: Es gibt noch welche, die wie vor 30 Jahren arbeiten, das sind alte Leute, die Subsistenzwirtschaft betreiben. Früher wurde ein Bauer reich, wenn er viel arbeitete und kräftig war, wenn er fit blieb und nicht krank wurde. Heute leitet man einen Betrieb, das sind Kapitalien, Kredite, man muss Geld aufnehmen, es gibt Fälligkeiten, man muss Buchhaltung führen, Bilanzen erstellen.
M: Warum bauen Sie ausschließlich Mais an?
D: Ich habe 20 Jahre lang Rinder gezüchtet, wir exportierten haupsächlich nach Italien und Holland, die Marge war gut. Bis die Lira abgewertet wurde und die Holländer auf dem englischen Markt billigeres Fleisch fanden. Die Absatzmärkte waren schon am Abbröckeln, da kam noch die Krise mit dem Rinderwahnsinn. Ich habe die Zucht dann aufgegeben.
M: Aber auch Getreidebauern haben auf Mais umgestellt. Ganze Täler stehen voller Mais.
D: Im Norden Frankreichs hatte man nicht dieselben Erträge wie im Südwesten, wo wegen der Temperatur und Feuchtigkeit die Voraussetzungen günstiger sind. Aber vor allem waren die Kurse gut, und die Bauern

haben sehr schnell begriffen, dass sie mit dem Mais – im Vergleich zum Getreide – eine viel bessere Marge erzielen konnten.

M: Das Périgord scheint auch wegen der traditionellen Enten- und Gänsezucht für die Maisproduktion prädestiniert. Da gibt es reichlich lokalen Absatz und man produziert nicht nur für den Export, wo man es auch noch mit der auswärtigen Konkurrenz zu tun bekommt.

D: Von unseren 80 ha Anbaufläche sind 30% für den Detailverkauf bestimmt. Wir beliefern im Sarladais 20–30 Foie-gras-Produzenten mit Mais. Aber inzwischen macht man es uns nach, und weil die Konkurrenz auch die Preise senkt, haben wir die Lieferungen etwas reduziert.

M: Und es reizt Sie nicht, selber Foie gras herzustellen?

D: O nein, das ist Knechtschaft, das ist Sklaverei. Die Geflügelstopfer arbeiten von 6 Uhr morgens bis 9 Uhr abends für kaum 15 Francs die Stunde. Das machen nur Leute, die keinen Grund und Boden haben, die bloß auf ihre Arbeitskraft setzen. Wenn ich sie beliefere, bin ich auch noch ihr Bankier, denn sie können erst bezahlen, wenn die Ente verkauft ist. Gut, man kennt sich hier und ich warte auch noch einen Monat länger auf das Geld.

M: Eine neue Einkommensquelle ist ja der Agrartourismus. Gerade hier im Sarladais gibt es doch immer mehr Bauern, die Ferienwohnungen vermieten oder eine Ferme-Auberge eröffnen.

D: Ja, das Périgord hat seinen architektonischen Reiz, man merkt es, wenn man anderswo unterwegs ist. Aber nicht jeder kann in die alten Häuser investieren. Wie ein Bauer neulich sagte, der auch Ferienwohnungen hat: Schön sind sie, die Steine, die uns die Eltern hinterlassen haben, aber die Restaurierung kommt teuer, und man vermietet nur 3 oder 4 Monate im Jahr. Das ist doch sehr beschränkt.

M: Aber Sie restaurieren und bauen.

D: Mein Sohn ist im Bauwesen nicht ungeschickt. Wir haben Ferienhäuser eingerichtet und investieren in den ländlichen Wohnungsbau, wo es in der Region einen großen Mangel gibt. Im Winter legen wir die Fundamente und ziehen die Mauern hoch und bevor das Dach gedeckt ist, haben wir schon einen Mieter.

M: Ist denn die Zeit der Landflucht vorbei?

D: Hier in Archignac ist binnen 15 Jahren die Zahl der Landwirte von 70 auf 25 zurückgegangen. Aber seit fünf Jahren gibt es eine Gegenbewegung. Leute, die in Sarlat, Brive oder Périgueux arbeiten, suchen jetzt Wohnungen auf dem Land. Wir mussten sogar wieder Schulen aufmachen. Ja, die Bevölkerung kommt zurück, aber es ist keine Landbevölkerung mehr.

schwemme, die sich 1892 in der Rekordernte von 520 t niederschlug. Im folgenden Krieg verwahrlosten die Pflanzungen, denn ohne die Arbeitskraft der Männer beschränkte man den Anbau auf die notwendigen Lebensmittel. Den weiteren Niedergang besiegelte die nächste und übernächste Generation der Landwirte, die auf Kredit wirtschafteten und deshalb auf Kulturen umstiegen, die selbst bei Trockenheit sichere Erträge brachten. Die alten Weinberge wurden indessen zu Waldflächen, wobei die spontane Trüffelbildung immer mehr nachließ, weil das Unterholz mangels Reisigbedarf und Schafsverbiss zum Dickicht zusammenwuchs. Heute ist der Jahresertrag auf 4 t zusammengeschrumpft, der Kilopreis dafür auf schwindelerregende 3000 Francs gestiegen.

Die Wirtsbäume werden in gleichmäßig großzügigem Abstand gepflanzt, bewässert, zugeschnitten und mit Insektiziden besprizt. Das geübte Auge erkennt das unterirdische Geschehen oberflächlich am »Teufelsring«. Weil die Pilze den über ihnen wachsenden Pflanzen Wasser und Nährstoffe entziehen, zeigt sich nämlich rund um den Wirtsbaum eine verdorrte Grasnarbe. Wenn die Trüffel ab November reif sind, begeben sich die Eigentümer der Pflanzung, bezahlte Trüffelsucher, aber auch Wilderer zu den vermuteten Fundplätzen. Sie haben die Stelle vorweg markiert oder instrumentalisieren das Geruchsorgan eines Leittiers. Das kann eine Trüffelfliege, ein dressiertes Schwein oder auch ein Hund sein. Elektronische Detektoren werden entwickelt, lassen aber noch zu wünschen übrig. Die Ernte muss dann frisch auf den Markt, auf dem sich neben Gastronomen, Traiteurs und Konservenfabrikanten allerlei Agenten und Zwischenhändler tummeln, die auf interessante Preisdifferenzen spekulieren.

Walnuss

Die einhäusige Steinfrucht mit dem fett- und eiweißreichen Kern wächst gerne auf warmen Kalkböden, die im Untergrund genügend Feuchtigkeit gespeichert haben. Die beiden Départements Lot und Dordogne liefern fast die halbe Ernte Frankreichs (25 000 t), das hinter dem übermächtigen US-Konkurrenten (200 000 t) als Walnussproduzent weltweit an zweiter Stelle rangiert. Charakteristisch für die Dordogne-Landschaft, taucht der frostempfindliche Kulturbaum immer noch am Wegrand, auf den Bauernhöfen, mitten in Getreidefeldern auf. Die homogenen Plantagen sind jüngeren Datums und orientieren sich am Mechanisierungsvorsprung der Amerikaner.

Der breit ausladende Walnussbaum braucht viel Licht und Raum, sonst wächst er mit geringerem Ertrag hoch wie eine Pappel. Man pflanzt im Dordogne-Tal vier Sorten, die alle aromatisch sind, aber unterschiedliche Vorteile haben: Die dicke Marbot reift früh, die etwas länglichere Franquette hat leicht entnehmbare Kerne, die eher untersetzte Grandjean bietet die schönsten, confiserietauglichen Kerne, und die mittelgroße Corne konserviert sich sehr gut, was sie für den Export prädestiniert. Um den Ertrag zu steigern und die Ernte zu erleichtern, nimmt man eine bodennahe Veredelung der Bäume vor. Wichtig ist auch das Offenhalten der Bodenkrume, die regelmäßig gepflügt, geeggt, von Unkraut befreit und gedüngt wird. Wenn Anfang Oktober die fleischige, grüne Fruchtschale platzt, ist Erntezeit. Man schlägt die Nüsse nicht mehr manuell mit langen Stangen ab, sondern bringt traktorgetriebene Schüttelmaschinen am Baumstamm an. Drei Minuten mechanische Vibration – und die Nüsse liegen am sauber gerechten Boden, wo sie ebenfalls maschinell aufgelesen werden. Früher brauchte man pro Baum noch eine Dreiviertelstunde, und die ganze Familie, Freunde, weithergereiste Saisonarbeiter sammelten – ohne Rücksicht auf den schmerzenden Rücken – die Früchte in Hunderten von Körben ein.

Das Waschen, Trocknen und Sortieren nach Größen geht inzwischen maschinell. Aber die mit Holzhammer und spitzem Messer hantierende Nussknackerin lässt sich noch nicht ersetzen. Die ungeschälten Walnüsse kommen auf die nahen und fernen Märkte, die geschälten – je nach Größe und Schönheit – in die Confiserie oder in die Ölmühle.

Anfang Oktober ist Erntezeit für Walnüsse

War im Mittelalter das Öl als Lichtquelle Hauptzweck des Nussbaus, so ist ist es heute als Salatwürze eine Spezialität der Region. Es gibt noch einige Ölmühlen, die nach traditionellem Verfahren die Nüsse zerstoßen und zermalmen, die breiige Masse in einem Kessel erhitzen und – in Jutetücher eingeschlagen – paketweise pressen. Das anfangs noch trübe Öl wird mehrfach gefiltert, der ausgepresste Ölkuchen zur Tierfütterung verwendet.

Der Nussbaum liefert im übrigen ein feinstrukturiertes, mittelschweres Holz, das sich nicht nur zur Herstellung von Salatbesteck eignet. Tischler, Drechsler, Möbelbauer schätzen das dekorative Material. Das begehrteste Produkt der regionalen Holzverarbeitung war aber – vom Ersten Weltkrieg bis in die 1980er Jahre – der Gewehrkolben.

Wein

Der Weinbau hat im Dordogne- und Lot-Tal eine lange Tradition und war vor der Reblauskatastrophe (Ende 19. Jh.) sogar die beherrschende Kultur mit einer Anbaufläche sechsmal so groß wie heute. Allerdings standen die Produzenten immer im Schatten des benachbarten Bordeaux, das niemals ein ebenbürtiger Konkurrent war, weil es als Hafenstadt faktisch den Weinhandel des ganzen Südwestens monopolisierte. Früher diktierten die Bordelaiser Kaufleute den Winzern aus der Provinz kleinere Fassgrößen, um die nach Stückzahl berechnete Zollgebühr der Dordogne-Frachter nach oben zu schrauben. Heute hängen schon die Produktion, die Qualität, das Geschmacksprofil der Bergerac- und Cahors-Weine von den wechselnden Marketingüberlegungen der Händler ab. Um neben der kaufkräftigen Bordeaux-Kundschaft auch weniger anspruchsvolle Abnehmer zu bedienen, verkauften sie den Bergerac jahrzehntelang als billigen Zechwein und stifteten sogar die Monbazillac-Hersteller zur Produktion gezuckerter und geschwefelter Massenware an. Heute verlangt der Markt ein breitgefächertes Angebot von Qualitätsweinen, weshalb auch im Hinterland von Bordeaux die Önologen gefragt sind und ausländische Investoren in die Dordogne-Lagen investieren, weil steigende Kurse der »kleinen Weine« bei immer noch günstigen Hektarpreisen Schnäppchen versprechen. Qualitätsverbessernd wirken nicht zuletzt die mit der kontrollierten Ursprungsbezeichnung (AOC = *Appellation d'Origine Contrôlée*) verbundene Mengenbegrenzung und andere Auflagen wie die Wiedereinführung der manuellen Traubenlese im Monbazillac.

Für viele ist der Name Bergerac noch immer gleichbedeutend mit süßem Weißwein (*blanc moelleux*). Der südlich der Stadt auf den Kalk-Ton-Hängen von Monbazillac reifende Goldtropfen ist ein idealer Begleiter der *foie gras*. Gehässige Zungen nennen ihn den »Sauterne der Armen«, denn bei gleichen

Landwirtschaft und Nahrungsmittelindustrie

Rebsorten (Sémillon, Sauvignon, Muscadelle) erreicht er nicht ganz die Raffinesse und niemals die schwindelerregenden Spitzenpreise des Bordeaux-Dessertweins. Geschmackstypisch ist die Edelfäule, ein mikroskopischer Pilz namens *Botrytis cinerea*, den die Kombination von Morgennebel und Sonne begünstigt. Die Lese wird möglichst lang hinausgeschoben, damit die überreifen Trauben ihren üppigen Geschmack entwickeln. Ungewöhnlich ist auch die lange Reifung guter Jahrgänge, die wie bei großen Rotweinen noch bei jahrzehntelanger Lagerung an Qualität gewinnen.

Neben dem Monbazillac sind die weitgehend unbekannten Weine von Haut-Montravel und Saussignac für erstaunliche Honig- und Aprikosenaromen gut.

Die sinkende Nachfrage nach Süßweinen führte im Bergerac Anfang der 1970er Jahre zum Ausbau trockener Weißweine (*blanc sec*). Die leichten, fruchtigen Sauvignons bekommen ihr gewisses Etwas, wenn sie mit den traditionellen Rebsorten Sémillon und Muscadelle verschnitten werden. Die körperreichsten Weißweine entstehen nahe der Grenze zum Bordeaux-Anbaugebiet rund um Montravel. Die etwas spritzigeren Gewächse der Appellation Bergerac werden jung getrunken und können bei niedrigem Preis von feinem Geschmack sein.

Weinbau bei Bergerac und Monbazillac

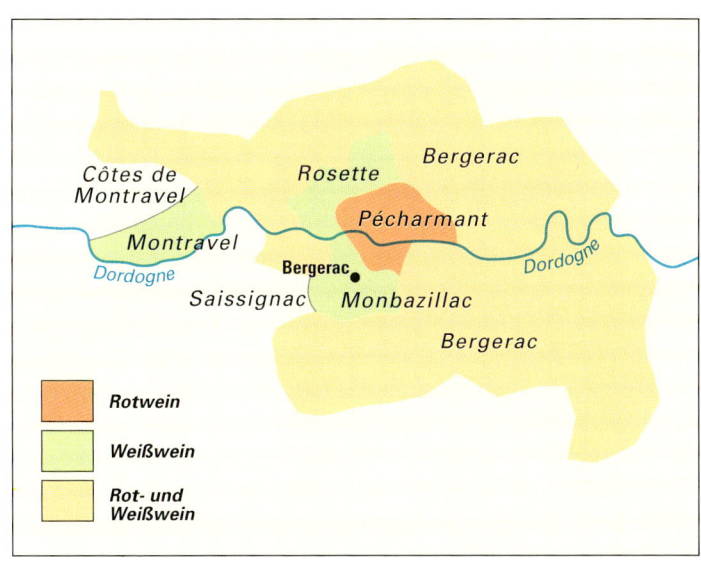

Die Hälfte der Gesamterzeugung kommt im Bergerac inzwischen auf den Rotwein. Die Rebsorten sind dieselben wie in Bordeaux (Cabernet Sauvignon, Cabernet Franc, Merlot), ergeben im »Purpurnen Perigord« aber leichtere Weine, die man im Sommer gerne auch gekühlt serviert. Die weichen, fruchtigen Exemplare der Appellation Bergerac müssen jung getrunken werden, während die körperreicheren, tanninhaltigeren Côtes de Bergerac gut fünf Jahre liegen können. Der beste Rotwein, durchaus mit einem Pomerol oder St-Emilion vergleichbar, ist der im Osten Bergeracs auf eisenhaltigen Böden angebaute Pécharmant. Er bleibt lange verschlossen, bis er sein Bukett von Lakritze und Vanille entfaltet.

Der robusteste und konservativste Rotwein der Region ist der Cahors. Man keltert ihn zu 70% aus der Auxerrois-Rebe (anderswo Cot oder Malbec genannt) und rundet den fast »schwarzen Wein« mit Merlot ab. Aufgrund seines Gerbstoffreichtums und der ausgesprochen erdigen Note passt er ausgezeichnet zum bäuerlichen Gänse- oder Entenconfit. Man muss jedoch unterscheiden zwischen den Plateau- und den Tallagen. Erstere bringen den traditionellen Cahors hervor, der bis zur Trinkreife sehr lange braucht und auch dann noch streng, ja hart schmeckt. Letztere liefern einen weicheren, schon jung trinkbaren, sehr viel moderneren Wein.

Das Périgord, eine Region für Genießer

Ziegenkäse

Er hat die Form eines Pucks, wiegt etwa 35 g, ist weiß und cremig weich: der *cabécou*. Der lokale, aus dem Okzitanischen (*cabrao* = Ziege) abgeleitete Name ist populärer als die Markenbezeichnung »Rocamadour«, die den Käse weit über das Quercy hinaus bekannt machen soll. Er ist ein frischer, milder, zart nach Ziege schmeckender Käse, der – alt und hart (*sec*) geworden – auch kräftigere Aromen enfalten kann.

Wird Ziegenmilch länger als 24 Stunden aufbewahrt, so kommt es zu einer Oxydation des Milchfetts, die den typischen bockelnden Geschmack verursacht. Er bleibt bei der traditionellen Verarbeitung zu Käse erhalten. Die frische, ungekühlte Milch wird bei etwa 20%C eingelabt. Nach einer Ausdickungszeit von noch einmal 24 Stunden wird dann der Bruch ohne weitere Bearbeitung in die Formen geschöpft. Durch kleine Löcher kann die Molke abtropfen, so dass sich der Käse allmählich konsolidiert. Man nennt diesen Prozess, bei dem lediglich gesalzen, hin- und hergewendet, beobachtet wird, *affinage* (Veredelung). Entscheidend ist die konstante Temperatur und Feuchtigkeit in gut belüfteten Kellerräumen. Als Hilfsmittel genügen ein Radiator (wenn es kühl wird) und ein Ventilator (wenn es warm wird). So braucht der *cabécou* etwa sechs Tage, bis er seine Geschmacksnote erhält.

Die Ziege war ursprünglich die ›Milchkuh der Armen‹, die keine Nusspflanzungen oder Weinberge besaßen und daher auf die unfruchtbaren Plateaus auswichen. Hier betrieben sie, zwischen endlos gezogenen Natursteinmauern, eine kärg- liche Weidewirtschaft. Wenn man heute über die Causses fährt, sieht man jedoch nur noch kleine Herden, obwohl die Statistiken eine Potenzierung des Viehbestands ausweisen: 1400 Ziegen gab es 1962 im Département Lot, heute sind es 18 000. Sie sind zu Hunderten in Ställen eingepfercht, in denen sie Silofutter und Tiermehl erhalten und doppelt so viel Milch geben wie die altmodisch mit Heu, Mais und Hafer ernährten Bio-Ziegen.

Ziegenkäse – von mild bis kräftig

Kulinarisches ABC

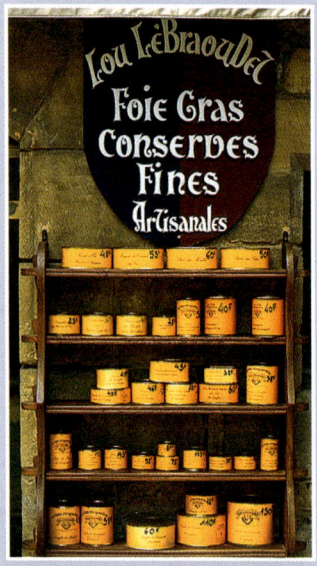

Andouille: Schweinskutteln, gesalzen und geräuchert oder auch nur getrocknet.
Boudin: Blutwurst, ebenfalls Nebenprodukt der traditionellen Schweineschlachtung.
Cabécou: Kleiner, runder Ziegenkäse von den Causses du Quercy. Man serviert ihn gerne mit Salat, selbstverständlich in Walnussöl angemacht.
Chabrol: Populäre Sitte in geselligen Runden. Der Suppenrest wird mit Rotwein angereichert und – die Ellenbogen auf den Tisch gestützt – aus dem Teller geschlürft.
Confit: Im eigenen Fett eingelegtes Fleisch, das zur Haltbarmachung etwa 3 Stunden lang geschmort wurde. Früher hat man nach Entnahme der *foie gras* sämtliche Geflügelteile »eingemacht«. Die alte Konservierungsmethode erleichtert heute vielen Restaurateuren das Küchenhandwerk, da sie – in der Regel gute – Konserven aufwärmen können.
Enchaud: Das *confit* vom Schwein wird gerne kalt zum Salat gegessen.

Die Produzenten sind meist nicht mehr Bauern, sondern agro-industrielle Unternehmen, die Preis und Umsatz genau kalkulieren, den Tierbestand entsprechend ausweiten und die Herstellungsverfahren beschleunigen.

Warum z. B. nicht die Oxydationszeit verkürzen? Bei fünffacher Labmenge gerinnt die Ziegenmilch schon nach 40 Minuten, der Käse schmeckt etwas scharf, aber der Kapitaleinsatz rentiert sich besser. Die ersten Skandale beschäftigten schon die Lokalpresse, da kam 1996 das Dekret über die kontrollierte Ursprungsbezeichnung (AOC Rocamadour). Sie garantiert die Herkunft des Futters und der Milch, verpflichtet die Produzenten auf Herstel-

Foie gras: Die Gänsestopfleber ist das Kultobjekt der regionalen Schlemmertafeln, die Entenstopfleber ihr kräftiger schmeckender Ersatz. Ob kalt serviert oder als Schnitzel gebacken – man »zelebriert« den Hochgenuss mit einem Monbazillac, dessen süße Edelfäule das Geschmackserlebnis abrundet.
Friture: Junge Dordogne-Fische als ganze frittiert. Mit Petersilie und Zitrone garniert, ideales Sommergericht zu einem weißen Bergerac.
Gésiers: Die eingemachten Gänse- oder Entenmägen werden in der Pfanne gebraten und im grünen Salat serviert.
Magret de canard: Dünngeschnittene Streifen von der Entenbrust, als kaltes Gericht meist geräuchert (*fumé*).
Omelette: Das Arme-Leute-Essen wird mit Trüffeln oder Steinpilzen zur Schlemmerei. Dazu passt ein *cabécou* mit grünem Salat.
Pommes sarladaises: In Scheiben geschnittene, mit Gänseschmalz krustig gebratene Kartoffeln. Klassische Beilage des *confit* und sonstiger Fleischgerichte.
Rillettes: Durch 3–4 stündiges Schmoren und Umrühren entstandenes Konzentrat aus Fleisch- und Fettresten der Gans, nach Abkühlen ein billiger und schmackhafter Brotaufstrich. Neben den Gänserillettes gibt es auch Schweinerillettes und allerlei Mischprodukte.
Tourin blanchi: Perigordinische Variante der Zwiebelsuppe, die mehr nach Knoblauch und Gänseschmalz schmeckt. Heiß und stark gepfeffert wird sie den Jungvermählten vor der Hochzeitsnacht serviert.
Verjus: Saft von unreifen Trauben, der statt Essig oder Zitronensaft zum Kochen verwendet wird. Im Juli werden die unreifen, aber schon saftigen Trauben gepflückt, gepresst, gefiltert und unter einer Ölschicht in der Flasche aufbewahrt.
Vieille Prune: Zwetschgenschnaps, im Eichenfass gereift, vertreibt als Digestif ein mögliches Völlegefühl.

lungsnormen wie die 24stündige Labzeit und verordnet die regelmäßige Degustation durch eine von Produzenten, Gastwirten und Verbrauchern zusammengesetzte Kommission. Ein Gütesiegel im Interesse der Kunden – aber durchaus auch der Großunternehmen, die im Marketing auf das Prädikat »traditionell« großen Wert legen.

Küche

44% der Franzosen halten die perigordinische Küche für die beste Regionalküche Frankreichs. Auch im Ausland gilt das Périgord – inklusive dem weniger bekannten Quercy – als Schlemmerparadies, das mit seiner bodenständigen Küche nicht nur

Feinschmecker, sondern auch hungrige Kanufahrer und Höhlenbesucher begeistern kann. So gehört die Gastronomie zu den Schlagern der Tourismusbranche, die im Bereich der Dienstleistungen – 63 % der Arbeitsplätze – in steigendem Umfang für Beschäftigung sorgt. Die Gourmetlokale sind die beste Werbung für ein Know-How, das auch die Köche der traditionellen Hotel-Restaurants beherrschen. Die authentischsten Esserlebnisse liefern aber die *ferme-auberges* und *tables d'hôtes*, in denen Bäuerinnen oder Hausfrauen den Kochlöffel schwingen. Die Produkte kommen frisch vom Hof oder aus dem eigenen Keller, und die Rezepte stammen meist noch von der Großmutter.

Doch es ist ein Märchen, dass die traditionellen Rezepte auf den Bauernhöfen entstanden seien. Sie wurden auf den Schlössern entwickelt und gelangten über die angestellten Köchinnen in die Bauernstuben und einfachen Gasthäuser. Manche Paradoxien erklären sich aus dieser Entwicklung. Die perigordinische Küche gilt als schwer und cholesterinlastig, und doch ist im Reich der Gänsestopfleber im Vergleich zu allen anderen Regionen Frankreichs die geringste Infarktquote zu verzeichnen. Andererseits finden die oft deftigen Gerichte Resonanz unter Feinschmeckern, obwohl sie gegen die kulinarischen Glaubenssätze der *nouvelle cuisine* verstoßen: die Funktion der Butter übernimmt das Gänseschmalz, das kurze Anbraten ist weniger beliebt als das lange Schmoren, und auf den Tisch kommen nicht nur frische, sondern oft konservierte Produkte.

Im Périgord wurde die Notwendigkeit des Konservierens zu einem Geheimnis der Gastronomie. Um die langen Wintermonate zu überbrücken oder für Notfälle vorzusorgen, kam die Kartoffelernte auf den Speicher, der Schinken ins Pökelfass und vorrätiges Fleisch in Steinguttöpfe, die mit Gänseschmalz gefüllt waren. Noch heute wird im Dezember überall an der Dordogne Geflügel »eingemacht«, und das ganze Jahr über holt man dieses *confit* als Festtagsessen aus dem Keller. Gelegenheit zum öffentlichen Schmausen bietet im Dorf neben dem Patronatsfest vor allem das gemeinsame Schweineschlachten (*tuerie de cochon*). Auch diese Zeremonie steht unter dem Zeichen der Vorratshaltung, denn ein Teil des Fleisches wird wieder eingemacht, und von der Blutwurst bis zu den *rillettes* wandert eine ganze Palette von Hausmacherprodukten in den Keller.

Die *foie gras* bleibt das Symbol einer Küchentradition, die sehr viel Zeit in die Vorbereitung der Speisen investiert und einen luxuriösen Umgang mit der Arbeitskraft voraussetzt. Die unzähligen Varianten von Terrinen und Pasteten wurden auf den Schlössern erfunden und sind heute in annähernder Vielfalt nur noch teuer beim Traiteur zu erstehen. Eine arbeitsintensive Raffinesse der perigordinischen Küche sind auch die Farcen, mit denen man das

Küche

Auf dem Markt: Produkte frisch vom Hof

Geflügel, die Fische, mit Vorliebe auch das Wildbret füllt. Sie bestehen nicht nur wie sonst überall aus feingehacktem Fleisch, Schinken, Eiern, Kräutern und Gewürzen, sondern vor allem aus den regionaltypischen *foie gras*, Kastanien, Steinpilzen, Trüffeln. All diese Edelprodukte verfeinern natürlich auch die Soßen, die neben der obligatorischen Portion Gänseschmalz gerne einen Schuss Wein, manchmal auch frisches Blut enthalten.

Die Walnuss verleiht der fleischbetonten Périgord-Küche ihre vegetarische Perspektive. Einerseits würzt das feine Öl die Salate, die nicht nur mit Gänsemägen, sondern auch mit Ziegenkäse ein bekömmliches, leichtes Gericht ergeben. Andererseits ist der Nusskuchen das klassische Dessert, von dem jede Hausfrau ihre spezielle Variante anzubieten hat.

UNTERWEGS IM DORDOGNE-TAL

Quercy

Lot-Tal

Sarladais

Vézère-Tal

Périgueux und
Dronne-Tal

Bergeracois

Quercy

Argentat und die Dordogne-Schluchten

Ausflüge im Grenzland – Von Beaulieu bis Turenne

Bretenoux-Castelnau

St-Céré

Von Loubressac nach Padirac

Rocamadour

Zwischen Carennac und Martel flussabwärts

Souillac

Die Bouriane

In Carennac

Quercy

Die Dordogne beginnt ihren mäandernden Lauf, sobald die Schluchten sich zum Tal weiten. Die Burg von Castelnau ist das Tor zum Quercy, das der Fluss in zwei Hochplateaus spaltet. Unten sehen Bootfahrer Dorfidyllen vorbeigleiten, oben pilgern Touristen nach Rocamadour und in die Höhle von Padirac.

Argentat und die Dordogne-Schluchten

Die Dordogne hat in die Südwestausläufer des Zentralmassivs tiefe Schluchten gegraben. Durch den Bau von fünf Staustufen wurden diese Gorges de la Dordogne in eine Leiter künstlicher Seen verwandelt. Der erste Staudamm entstand schon vor dem Krieg (Marège 1930–36), drei weitere folgten noch unter dem Vichy-Régime (L'Aigle 1935–48, Bort-les-Orgues 1942–52, Le Chastang 1942–52); nach dem Krieg wurde das Projekt mit einer letzten Staustufe (Argentat 1951–58) zabgeschlossen. Die Seen speisen große Wasserkraftwerke des staatlichen Stromkonzerns EDF, der hier 1% der nationalen Stromversorgung erwirtschaftet. Trotz der neugebauten Straßen bleibt der von Granitfelsen umstellte Oberlauf der Dordogne aber noch heute abseits der Verkehrswege. Die Reisenden benutzen die Schnellstraße Clermont-Ferrand – Bordeaux (N 89) und erreichen von Tulle aus kommend die Dordogne erst unterhalb der Schluchten, wo sich die Gebirgswasser in ein noch enges, aber flaches Tal ergießen.

Hier liegt inmitten der grünen Hügel des Corrèze das Städtchen **Argentat**, im 19. Jh. der bedeutendste Flusshafen des ganzen Dordogne-Tals. Am rechten Ufer reihen sich Giebel, Türmchen und mit Schiefer gedeckte Pfefferdächer, am linken Ufer hängen Holzbalkone direkt über dem Wasser. Man kann sich das geschäftige Treiben vorstellen, wenn man auf der Steinbrücke steht und auf den breiten Kai hinunterblickt oder auf der Terrasse vor einem der Gasthäuser sitzt, die damals von den Flussschiffern (s. S. 14) frequentiert wurden. Vor den Aubergen ankerten die *gabares*, nach dem Starthafen und Herstellungsort auch *argentats* genannt. Meist wurden sie in den oberhalb gelegenen Wäldern aus den dort gefällten Bäumen zusammengezimmert und von Stromschnellenspezialisten die steile Strecke nach Argentat hinabgeschleust. Im Hafen wurden dann die Waren verladen, vor allem Holz, aber auch Kohle und Käse. Die Flussschiffer schlossen hier auch ihre Kontrakte, stellten die Mannschaften zusammen, organisierten den nötigen Proviant und verlustierten sich in den Aubergen, bis der Pegel unter der Brücke bei 1,50 m stand.

Es empfiehlt sich eine kurze Spritztour zum **Barrage du Chastang**. Vorbei am untersten Stausee mit Campingplatz und Schlösschen geht es am rechten Ufer hoch nach St-Martin-la-Méanne (D 18), wo das Sträßchen zum Chastang-See abzweigt. Man sieht ihn durch die Bäume schillern, und ein Schild weist zu einer Anlegestelle von Gabare-Booten. Über den Staudamm geht es auf das andere Ufer, wo nach wenigen Kehren ein Fußweg zur Aussichtskanzel (Belvédère) führt.

Man kann das Bergsträßchen weiter zur hübsch gelegenen Feste von **Servières-le-Château** hochfahren oder gleich über die linke Uferstraße (D 129) nach Argentat zurückkehren.

Unterhalb von Argentat beginnt die Dordogne gemächlich zu mäandrieren, und nah dem Wasser reihen sich die idyllischen Plätze, von denen Camper gerne träumen. So gelangt man nach Beaulieu, das an der Départementgrenze von Corrèze und Lot die Pforte zum Quercy bildet.

 Le Sablier du Temps (13, rue Joseph Vachat, Tel. 05 55 28 94 90, Fax 05 55 28 94 99, moderat) bietet modernen Komfort, gute Küche, Garten mit Kinderspielplatz.

 Auberge des Gabariers, beliebtes Bistro im Flusshafen

Ausflüge im Grenzland – Von Beaulieu bis Turenne

Immer schon blieben Urlauber, die bei **Beaulieu** auf die ersten anmutigen Ufer der Dordogne stießen, an diesem »schönen Ort« hängen. Man kann hier baden und zelten und gelangt in wenigen Minuten vom grünen Ortsrand ins mittelalterliche Zentrum, wo mittwochs und samstags ein prächtiger Markt das Auge erfreut und den Mund wässrig macht. Hinter den bunten Schirmen entdeckt man hübsche Fachwerkhäuser mit Treppenaufgängen und – ein fein gearbeitetes Tympanon, das zum Hauptportal der Kirche St-Pierre gehört. Liebhaber romanischer Kunst fahren weit, um diese Weltgerichtsdarstellung zu sehen: Ein majestätisch thronender Erlöser breitet die Arme aus, Engel blasen die Fanfare (rechts und links) und zeigen die Marterwerkzeuge (darüber), die Toten kommen aus ihren Gräbern (darunter), allerlei Ungeheuer säumen die Szene (zwei Streifen). 1125 haben Bildhauer aus Toulouse dieses auch an burgundischen Vorbildern orientierte Meisterwerk für die neue Pilgerkirche geschaffen.

Quercy

Von Beaulieu bis Turenne

Quercy

Im Grenzland zwischen Limousin und Quercy reihen sich die Burgen. So gelangt man nach **Curemonte**, wenn man westlich von Beaulieu in dem dichten Landstraßennetz auf Entdeckungsfahrt geht. Auf dem Höhenrücken erheben sich zwei kleine Burgen, Château des Plas und Château de St-Hilaire (beide 15. Jh.), hinter einer gemeinsamen Befestigungsmauer. Die Kirche, früher Burgkapelle, eine alte Markthalle und ehrwürdige Steinhäuser tragen zum seltsamen Charme dieses stillen Dorfes das Ihre bei.

Nördlich weiter Richtung Brive ist **Collonges-la-Rouge** ein architektonisches Schmuckkästchen aus tiefrotem Kalksandstein, das seit dem 16. Jh. dem Adel der Vizegrafschaft von Turenne als Altersresidenz diente. Daher die prächtigen Manoirs, die sich mit ihren Erkern, Türmchen und Pfefferdächern wechselseitig überbieten. Man parkt den Wagen an der Hauptstraße (D 38) und geht zu Fuß die Rue de la Barrière hinunter, vorbei an der Maison de la Sirène (links), die auf einem Kragstein eine lautenspielende Sirene zeigt, und am Hôtel de la Ramade de Friac (rechts) mit zwei Rundtürmen. Wenn man unten das mit Wehrturm und Pfefferdach ausgestattete Hôtel de Beuges erreicht hat, muss man wieder umkehren und zur Gabelung am Hôtel de la Ramade de Friac zurückkehren. Hier geht es dann

rechts durch die halbzerstörte Porte Plate zum zentralen Platz, an dem die alte Markthalle und die Kirche stehen. Das Portaltympanon, wiederum ein Werk von Toulouser Bildhauern, und der im limousintypischen Stil erbaute Glockenturm stammen aus dem 12. Jh. Auf der Rückseite der Kirche ist das Castel de Vassignac, Residenz des Militärhauptmanns und Seigneurs von Collonges, ein repräsentatives Schloss mit wehrhaften Elementen. Wieder zurück zur Kirche, kommt man bei der ehemaligen Büßerkapelle (15. Jh.) links-rechts ins älteste Viertel, wo grüne Lauben einen malerischen Kontrast zum roten Stein bilden und die kurvige Dorfstraße den unvergesslichen Rundweg beschließt. Allerdings: zur Hauptsaison und am Spätnachmittag, wenn unter der tieferstehenden Sonne die Fassaden besonders fotogen aufleuchten, kann der touristische Zulauf das Erlebnis auch beeinträchtigen.

Wenige Kilometer weiter westlich liegt das Tal der Tourmente, über

Collonges-la-Rouge

dalstaat, der sich gegenüber dem französischen König lange als unabhängiger Souverän behauptete, bis unter dem Absolutismus die Widerstandsnester der Adelsfronde geschleift wurden. So blieben von der Burg von Turenne nur zwei Türme, die runde Tour de César aus dem 12. Jh. (Wendeltreppe hochsteigen!) und der quaderförmige Donjon aus dem 14. Jh. Der Fußmarsch auf den Burgberg führt durch das mittelalterliche Städtchen, dessen Kalksteinhäuser mit Türmchen, Pfefferdächern und skulptierten Türen geschmückt sind.

In Beaulieu bietet **Le Turenne** (1, bd. St-Rodolphe-de-Turenne, Tel. 05 55 91 10 16, Fax 05 55 91 22 42, moderat) komfortable Zimmer und gute Küche in ehemaligen Abteigebäuden.

In Beaulieu Mi und Sa vormittags **Wochenmarkt.**

dem sich auf einem erodierten Kegel die Burgfeste von **Turenne** erhebt. Die 160 m hohe Gipfelplattform bildet eine natürliche Ringmauer für die im 11. Jh. errichtete Festung. Die Vizegrafen von Turenne waren im Grenzland zwischen Limousin, Périgord und Quercy die mächtigsten Burgherren, die im Lauf der Jahrhunderte ihre Lehnsherrschaft auf 111 Pfarreien ausdehnten, das waren etwa 100 000 Seelen. Mit Generalständen und eigener Münze bildete die Grafschaft einen veritablen Feu-

Bretenoux-Castelnau

Die Bastide (s. S. 186) **Bretenoux** wurde im 13. Jh. von den Burgherren von Castelnau gegründet. Schachbrettartig angelegt, war die Siedlung von einer Befestigungsmauer umgeben (160 x 145 m), an die heute noch die vier Stadttore erinnern. Man sieht draußen Trauerweiden am Ufer der Cère und kommt schnell ins gemütlich belebte Zentrum, wo rund um den gepflasterten Platz der Konsuln einige Arkadenhäuser stehen. Südwärts erhebt sich die imposante Silhouette der Burg, die in ihrem rötlichen Farbton den Fassaden von Collonges-la-Rouge ähnelt. Man nähert sich dem steinernen Koloss von der Westseite, wo sich der Weiler Prudhomat an den Burghang schmiegt.

Die Anhöhe von **Castelnau** liegt im Mündungsdreieck von Dordogne und Cère an strategisch bedeutsamer Stelle. Drei Provinzen, die Auvergne, die Creuze und das Quercy, grenzen hier aneinander. Die erste Festung, einen schlichten Donjon, erbaute 1080 Hugue de Castelnau, dessen Nachfahren seit dem 11. Jh. zu den mächtigsten Adelsgeschlechtern des Quercy zählten. Als ihr Lehnsherr, der Graf von Toulouse, 1184 die Hoheit über Castelnau an den benachbarten Vizegrafen von Turenne abtrat, verweigerten die Burgherren dem neuen Lehnsherr die Huldigung. Es folgte eine blutige Fehde, die erst mit dem Schiedsspruch des französischen Königs endete: Die Herren von Castelnau mussten, als Zeichen ihres Gehorsams, fortan jedes Jahr ein Ei auf die Burg von Turenne bringen.

Erst im Hundertjährigen Krieg wurde die Festung rund um den viereckigen Donjon zu einer Zitadelle ausgebaut. Sie hat die Form eines unregelmäßigen Dreiecks mit vorspringenden Rundtürmen. Drei konzentrische Ringmauern staffeln sich zu einer terrassenförmigen Anlage mit breiten Burggräben. Von der langgestreckten Bastion bietet sich ein großartiger Panoramablick: Im Norden erkennt man die Täler der Dordogne und der Cère, im Nordwesten ganz am Horizont die Burg von Turenne, im Westen den Cirque von Montvalent und im Süden das Adlernest Loubressac. Wenn man in den Ehrenhof eintritt, staunt man erneut über die Größe der Burg, die 100 Pferden und einer 1500 Mann starken Garnison Platz bot. In den Anfang des 20. Jh. renovierten Räumlichkeiten sind romanische Kapitelle, Wandteppiche aus Aubusson und wertvolle Möbel ausgestellt.

 Hôtel de la Cère (Bretenoux, Av. Charles-de-Gaulle, Tel. 05 65 39 71 44, Fax 05 65 39 75 87, moderat), Familienhotel mit Talblick.

 Burg: Juli–Aug. tgl. 9.30–18.45 Uhr, in der Nebensaison Mi–Mo 9.30–12, 14–17/18 Uhr, Di geschl.

 Bahnverbindung Bretenoux-Biars nach Souillac

St-Céré

In das Mündungsdelta von Cère und Dordogne schmiegt sich von Südosten die Bave, ein vielfach verzweigter, aus zahlreichen Bergbächen gespeister Wasserlauf. Talaufwärts erhebt sich, kaum 10 km von Castelnau entfernt, die Burg von

Bretenoux-Castelnau und St-Céré

Fachwerkhäuser an der Place Mercadial in St-Céré

St-Laurent-les-Tours. Man erkennt sie an den beiden viereckigen Bergfrieden (13. und 15. Jh.), die zur unverwechselbaren Kulisse von St-Céré gehören.

Der Ortsname geht auf ein frommes Burgfräulein, die hl. Spérie, zurück. Für den Herrn von Castelnau bestimmt, soll sie auf Veranlassung des eigenen Bruders enthauptet worden sein, nachdem sie die Heiratspolitik der Familie durch Flucht vereitelt hatte. Rund um die Kapelle entstand im 10. Jh. eine Siedlung, die zunächst von der Grafschaft Auvergne abhing und dann – von 1178 bis 1738 – unterm Schutz der Vizegrafen von Turenne stand. Diese gewährten Steuer- und Zollfreiheit, ließen den Marktflecken vom Schiedsgericht verwalten und erlaubten schließlich 1464 den Bau eines Stadtwalls, der die eingesessenen Handwerker vor Plünderern schützte. Durch die vier Tore kamen aus dem Umland die Bauern und von überall her allerlei Pilger, die es zur Kapelle der hl. Spérie zog.

Vom einstigen Wohlstand zeugen in der Altstadt noch zahlreiche Bürgerhäuser aus dem 15. bis 17. Jh. Über dem massiven Stein des Ladengeschosses zeigen die Wohnetagen der ältesten Bauten oft vorgekragte Fachwerkfassaden mit Lehm- oder Ziegelgefachen. Reich dekorierte Fenster- und Türrahmen und vor-

Jean Lurçat

Schöpfer des modernen Gobelins

Der Zweite Weltkrieg trieb Jean Lurçat in den Widerstand. Als 24jähriger hatte er sich noch freiwillig zur Infanterie gemeldet und bei Verdun die Hölle erlebt. Als fast 50jähriger beging er Fahnenflucht und verließ die Gobelinwerkstätten von Aubusson. Denn keine 100 km östlich lag Vichy, die Hauptstadt der besiegten, zur Kollaboration entschlossenen Franzosen. Marschall Pétain, der »Held von Verdun«, war jetzt Staatschef von Hitlers Gnaden, sein Marionettenregime sorgte in der »freien Zone« für Ordnung. Lurçat floh weiter in den Süden und schloss sich im Quercy der kommunistischen Résistance an. Vier Jahre arbeitete er im Untergrund, wohnte abwechselnd in St-Cirq-Lapopie, Grégols, Lanzac, Souillac. Und als der Krieg vorbei war, kaufte er die Burgruine von St-Laurent-les-Tours, um darin sein Atelier einzurichten.

Jean Lurçat war nicht nur Maler, sondern auch Keramiker, Lithograph, Bühnenbildner, Innenarchitekt, vor allem aber Schöpfer von Gobelin-Bildvorlagen. Er gehörte zur Generation der Kubisten und Surrealisten, kannte Braque, Picasso, Matisse, arbeitete zeitweise mit Derain und Dufy zusammen. Seine Stilleben, Porträts und orientalischen Landschaften ähneln den Gemälden dieser namhaften Vertreter der Moderne und zeigen doch eine spezielle Vorliebe für Stoffmuster und flirrendes Licht. Aber Lurçat strebte weg von der Staffelei, wollte Räume ausstatten und Wände gestalten, lernte deshalb Freskenmalerei und studierte die Verfahren zur Herstellung von Wandteppichen. Seine »Konversion« zum *peintre-cartonnier* (Maler von Bildvorlagen) ging in drei Etappen vor sich: 1937 begeisterte ihn in Angers der mittelalterliche Teppichzyklus »Apokalypse«, 1939 ließ er in der Manufaktur von Aubusson erstmals eine Reihe von Gobelins herstellen, ab 1945 setzte er sich als Vorsitzender eines neugegründeten Künstlervereins für die Erneuerung der Tapisserie ein.

Die Bildwirkerei war damals eine konservative Disziplin, die im getreuen Abbilden alter Meister bestand. Die Weber reproduzierten bis in

springende Ecktürmchen orientieren sich am adeligen Vorbild. Im 17. Jh. wurde das mittelalterliche Gassengewirr durch Boulevards und Kais aufgebrochen. Die Stadtkonsuln ließen den Befestigungsring einreißen und beauftragten den Niederländer Van der Dowe mit dem Bau von Kanälen, die später jedoch größtenteils wieder zugeschüttet wurden.

die Farbnuancen hinein die Leinwand oder deren Kopie, die ohne Kenntnis der Webtechnik als reine Malerei angefertigt worden war. Lurçat kehrte das Verhältnis um und orientierte sich als Vorlagenmaler an den technischen Gesetzmäßigkeiten des Webens. Seine *cartons* sind keine ausgeführten Gemälde, sondern bewusst einfache, mit Nummern und Zeichen versehene Entwürfe, also »lediglich« Vorlagen. Ohne vorbereitende Skizze wirft der Meister mit einem Stück Kohle grob die Hauptlinien aufs Papier. Schüler liefern durchgepauste Teilstücke oder Ausschnitte aus früheren Vorlagen, die angefügt und eingepasst werden. In die umrissenen Flächen werden dann die Farben als Ziffern und Buchstaben chiffriert eingetragen: 1–6 sind Gelbtöne, 7–11 Grautöne, 12–17 Ockertöne, 30–34/93–94/R und RF Rottöne, 40–44 Grüntöne, 50–54 Blautöne, 80–85 Brauntöne, N Schwarz, B Weiß. So beschränkt sich Lurçat auf eine Palette von 44 Wollfarben, und dem Weber bleibt bei der Auswahl der Fäden immer noch Interpretationsfreiheit.

Lurçats Wandteppiche frappieren durch ein Feuerwerk von Farbtönen, die nicht nur auf schwarzem Grund förmlich zu explodieren scheinen. Dies ist einerseits die Wirkung einer reduzierten Palette fachmännisch nach Leuchtkraft ausgewählter Fäden. Andererseits kommen die abstrakten Kompositionen ins Schweben, Kreisen, Wirbeln, Spritzen, Flirren, lösen also beim Betrachter Bewegungsbilder aus, die negativ als Katastrophe oder positiv als freudiges Jubilieren empfunden werden können.

Lurçat scheint seinem mittelalterlichen Vorbild nicht nur formal, durch Einfachheit der Mittel und Verzicht auf Perspektive, sondern auch thematisch, mit der Antithese von Weltuntergang und Erlösung nachgeeifert zu haben. Besonders deutlich wird dieser nicht religiös, sondern pazifistisch inspirierte Zug in seinem Hauptwerk »Chant du Monde« (Weltgesang). Dieser in Angers ausgehängte Zyklus von zehn Teppichen entstand 1957–66 unter dem Eindruck der Massenvernichtungswaffen und ist mit seinen abstrakten Gegensätzen (Krieg/Frieden, Tod/Leben, Bedrohung/Hoffnung) eine moderne Fassung der »Apokalypse«. Trotz aller Symbolik verschwindet Lurçats Botschaft aber fast immer hinter der dekorativen Wirkung seiner Teppiche.

Zum Stadtrundgang stellt man den Wagen am besten auf der Place de la République ab. Von hier sind es nur wenige Schritte zur **Eglise Ste-Spérie,** der gotischen Stadtkirche, die im 15. Jh. auf romanischem Fundament errichtet und später mehrmals erweitert und umgebaut worden ist. Jenseits des Kirchplatzes überquert man die Hauptstraße Rue

Quercy

de la République, um parallel zu ihr in die Rue du Mazel einzubiegen. Diese einstige Metzgerzeile führt am Hôtel Ambert (15.–16. Jh.) vorbei zur **Place du Mercadial**. Rund um den Brunnen laden zahlreiche Cafés zum Verweilen auf diesem früheren Marktplatz, der unterhalb der Burg ein besonders schönes Ensemble spätmittelalterlicher Bürgerhäuser bewahrt hat. Neben dem Haus der Konsuln (16. Jh.) ist das Stammhaus des Händlers Jean de Séguirier (15. Jh.) besonders sehenswert. Zum Ladengeschoss gehört der ums Eck springende Steintisch, ein Verkaufsstand, auf dem der Vizegraf von Turenne die berühmte Steuerbefreiungscharta (1480) unterzeichnet haben soll.

Auf dem Rückweg zum Ausgangspunkt des Rundgangs sollte man einen Abstecher zum Casino machen. Das Café ist zugleich Kunstgalerie und enthält eine großartige Sammlung von Lurçat-Wandteppichen. Einen Einblick in die Vielseitigkeit dieses Künstlers erhält man auf der Burg im **Atelier-musée Jean Lurçat**. Nach einem einführenden Videofilm geht man durch ein Arbeits- und Wohnensemble, das nicht nur Ölbilder, Wandteppiche, Keramiken, Mosaiken und Gedichte ausstellt, sondern von den Tapeten bis zu den bemalten Balkendecken selbst ein Kunstwerk ist. Im lauschigen Burggarten schwirren Schmetterlinge, die den Gobelins entfleucht scheinen, und die Stadt bietet sich reizvoll aus der Vogelperspektive.

Liebhaber der Renaissance und Fans von Tropfsteinhöhlen kommen auf ihre Kosten, wenn sie St-Céré Richtung Rocamadour (D 673) verlassen. Gleich am Westrand der Stadt erstaunt die schmucke Fassade des **Château Montal** (16. Jh.), in dem während des letzten Krieges Leonardos »Mona Lisa« versteckt war und heute wertvolle Möbel und Gobelins ausgestellt sind. 5 km weiter zeigt die 350 m lange **Höhle von Presque** in ihrem verzweigten Netz von Sälen und Gängen säulen- und kaskadenförmig aufgetürmte Sintergebilde.

Office de tourisme, 46400 St-Céré, Place de la République, Tel. 05 65 38 11 85, Fax 05 65 38 38 71.

Von und nach Bretenoux (Bahnhof).

Le Victor Hugo (7, av. Maquis, Tel. 05 65 38 16 15, Fax 05 65 38 39 91, moderat); **Hôtel de France** (139, av. François-de-Maynard, Tel. 05 65 38 02 16, Fax 05 65 38 02 98, moderat bis teuer) mit guter Küche.

Atelier-musée Jean Lurçat, Kar- und Osterwoche sowie 14. Juli – 30. Sept. tgl. 9.30–12, 14.30–18.30 Uhr. Galérie d'Art du Casino, außerhalb der Saison Di geschl. **Château de Montal,** Palmsonntag – Allerheiligen So–Fr 9.30–12, 14.30–18 Uhr, Sa geschl. **Höhle:** Grotte de Presque, März–Okt. 9–12, 14–18 Uhr, Juli bis 19 Uhr, Aug. 9–19 Uhr.

La Maison du Foie Gras, 8, place de la République, Feinkostkonserven und Cahors-Weine.

Von Loubressac nach Padirac

Am Nordrand der Causse de Gramat bildet das Festungsdorf **Loubressac** einen einzigartigen Aussichtsbalkon über den Tälern der Bave, Cère und Dordogne. In Serpentinen führt die Straße hoch zum Parkplatz, von dem sich rechter Hand ein erster Panoramablick nach Osten darbietet: Man sieht das Städtchen St-Céré, das Schloss Montal und die Burgen St-Laurent-les-Tours und Castelnau. Durch einen steinernen Torbogen betritt man das schon im 13. Jh. befestigte Dorf, das während des Hundertjährigen Kriegs heftig umkämpft war und am 14. Juli 1944 Schauplatz einer der größten Fallschirmlandungen des Zweiten Weltkriegs wurde. Man schlendert von der Kirche (13.–16. Jh.) zum Schloss (15. Jh.) und erreicht dann einen zweiten Aussichtspunkt mit Panoramablick nach Nordwesten: Weit hinter der Burg Castelnau zeichnet sich am Horizont die Stammburg von Turenne ab.

Über die D 135 oder auf dem Weitwanderweg GR 652 erreicht man südwärts, in einem von Kalkfelsen eingefassten Tal, das Nachbardorf **Autoire**. Weinberge, Nussbaumhaine und Reineclaudenpflanzungen umgeben die ehemalige Adels- und Bürgerresidenz. Vorbei an viereckigen Taubenhäusern, vorkragenden Fassaden, spitzen Schindeldächern und Rundtürmchen aller Art kann man vom Kirchplatz die Aussicht auf die Mühle von Limargue und den Felsen-Cirque genießen. Ein Fußweg führt aus dem Dorf in den Talschluss, wo ein 30 m hoher Wasserfall seinen Schleier entfaltet.

Oberhalb des Tals von Autoire dehnt sich der Causse de Gramat, ein steiniges Kalkplateau mit duftender Zwergvegetation und Ziegenherden, deren Milch zu *cabécou* verarbeitet wird. Der **Gouffre de Padirac** öffnet den Zugang zu einer fantastischen Unterwelt. Mehrere Aufzüge bringen die Besucher durch den runden Einsturzschacht mit einem Durchmesser von 32 m bis zu einem Schuttkegel (in 75 m Tiefe), von dem Treppen in eine gigantische Galerie (110 m unter der Ober-

---

Längsschnitt durch die Höhle von Padirac: A Gouffre   B Aufzüge   C unterirdischer Fluss   D Grand Dôme

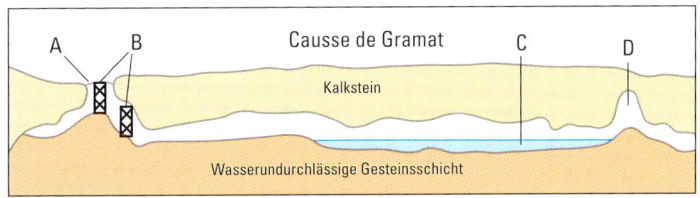

fläche) hinabführen. Sie wurde von einem unterirdischen Fluss ausgehöhlt, dessen Ursprung bis heute ein Rätsel bleibt. Nach etwa 300 m erreicht man eine Anlegestelle, von der Flachboote weitere 600 m weit ins Innere gleiten. Man sieht 0,5–4 m tief, und über dem kristallklaren Wasserspiegel steigt das Deckengewölbe bis auf 78 m. Am Ende der Bootsstrecke öffnet sich der Fluss (Rivière Plane) zum Regensee (Lac de la Pluie), in den ein 75 m langer Stalaktit (Grande Pandeloque) hinunterreicht. Zu Fuß geht es durch grandiose Höhlensäle mit zauberhaften Sinterbildungen (Salle des Grand Gours) und von grandiosen Ausmaßen (Salle du Grand Dôme, 91 m hoch).

Office de tourisme, 46130 Loubressac, Tel. 05 65 10 82 18.

Le Relais de Castelnau*** (Tel. 05 65 10 80 90, Fax 05 65 38 2202, teuer), in Loubressac an der Straße nach Padirac, bietet vom Pool und Tennisplatz die im Namen versprochene Aussicht.

La Garrigue***, Loubressac, Tel. 05 65 38 34 88.

Auf dem Kirchplatz von Autoire verzehrt man Crêpes und Eis auf der Panoramaterrasse von **La Cascade.** Für Feinschmecker ist das Bahnhofshotel in Gramat **Le Relais des Gourmands**** (Tel. 05 65 38 83 92, Fax 05 65 38 70 99) eine sehr sympathische Adresse.

Höhle: Gouffre de Padirac, Tel. 05 65 33 64 56, April–Okt. 9–12,

14–18 Uhr, Juli ab 8.30 und bis 18.30 Uhr, Aug. durchgehend 8–19 Uhr. Zur Hauptsaison wird der Massenandrang durch gestaffelte Kartenausgabe bewältigt: früh anstehen und bis zur Besuchszeit Ergänzungsprogramm einplanen (Autoire, Loubressac, Zoo von Padirac).

Rocamadour

Die Menschenmassen können im Sommer unerträglich werden und auch die Atmosphäre, eine Mischung aus Lourdes und Mont St-Michel, ist Geschmackssache. Trotzdem sollte man Rocamadour gesehen haben, denn die Lage des Wallfahrtsortes ist spektakulär und

Loubressac

einmalig: Er klebt förmlich an einem 150 m hohen Steilfelsen, der vom Hochplateau der Causse in die Schlucht des Alzou-Baches abfällt. Am besten kommt man morgens, da dann das Licht am günstigsten ist und der Andrang noch vergleichsweise gering.

Schon zur Jungsteinzeit von Menschen bewohnt, war der anmutige Felsen im Mittelalter für Einsiedler besonders anziehend. 1166 fand sich in einer Nische ein mumifizierter Leichnam, dem Wunder nachgesagt wurden. Dieser »Roc amator« (okzitanisch der Felsliebende), in dem viele Zachäus, den Ehemann der hl. Veronika, sehen wollten, wurde zu einem der bedeutendsten Wallfahrtsziele der Christenheit. Selbst Könige wie Heinrich Plantagenêt, Ludwig der Heilige, Philipp der Schöne, Philipp VI., Ludwig XI. waren unter den Pilgern. Da die Gerichte damals gerne Wallfahrten als Buße verhängten, fanden sich in Rocamadour zahlreiche Albigenser und andere Häretiker zur zwangsweisen Marienverehrung ein. Die oft von weit her gereisten Büßer trugen zum Pilgerstab und Bettelsack oft schwere Ketten, wenn sie auf wundgescheuerten Knien die 216 Stufen zum Heiligtum hochrutschten.

Rocamadour ist nur für Fußgänger zugänglich. Man stellt den Wagen oben auf dem Plateau oder unten im Alzou-Tal auf einem der schnell überfüllten Parkplätze ab. Aufzüge und ein Touristenbähnchen befördern ohne Anmarsch direkt ins Zentrum. Den schönsten Zugang bietet der Serpentinenweg, der zwischen Hospitalet und Burg vom Aussichtspunkt zur mittelalterlichen Reihensiedlung hinunterführt. Man betritt diese untere Ortsetage an der Porte de Figuier (1, 13. Jh.) und bummelt dann durch die Hauptstraße, die Rue Couronnerie, an Läden und Restaurants vorbei. Hinter einem zweiten Tor, der Porte Salmon (2), erreicht man das Rathaus (3, 15. Jh.), in dem sich das Office de tourisme und zwei Wandteppiche von Jean Lurçat (s. S. 70) befinden. Jenseits der Porte Hugon (4) beginnt das untere, weniger touristische Viertel Coustalou. Man sollte durch die Porte Basse (5), das untere Tor, bis zur befestigten Mühle von Roquefrège (6, 14. Jh.) weitergehen und dann zur Ortsmitte zurückkehren.

Hier führt die große Pilgertreppe (7) eine Etage höher zu den Sanktuarien hinauf. Vor dem Palais der Bischöfe von Tulle (8) kann man links in die älteste Straße Rocamadours, die Rue de la Mercerie, einbiegen und an Terrassengärten vorbei zur Maison de la Pomette (9, 14. Jh.) vorgehen. Zurück am ehemaligen Bischofspalais, einem trutzigen Fort mit kleinem Museum für Sakralkunst, geht es die letzten Treppen hoch zu den ineinander verschachtelten Kirchen und Kapellen. Sie gruppieren sich um einen früher mit Fresken bemalten Innenhof, in dem sich die Pilger direkt unter dem Felsüberhang versammelten. Das größte Gebäude ist die romanische Basilika St-Sauveur (10) mit der darunterliegenden Krypta St-Amadour (11), dessen sterbliche Überreste 1562 auf Anweisung des Protestantenführers Bessonie verbrannt wurden. Links daneben ist das Wallfahrtsziel seither die gotische Chapelle Notre-Dame (12) mit einer Schwarzen Madonna, einer kleinen (69 cm), verrußten, mit Edelsteinen gekrönten Nussholzfigur aus dem 12. Jh. Gegenüber ist die romanische, tief un-

In Rocamadour führt ein Serpentinenweg vom Plateau hinunter ins Tal

ter den Felsen gebaute Chapelle St-Michel (13) wegen der gleichfalls aus dem 12. Jh. stammenden Fresken interessant.

Ein Tunnel führt unter der Basilika auf eine große Terrasse, von der sich ein Kreuzweg (14) zu den Befestigungsmauern der im 14. Jh. angelegten Burg (15) hochschlängelt. So erreicht man die oberste Ortsetage, auf der sich ein großartiger Blick auf den Causse, die Schlucht und die Felsenarena von Rocamadour bietet. Hinter dem Steilabbruch liegt Hospitalet, wo schon im 11. Jh. kranke Jakobspilger versorgt wurden. Sehenswerter als die ärmlichen Reste des Hospizes sind die Felszeichnungen der Grotte de Merveilles, einer schon vor 18 000 Jahren von Menschen frequentierten und 1920 wiederentdeckten Tropfsteinhöhle (9–12, 14–18 Uhr, im Sommer bis 19 Uhr). Im übrigen gibt es in den Schluchten des Causse alte Mühlen zu entdecken, die als wildromantische Ruinen (Moulin du

Das fein skulptierte Portal der romanischen Kirche St-Pierre in Carennac

Saut am Alzou-Bach) oder rüstige Exemplare mittelalterlicher Hydraulik (Moulin de Cougnaguet am Ouysse-Bach) direkt am ehemaligen Pilgerweg (heute GR 6) liegen.

Office de tourisme, 46500 Rocamadour, Tel. 05 65 33 62 59, Fax 05 65 33 74 14.

Angenehme Unterkünfte sind in Hospitalet **Le Panoramic**** (Tel. 05 65 33 63 06, Fax 05 65 33 69 26, günstig) und 14 km westlich in Calès **Le Petit Relais**** (Tel. 05 65 37 96 09, Fax 05 65 37 95 93, günstig).

In der Altstadt wird **Ste-Marie** (Place de Senhals, Tel. 05 65 33 63 07, Fax 05 65 33 69 08) mit einer hochgelegenen Terrasse und einer günstigen Brasserie-Karte von schnellen Mittagsgästen frequentiert, während **Le Beau Site**** (Tel. 05 65 33 63 08, Fax 05 65 33 65 23) zu etwas anspruchsvolleren Preisen auch im Dekor mehr Geschmack bietet sowie schöne Zimmer (teuer).

Tiere: Das zoologische Angebot reicht von Bienen (Maison des Abeilles) und einheimischen Fischarten (Aquarium) bis zu Meerkatzen (Forêt des Singes) und dressierten Raubvögeln (Rocher des Aigles).

Zwischen Carennac und Martel flussabwärts

»Ich überquerte die zauberhafte Dordogne, die von mich begleitenden Booten übersät war, und wurde von ehrwürdigen, feierlich aufgereihten Mönchen empfangen.« So beschreibt der Theologe und Schriftsteller Fénelon seine Ankunft in Carennac, wo er nach dem Tod seines Onkels die Prioratsstelle antrat. Er hat sie 15 Jahre lang innegehabt und, als er längst zum Bischof von Cambrai aufgestiegen war, wiederholt vom Charme dieses Dordogne-Winkels geschwärmt.

Carennac war als Priorat der Abtei von Cluny unterstellt und kam nach dem Hundertjährigen Krieg in den Besitz des Adelsgeschlechtes La Mothe-Fénelon. Die Priorresidenz (das Schloss) liegt, geschützt von einer Ringmauer, über dem Flusshafen. Rundum staffeln sich die alten Häuser aus ockergelbem Naturstein und graubraunen Ziegeldächern zu einer der reizvollsten Dorfansichten Frankreichs, die auch schon als Filmkulisse (TV-Fernsehserie »La Rivière Espérance«, 1997) entdeckt worden ist. Die im 16. Jh. erbauten, kunstvoll gedeckten, mit Türmchen geschmückten Manoirs standen vor dem Verfall, als vor 30 Jahren vor allem Engländer stilvolle Landhäuser zu kaufen begannen. Heute ist Carennac, rundum saniert und mit Blumen herausgeputzt, ein beliebtes Ausflugsziel, das wegen seines Flairs und der zentralen Lage auch gerne als Ferienort gewählt wird. Man kann dann abends ganz alleine durch die malerischen Gassen streifen, am Ufer zur Insel Barrade (auch »Calypso-Insel« genannt) hinüberschauen und sich gut vorstellen, dass Fénelon hier seinen »Télémaque« geschrieben hat.

Quercy

Zur Besichtigung der Kunstschätze kommt man untertags, am besten nachmittags, wenn hinter dem Spitzbogentor des Schlosses ein fein skulptierter Tympanon (12. Jh.) aufleuchtet. Dieses Meisterwerk aus der Toulouser Bildhauerschule schmückt das Vorhallenportal der romanischen Kirche St-Pierre und zeigt den auferstandenen Christus auf einem kunstvoll durchbrochenen Thron. Rund um die Mandorla sind in zwei Registern die paarweise gruppierten Apostel versammelt und

Zwischen Carennac und Martel flussabwärts

Gluges

allerlei Tiere zu einem Ornamentband aufgereiht. Noch ein Stück tiefer in der Gasse liegt der Eingang zum gotischen Kreuzgang mit dem ehemaligen Kapitelsaal, in den man die lebensgroße Grablegungsgruppe (15. Jh., 10–12, 15–18 Uhr) des

Gotteshauses transferiert hat. Im Schloss informiert die »Maison pour la Dordogne« auf drei Etagen über Geologie, Kunstgeschichte, Flora und Fauna, Flussökologie.

Westwärts führt das schattige Ufersträßchen im großen Bogen nach Floirac und – dahinter – in den **Cirque de Montvalent** hinein. Die eindrucksvolle Flussschleife mit den darüberliegenden Hügeln bildet ein großartiges Panorama, das sich am besten vom gegenüberliegenden Belvédère de Copeyre aus darbietet. Man kommt zu diesem Aussichtspunkt, wenn man auf der N 140 (Gramat – Martel) die Dordogne überquert und gleich nach der Brücke rechts das Ufer hochfährt. Auf der anderen Seite der Nationalstraße liegt, unter einer 120 m hohen Felswand zusammengekauert, der Weiler **Gluges**. Über dem aufsteigenden Dächergewirr ist die romanische Kirche (12. Jh.) direkt in den rückwärtigen Kalkstein gebaut. Für Radfahrer beginnt hier eine besonders reizvolle Strecke, die unter dem bewachsenen Steilfelsen am schattigen Fluss entlangführt.

Von Gluges sind es nur 4 km bis **Martel,** das sich für einen kurzen Abstecher auf das Plateau (Causse de Martel) anbietet. Der Ortsname erinnert an Karl Martell, den Araberbezwinger, dessen bevorzugte Waffen, drei Hämmer, im Wappen der Stadt auftauchen. Wichtiger als der

Quercy

Martel

Retter der Christenheit war für die flussnahe Siedlung der Vizegraf von Turenne, der die Siedlung 1219 zur freien Stadt erhob. Sein Palast, das Hôtel de la Raymondie, überragt mit seinem 33 m hohen Bergfried den zentralen Platz, auf den alle Straßen dieser »Stadt der sieben Türme« sternförmig zulaufen. Von Steuern befreit und mit dem Münzprägerecht ausgestattet, war Martel für Händler und Kaufleute ein ergiebiges Pflaster, das von selbstständig regierenden Konsuln verwaltet wurde und als königliche Landvogtei auch Magistrate, Richter und Advokaten anzog. Man kann sich das selbstbewusste Auftreten der Stadtherren vorstellen, wenn man auf der Place des Consuls steht und aus der Markthalle (18. Jh., mittwochs und samstags Wochenmarkt) über die alten Kornmaße hinweg auf die mächtigen Fassaden blickt. Aus dem wuchtig umstellten Zentrum führt die Rue du Four-Bas hinunter zur gotischen Kirche St-Maur (13.–16. Jh.), deren 48 m hoher befestigter Turm in die Stadtmauer integriert war.

Von Martel führt westlich der N 140 die Landstraße D 23 zurück zur rechten Uferstraße. Auf ihr erreicht man 4,5 km südlich von Gluges das in der nächsten Dordogne-Schleife gelegene **Creysse**. Mitten durchs Dorf fließt der Cacrey-Bach, in dessen kresseüberwucherten Wassern sich eine kleine Markthalle spiegelt. Ein von Steinhäusern gesäumter Weg führt den Felssporn hoch zum

Zwischen Carennac und Martel flussabwärts

Schloss, das auf den Trümmern der von den Engländern besetzten und von den Franzosen geschleiften Festung errichtet wurde. Daneben steht die ehemalige Schlosskapelle mit originellen Zwillingsapsiden.

Auf dem rechten Ufer weiter nach St-Sozy, erreicht man wieder eine Brücke, die nach Meyronne hinüberführt. Die einstige Sommerresidenz der Bischöfe von Tulle wurde sehr passend in ein verführerisches Hotel-Restaurant umgewandelt. Auf dem Uferstäßchen geht es nun links der Dordogne nach **Lacave** zu den 1902 entdeckten Tropfsteinhöhlen. Sie liegen hinter einer vom Fluss ausgespülten Kerbe, die in der Altsteinzeit als Unterschlupf diente. Die Besucher gelangen heute mit Elektrobähnchen und Lift zu 12 unterirdischen Sälen, die in zwei Abschnitten (hin und zurück 1,6 km, etwa 75 Min.) zu durchlaufen sind. Im ersten Teil dominieren die Stalaktiten und Stalagmiten, im zweiten die unterirdischen Seen. Unter den eindrucksvollsten Gebilden entdeckt man ein fürchterliches Fabelwesen (Salle de la tarasque), eine Jungfrau mit Kind (Salle des orgues), eine Säule mit Spinnenfüßen (Grand Dôme), eine versunkene Märchenstadt (Salle des mirages). Ein Traum ist auch der letzte Saal (Salle des merveilles), der über und über mit ›Excentriques‹ bestückt ist.

Wieder im Freien, erblickt man über Lacave die **Burg Belcastel** (15. Jh.). Der zerklüftete Felsvorsprung erhebt sich Schwindel erregende 50 m über der Ouysse-Mündung, vor der die Trümmer der alten Brücke liegen. Das Nebenflüsschen kommt aus der Causse de Gramat und grub die Trasse für den Pilgerweg (GR 6), auf dem man noch heute nach Rocamadour wandern kann (s. S. 75 f.). Weiter auf der Uferstraße erreicht man die Eisenbrücke, die 1905 die Dordogne-Fähre zwischen Lacave und Souillac ersetzte. Hier steht das **Schloss La Treyne** (17. Jh.), heute ein Luxushotel, dessen französische Gärten jedoch allen Besuchern offenstehen.

Maison pour la Dordogne (Schloss), 46110 Carennac, Tel. 05 65 10 97 01, zugleich Heimatmuseum. **Office de tourisme** (Rathaus), 46600 Martel, Tel. 05 65 37 43 44, Fax 05 65 37 37 27.

In Carennac stehen die **Auberge du Vieux Quercy**** (Tel. 05 65 10 96 59, Fax 05 65 10 94 05, moderat) – etwas touristischer – und das **Hôtel Fénelon**** (Tel. 05 65 10 96 46, Fax 05 65 10 94 86, moderat) – etwas französischer – zur Auswahl, beide mit Garten und guter Küche. In Gluges übernachtet man in **Les Falaises**** (Tel. 05 65 37 33 59, preiswert), in Martel stilvoll im **Relais Ste-Anne***** (Tel. 05 65 37 40 56, Fax 05 65 37 42 82, teuer). In Creysse ist die idyllisch gelegene **Auberge de L'Ile**** (Tel. 05 65 32 22 01, Fax 05 65 32 21 43, moderat) eine ideale Station zum Einkehren. In Meyronne lädt das turmhohe **Hôtel de la Terrasse**** (Tel. 05 65 32 21 60, Fax 05 65 32 26 93, moderat) in sein historisches Gemäuer. In Lacave bietet **Le Pont de l'Ouysse***** (Tel. 05 65 37 87 04, Fax 05 65 32 77 41, teuer) stille Zimmer und höchste Küchenkunst, das Schlosshotel **Château de la Treyne****** (3 km

westlich, Tel. 05 65 27 60 60, Fax 05 65 27 60 70, Luxus) bei vergleichbarer Küche nobleres Ambiente.

L'Eau Vive**, Carennac (Tel. 05 65 10 97 39), **Les Falaises*******,** Gluges (Tel. 05 65 37 33 59), **Le Port**** Creysse (Tel. 05 65 32 27 59, Fax 05 65 38 78 21), **La Rivière*****, Lacave (Tel./Fax 05 65 37 02 04). Meist mit Fahrradverleih.

Nussöl in der Nussmühle von Martel, die zugleich als *Ferme-Auberge* typische Regionalmenüs anbietet (Route de Bretenoux, Tel. 05 65 37 40 69). **Märkte:** In Martel Mi und Sa vormittags

Belcastel

Wandern: Auf dem GR 652 von Floirac/Carennac Talaufstieg (Ausblicke, Dolmen) bis Loubressac/Autoire; auf dem GR 6 von Lacave durchs Ouysse-Tal (Festungsmühle von Cougnaguet) hoch nach Rocamadour.

St-Denis-près-Martel an der Linie Paris-Aurillac; in der Hauptsaison verkehrt ab Martel auf der alten Dordogne-Linie ein Triebwagen (Chemin de fer du Haut-Quercy, 1 Std.)

Souillac

An der Grenze des Quercy zum Périgord ist Souillac ein Verkehrsknotenpunkt (N 20, A 20, D 703), der sich im ersten Drittel des Dordogne-Tals zu einem kleinen Wirtschaftszentrum entwickelt hat. 3500 Einwohner zählt das quirlige Städtchen, in dem viele Touristen Etappe machen, um sich in den zahlreichen, gut sortierten Läden mit Bedarfsartikeln und Feinkost einzudecken.

Im 7. Jh. kamen die ersten Mönche in das sumpfige Gebiet, die sogenannte Wildschweinsuhle (frz. *souilh*), die sie in mühsamer Arbeit trockenlegten. Die ehemalige **Stiftskirche Ste-Marie** entstand im 12. Jh. und ist eines der gelungensten Beispiele romanischer Baukunst in Südwestfrankreich. Schon vom Parkplatz aus frappiert der Chor mit seinen übereinandergeschachtelten

Wochenmarkt, am 23. Juli Trödel- und Wollmarkt

Kanu/Kajak: Quercyland Copeyre, Tel. 05 65 37 33 51, Fax 05 65 37 31 71. Tagestouren ab Copeyre, Gluges, Meyronne, auch Mehrtagestouren von Argentat bis Beynac.

Baukörpern: fünf mit Blendarkaden geschmückte Apsidiolen, die in doppelter Reihe mit kleinen Fenstern eingefasste Apsis, die Hauptkuppel mit ihrem durchbrochenen Türmchen. Eine Dreierreihe von Pendentifkuppeln überspannt den nach byzantinischem Vorbild entworfenen Kirchenraum, der leichter wirkt als die vergleichbaren Schiffe von Cahors und Périgueux. Neben der Linienführung sind im Inneren vor allem die romanischen Skulpturen sehenswert. Diese meisterhaften Kunstwerke aus der Toulouser Schule befinden sich gleich hinter dem Eingang in der Westwand: oben das **Theophilus-Relief,** unten rechts die Gestalt des **Jesaja** und daneben der **Bestienpfeiler.** Das wohlorganisierte Chaos ineinander verbissener Tiere stellt den Höllensturz eines Verdammten dar.

Gleich hinter der Stiftskirche zeigt das **Automatenmuseum** mechanische Gliederpuppen aus den Beständen der Pariser Spielzeug- und Automatenfabrik Roullet-Decamps, die von 1865–1995 »animierte Skulpturen« hergestellt hat. In der Werkstatt sieht man noch die alten Gipsformen, Scheren, Bohr- und Stanzmaschinen, mit denen aus Papiermaché Köpfe und Glieder gefertigt wurden. Als raffinierte Fortentwicklung der spätmittelalterlichen Glockenspiele und Vorahnung des modernen Roboters beruhen die Spieluhren und Automaten auf einem verborgenen Mechanismus, der durch Gewichte oder Elektromotoren angetrieben wird und ein Bewegungsdiagramm von einer Kurvenscheibe auf die Glieder der Puppe überträgt. Die umfangreiche Ausstellung der Automaten – hervorragend illuminiert und effektvoll in Gang gesetzt – gewährt einen Überblick über die Geschichte eines faszinierenden Spielzeugs, das vom Diplomatengeschenk für den Adelsnachwuchs zur Salonattraktion mutierte und schließlich den Firmen als Werbegag diente. Vom noch unvollkommenen kleinen Gärtner (1865) über die berühmte Schlangenbeschwörerin (1902) bis zur Jazzband (1920) geht die Entwicklung zur Komposition ganzer Szenen, die gerne der Zirkus- und Revuewelt abgeschaut sind.

Office de tourisme, 46200 Souillac, Bd. Malvy, Tel. 05 65 37 81 56. Auskunft über Kanu/Kajak.

Le Grand Hôtel*** (1, allée de Verninac, Tel. 05 65 32 78 30, Fax 05 65 32 66 34, moderat–teuer) liegt boulevardnahe, **Les Granges Vieilles***** (Route de Sarlat, Tel. 05 65 37 80 92, Fax 05 65 37 08 18, teuer) in einem stillen Park, jeweils gute Regionalküche.

Musée de L'Automate, Place de l'Abbaye, April–Sept. 10–12, 15–18 Uhr, Juli–Aug. 10–19 Uhr. Klaus Lorenz, Chefrestaurator, gibt sachkundige Erläuterungen in deutscher Sprache.

Vom Boulevard führen Treppen zur Altstadt (*Quartiers anciens*) hinunter, wo in der **Fußgängerzone** in spezialisierten Feinkostläden *foie gras*, Käse, Wein etc. angeboten werden. **Markt:** jeden Fr vormittags.

Die Bouriane

Die Bouriane ist eine hügelige Wald- und Heidelandschaft zwischen Dordogne und Lot. An einen Hang gebaut und auf der Höhe der ehemaligen Stadtmauern von Boulevards umkreist, ist **Gourdon** der einzige größere Marktflecken. Ins Zentrum führt hinter der befestigten Porte du Majou die alte Hauptstraße gleichen Namens, in der vorkragende Häuser mit spitzbogigen Arkaden stehen. Auf diesem Wege erreicht man den Marktplatz mit der wuchtigen, im 14. Jh. begonnenen Wehrkirche St-Pierre. Von der Esplanade bietet sich ein weites Panorama, das über die Dächer der Stadt bis zu den zwischen Dordogne und Céou aufsteigenden Plateaus reicht.

3 km nördlich warten die **Höhlen von Cougnac** mit Tropfsteinen und prähistorischen Malereien auf. Entlang eines unterirdischen Flusses reihen sich drei Säle mit gewaltigen, von Stalaktiten übersäten Deckengewölben. Im Säulensaal sieht man eine Reihe zusammengewachsener Stalagmiten und Stalaktiten. Ein weiterer Saal enthält Hunderte von teilweise stark übersinterten Malereien, die vor allem Tiere (Mammut, Steinbock, Riesenhirsche u.a.), aber auch einen von Strichen (Pfeilen?) durchbohrten Menschen zeigen.

Auf dem Weg ins Lot-Tal erreicht man südlich von Gourdon das schön restaurierte Dorf **Les Arques.** Man lässt den Wagen unten stehen und geht an Natursteinhäusern vorbei zur romanischen Dorfkirche hoch. Die schlichte Architektur des Gotteshauses ist der eindrucksvolle Rahmen für einen schreienden Harlekin (außen), einen hochgereckten Christus (hinter der Tür) und eine im Schmerz verzerrte Pietà (Krypta). Es sind Skulpturen des russischen Bildhauers Zadkine (1890–1967), der sich in der 20er Jahren in Les Arques niederließ. In dem kleinen Museum vor der Kirche sieht man neben weiteren Skulpturen auch Gravuren und Fotodokumente von dem eigenwilligen Künstler, der zur Landschaft und Architektur des Quercy ein mystisches Verhältnis entwickelte. Der interessierte Besucher erhält im Museum auch einen Schlüssel zur Kapelle St-André-des-Arques, in der Zadkine 1954 bislang übertünchte romanische Fresken entdeckte. Das kleine Bauwerk liegt, von einem Kirchhof umgeben, still und verloren in einem Wäldchen.

Office de tourisme, 46300 Gourdon, 24, rue du Majou, Tel. 05 65 27 52 50, Fax 05 65 27 52 52.

Höhle: Grottes de Cougnac, Palmsonntag – Allerheiligen 9.30–11, 14–17 Uhr, Juli–Aug. 9.30–18 Uhr.
Museum: Musée Zadkine, Juni–Sept. 10–13, 14–19 Uhr, sonst 14–17 Uhr.

Markt: In Gourdon Di und Sa Wochenmarkt auf der Place St-Pierre, jeden ersten und dritten Di im Monat großer Markt auf den Boulevards.

Lot-Tal

Cahors

Von St-Cirq-Lapopie flussaufwärts

Figeac

Célé-Tal

Von Mercuès nach Puy-l'Evêque

Bonaguil

Puy-l'Evêque

Lot-Tal

Weniger bekannt als die Dordogne, wiederholt der Lot ein Stück weiter südlich dasselbe Landschaftsbild. In den noch engen Flussschleifen ragen malerische Dörfer und Taubentürme vor Steilfelsen auf. Unterhalb von Cahors folgen immer großzügigere Mäander, die vor allem Weinberge einschließen.

Cahors

Das entlegene Lot-Tal erreicht man über Cahors, das zwischen Limoges und Toulouse (N 20) heute Autobahnanschluss (A 20) hat. Als Verwaltungszentrum des Départements Lot wirkt die Provinzkapitale weit hinaus über die Ufer des Lot, der um die Stadt eine lange Schleife zieht. Am besten überblickt man die von Hügeln umstellten Dächer, Kuppeln und Türme von der Aussichtshöhe des Mont St-Cyr, der im Süden dem Fluss den Weg versperrt.

Auf der Halbinsel entstand im 1. Jh. v. Chr. die antike Siedlung Divona Cadurcorum. Im 7. Jh. veranlasste Bischof St-Didier den Bau der Befestigungsmauer, die später – vielfach verstärkt – die mittelalterliche Stadt einschloss. Sie war im 13. Jh. ein goldenes Pflaster, denn lombardische Kaufleute und Bankiers hatten Cahors zu Europas erstem Finanzplatz und das Wort *cahorsin* zum Synonym für Wucherer gemacht. Der berühmteste Sohn der Handelsstadt, Papst Johannes XXII. (1316–34), schenkte seiner Heimat eine Universität und zahlreiche Mühlen, Schleusen, Wehre. Der Niedergang begann mit der englischen Okkupation nach dem Frieden von Brétigny (1360) und kulminierte in den Religionskriegen, als es zu einem Massaker der Katholiken an ihren protestantischen Mitbürgern (1560) und dann zum Rachefeldzug Heinrichs von Navarra (1580) kam. Cahors wurde zur Provinzstadt und blieb es trotz der revolutionären Repräsentativbauten (Rathaus, Justizpalast, Theater, Bibliothek), die im 19. Jh. die neue Prachtmeile schmückten.

Heute ist dieser **Boulevard Gambetta** mit seinen Platanen, Läden und Cafés ein südländisch anmutender Corso, auf dem sich – trotz Abgasschwaden und Motorenlärm –

Cahors

die einheimische Jugend trifft. Die Hauptverkehrsader trennt die Neustadt von der Altstadt, die selbst von einer Längsachse (Rue Nationale/du Château du Roi/des Soubirons) durchzogen ist. Hier entdeckt man noch die charakteristischen, aus Back- und Naturstein kombinierten Fassaden mit Ladenarkaden, Zwillingsfenstern und Skulpturen. Als Kern und Ursprung der Altstadt war die **Kathedrale St-Etienne** – von den Anfängen des 11. Jh. bis zu den Restaurierungsarbeiten des 19. Jh. – eine Baustelle ohne Ende. Die burghafte Kuppelkirche hat am Nordportal ein beeindruckendes Tympanon (12. Jh., Romanik) und auf der Südseite einen schönen Kreuzgang (16. Jh., Flamboyantgotik) vorzuweisen.

Wahrzeichen und Hauptsehenswürdigkeit der Stadt ist der **Pont Valentré**, der nach dem Pont Vieux (Süden) und dem Pont Neuf (Osten)

Pont Valentré in Cahors

als dritte Wehrbrücke auf der Westseite der Befestigungsmauer errichtet wurde. Die Brücke ruht auf sechs Spitzbögen, deren Pfeiler südwärts zu zinnenbekränzten Strombrechern zugespitzt sind. Drei mit Pechnasen bewehrte Türme erheben sich 40 m über dem Wasser. Um die lange Bauzeit (1308–78) rankt sich die Legende vom Teufelspakt: Der verzweifelte Architekt habe Beelzebub als Helfer engagiert, ihn aber am Schluss um die versprochene Seele betrogen, indem er Wasser in einem Sieb herbeischleppen hieß. Der Teufel rächte sich für die unlösbare Aufgabe, indem er den Schlussstein des mittleren Turms nächtens ins Wasser hinabstieß und so bis zum heutigen Tag jeden Versuch vereitelte, das Bauwerk zu vollenden.

Office de tourisme, Place François-Mitterrand, Tel. 05 65 53 20 65, Fax 05 65 53 20 74, E-mail: cahors@wanadoo.fr

In unmittelbarer Bahnhofsnähe liegen die zweckmäßigen Zimmer des **Hotel Melchior**** (Place de la Gare, Tel. 05 65 35 03 38, Fax 05 65 23 92 75, günstig) und die geschmackvoll renovierten Belle-Epoque-Räume des **Terminus**** (5, av. Charles de Freycinet, Tel. 05 65 35 24 50, Fax 05 65 22 06 40, teuer). Sehr viel ruhiger wohnt man außerhalb der Stadt im nördlichen Vorort Labéraudie, wo das Hotel **Le Clos Grand**** (Tel. 05 65 35 04 39, Fax 05 65 22 56 69, moderat) einen Garten mit Swimmingpool anbietet.

Die **Jugendherberge** befindet sich zentral in einem ehemaligen Kloster (20, rue Frédéric Suisse, Tel. 05 65 35 64 71, Fax 05 65 35 95 92).

Am Boulevard Gambetta servieren mehrere Brasserien regionale Spezialitäten als billigen Fast-Food. Fri-

Cahors

scher sind die Quercy-Teller hinter der Kathedrale im **Rendez-vous** (49, rue Clément-Marot, Tel. 05 65 22 65 10) oder die Fischgerichte auf dem Kahn-Restaurant **Au Fil des Douceurs** (90, quai de la Verrerie, Tel. 05 65 22 13 04). Renommierte Feinschmeckerlokale sind **Le Balandre** (im Hotel Terminus, Tel. 05 65 30 01 97) und **Chez Claude Marco** (7 km westlich im Weinort Lamagdelaine, Tel. 05 65 35 30 64).

 Märkte: Mi und Sa auf der Place Chapou, Di–So in der Markthalle.

 SNCF-Bahnhof auf der Linie Toulouse-Souillac. Mit dem Triebwagen Quercyrail im Sommer (Di, Mi) **Ausflugsfahrten** ins obere Lot-Tal, auch kombiniert mit Schiffspassagen.

 Rundfahrt mit dem Boot, Quai du Pont Valentré (4 x tgl., 1 ½ Std.)

Felspanoramen – Von St-Cirq-Lapopie flussaufwärts

Der durch altes Kulturland mäandrierende Lot ist nur noch zwischen St-Cirq-Lapopie und Luzech schiffbar. Vor dem Bau der Eisenbahnlinie und einiger Staustufen war er eine Wasserstraße, auf der Käse und Kohle aus dem Zentralmassiv bis nach Bordeaux geschippert wurden. Papst Johannes XXII. und der Merkantilist Colbert sorgten für die nötige Infrastruktur, vor allem Schleusen und Treidelpfade. Oberhalb von Cahors, wo der Lot den Causse ausgespült hat, versperrten oft Felsen den Weg und die Treidler mussten dann das Ufer wechseln. Um dies zu vermeiden, wurde 1843–47 bei **Bouziès,** wo sich das Tal kurz vor der Einmündung des Célé extrem verengt, eine Passage in den überhängenden Steilfelsen gesprengt. Man kann auf diesem einmaligen Treidelpfad (*chemin de halage*) direkt unter den Nistplätzen der Schwalben und Wanderfalken den Fluss entlang wandern (s. Abb. S. 18/19). Hinter der Bootsanlege weisen Schilder unter die Eisenbahnbrücke, von wo der wildromantische Weg in 1 ½ Std. bis St-Cirq-Lapopie führt. Autofahrer und Radsportler erreichen das unter Denkmalschutz stehende Felsendorf auf der darübergebauten Panoramastraße.

St-Cirq-Lapopie schmiegt sich gut 80 m über dem Fluss an eine Felswand, die in der Ruine der ehemaligen Festung gipfelt. Der Ortsname erinnert an das örtliche Adelsgeschlecht (Lapopie) und einen Märtyrer aus Kleinasien (Sankt Cyrus). Im Mittelalter lebte und arbeitete hier eine Korporation von Drechslern, die Kerzenständer, Rosenkränze und vor allem Hähne für Holzfässer herstellten. Anfang dieses Jahrhunderts entdeckten Pariser Künstler das Adlernest, das der Surrealistenpapst André Breton mit einer »unwirklichen Rose in der Nacht« verglich. Sein Haus steht unterhalb der Burgwache (Château de la Gardette, 15. Jh.), das als Museum Rignault die Kunstsammlung des gleichnamigen Malers beherbergt und für Ausstellungen zur Verfügung steht. Auf halber Höhe erhebt sich auf einer Felsenterrasse die befestigte Kirche (15. Jh.), deren massiver Glockenturm von einem Treppentürmchen flankiert wird. So steigt man die von Blumen gesäumte Gasse hoch und bewundert die kunstvoll übereinander gestaffelten Häuser mit vorspringenden Fachwerkfassaden, Taubentürmen und mit Säulchen unterteilten Renaissancefenstern. Neben der letzten Drechslerwerkstatt warten die Ateliers von Kunsthandwerkern, Feinkostläden und Café-Restaurants auf Besucher, die im Sommer in Scharen anpilgern. Der Zauber des Dorfes ist dann nur noch frühmorgens und spätabends zu spüren.

Nahezu unbekannt und vergleichbar malerisch, folgen flussaufwärts eine Reihe von Burgen, Kirchen, Ortschaften, die sich teilweise

Von St-Cirq-Lapopie flussaufwärts

St-Cirq-Lapopie

in ähnlicher Steillage befinden. So liegt **Château Cenevières** in strategisch günstiger Position 70 m über dem Tal, und eine Flussschleife weiter droht das Dorf **Calvignac** förmlich von der Felswand zu rutschen. In **Cajarc,** dessen Häuser sich ausnahmsweise brav um die Kirche gruppieren, kann man gut einkaufen, bevor es Richtung Figeac weitergeht. Aber Vorsicht: fahren Sie nicht die D 19 landeinwärts, sondern die D 662 weiter am Lot-Ufer entlang. Hier bieten der Felsvorsprung des **Saut de la Mounine** und – gegenüber – das Felsendorf **Montbrun** erneut spektakuläre Perspektiven. Wenig später scheint die schlanke Kulisse der Burg **Larroque-Toirac** (12.–15. Jh., Besichtigung im Sommer 10–12, 14–18 Uhr) aus der rückwärtigen Felswand herauszuwachsen, während die Wehrkirche von **St-Pierre-Toirac** (11.–14. Jh.) wie ein erratischer Fels mitten im Dorf steht. Man beachte hinter dem Chor die merowingischen Sarkophage und lasse sich hier wie sonst von den originellen Bauformen der Taubentürme überraschen, die in diesem Talabschnitt besonders zahlreich auftreten. Bei **Faycelles,** einem weinumrankten Adlernest, verlässt die D 662 das Lot-Tal, um hinter der Kuppe ins benachbarte Célé-Tal hinunter zu schwenken.

 Office de tourisme, 46110 Cajarc, Tel. 05 65 40 72 89.

 In Bouziès liegt hinter der hoteleigenen Bootsanlegestelle das Hotel

Lot-Tal

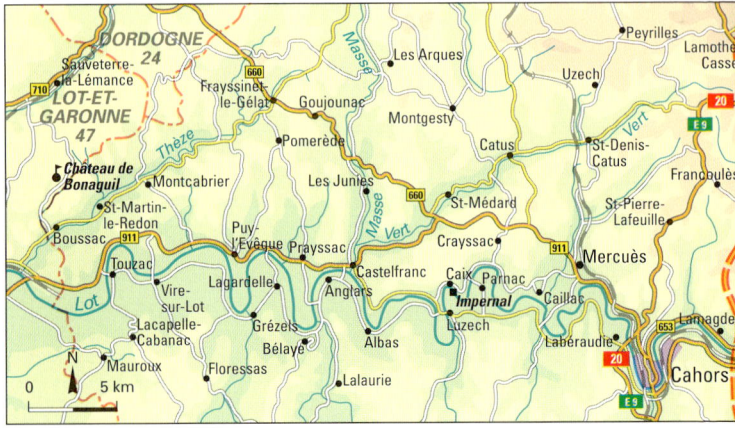

Lot-Tal

Les Falaises** (Tel. 05 65 31 26 83, Fax 05 65 30 23 87, moderat), ein empfehlenswerter Stützpunkt für Aktivurlauber, die hier zahlreiche Sportmöglichkeiten (Tennis, Kanu, Rad usw.) vorfinden und an thematischen Wanderungen und Ausflügen teilnehmen können. In St-Cirq-Lapopie bieten die **Auberge du Sombral**** (Tel. 05 65 31 26 08, Fax 05 65 30 26 37, moderat) und **La Pélissaria***** (Tel. 05 65 31 25 14, Fax 05 65 30 25 52, teuer) stilvolle Zimmer, die rechtzeitig vorbestellt werden müssen. Unterhalb, in Tour-de-Faure, ist das schlichtere, aber still gelegene Hotel **Les Gabarres**** (Tel. 05 65 30 24 57, Fax 05 65 30 25 10, günstig) eine Alternative mit Pool.

 La Plage*** (Tel. 05 65 30 29 51, Fax 05 65 30 26 48) unterhalb von St-Cirq-Lapopie.

8 x tgl. Cahors-Figeac mit Halt in Bouziès, Tour-de-Faure, Calvignac, Cajarc, Monbrun, Larroque-Toirac, St-Pierre-Toirac.

Ab Bouziès **Ausflugsfahrten** nach St-Cirq-Lapopie (1 1/2 Std.), von Cajarc nach Monbrun und zurück (1 Std.).

Figeac

An den letzten Ausläufern des Zentralmassivs liegt dieses vorbildlich restaurierte Städtchen, das eine erstaunliche Weltoffenheit ausstrahlt. Die Straßenmusikanten sind von weither angereist, es gibt modern gestylte Cafés und Restaurants, das ägyptologische Museum könnte eine Dependance des Louvre sein. So spürt man unter den Fassaden der Bürgerhäuser noch heute den kosmopolitischen Geist, der Figeac im 13. Jh. aufblühen ließ.

Figeac

Die Stadtgeschichte beginnt mit einer Benediktinerabtei, die ab dem 9. Jh. am Nordufer des Célé Schutz und Steuerfreiheit gewährte. Die Siedler, ehemalige Bauern und vor allem Handwerker, schlossen sich zu Gilden zusammen, so dass sich die Werkstätten der Kürschner, Kupferschmiede, Glasbläser, Kerzenzieher usw. in bestimmten Straßen und Vierteln konzentrierten. Das Zentrum gehörte den Kaufleuten, die der Feudalmacht des Abtes bald die Stadtverwaltung als ihre politische Domäne abtrotzten. Die sieben städtischen Konsuln gingen aus den reichen Handelshäusern hervor, die weit über Figeac hinaus in Marseille, Paris, La Rochelle, Montpellier präsent waren und Handelsbeziehungen nach Flandern, England und Nordafrika unterhielten. Der Reichtum dieser bürgerlichen Oligarchie spiegelt sich in den prächtigen Patrizierhäusern, die im 13. und 14. Jh. errichtet wurden und in ihrem charakteristischen Fassadenaufbau das Stadtbild prägen: Im Erdgeschoss waren hinter Spitzbogenarkaden Läden, Kontore und Werkstätten untergebracht, im Obergeschoss erleuchteten schmucke Zwillings- oder Drillingsfenster die Wohnräume, im offenen Dachstuhl (*soulelho*) trockneten Früchte oder Tierfelle.

Man beginnt den Stadtrundgang am besten an der **Place Vival,** die Anfang des 20. Jh. durch Niederreißen des Abteigartenviertels entstand. Hier erhält man im Tourismusbüro, der früheren Münze (13. Jh.), einen Stadtplan mit ausgearbeitetem Rundgang. Die an den Häusern angebrachten Markierungen (Schlüsselembleme) sind auch ohne Skizze nicht zu verfehlen. Man geht an zwei repräsentativen Patrizierhäusern (Hôtel de Balène, Hôtel d'Auglanat, beide 14. Jh.) vorbei zur ehemaligen Abteikirche St-Sauveur

(11.–17. Jh.) und nähert sich dann den beiden historischen Plätzen. Die **Place Carnot** lädt zum Café oder Imbiss unter die platzfüllende Halle, von der die Rastenden zu den souleho-Galerien hochblicken. Wenige Schritte weiter ist die dreieckige **Place Champollion** mit 20 stets besetzten Parkplätzen ein kleiner Warteraum für geduldige Autofahrer, die in Ruhe die Greifenskulptur der Maison du Griffon (12. Jh.) bewundern können.

Der mittlerweile berühmteste Platz, die **Place des Ecritures** in unmittelbarer Nähe, ist ein von mittelalterlichen Gebäuden umrahmter Innenhof. Der amerikanische Künstler Joseph Kosuth hat ihn 1990 mit einem beschrifteten Fragment von schwarzem Zimbabwe-Granit ausgelegt. Es ist eine Nachbildung des berühmten Steins von Rosette, den Jean-François Champollion 1799 bei der Ägypten-Expedition Napoleons entdeckt hat. Von der Hypothese ausgehend, dass die drei untereinandergereihten Schriften (griechische Zeichen, ägyptisch-demiotische Zeichen, Hieroglyphen) jeweils denselben Text wiedergeben, ist es Champollion nach jahrzehntelangen Studien gelungen, die mysteriösen Bildzeichen der Hieroglyphen zu entziffern. Nebenan, im Geburtshaus des aus Figeac stammenden Ägyptologen, ist das ihm gewidmete **Musée Champollion** (10–12, 14.30–18.30 Uhr) untergebracht. Es informiert anhand von Briefen und Fotos über die Biographie des Forschers, präsentiert ägyp-

Markt in Figeac

tische Schriftdokumente aus Stein und Papyrus und zeigt eine Mumie und Sarkophage aus der Nekropole von Theben.

Von der Place Carnot führt die malerische Rue Caviale zum Ausgangspunkt des Rundgangs zurück.

Office de tourisme, Place Vival, 46100 Figeac, Tel. 05 65 34 06 25.

Mitten in der Stadt im Bar-Hotel **Champollion**** (3, place Champollion, Tel. 05 65 34 04 37, günstig) oder am linken Célé-Ufer im **Hotel des Bains**** (1, rue de Griffoul, Tel. 05 65 34 10 89, Fax 05 65 14 00 45, moderat).

Raffinierte Küche in historischem Rahmen (15. Jh.) genießt man ganz in der Nähe der Markthalle bei **La Puce à l'Oreille** (5, rue St-Thomas, Tel. 05 65 34 33 08). **La Cuisine du Marché** (15, rue Clermont, Tel. 05 65 50 18 55) bietet moderne, kreative Gerichte, während **La Table de Marinette** (51, allée Victor-Hugo, Tel. 05 65 34 10 16) gekonnt an der regionalen Tradition orientiert ist. Man hat die Qual der Wahl!

Célé-Tal

Bei Figeac nähert sich der Célé dem Lot bis auf 5 km. Doch die Hügel von Capdenac bilden eine Barriere, die den lebhaft sprudelnden Gebirgsbach westwärts ablenken, wo er sich in zahlreichen Windungen noch 40 km weit durch den Kalkblock des Causse gefressen hat. Das Ergebnis ist ein idyllisches Tal mit alten Mühlen und Dörfern, die sich unter den Felswänden um Kirchen und Schlösser gruppieren: eine stille, äußerst reizvolle Strecke für Fahrradfahrer, Paddler und Wanderer (GR 651).

Die erste Station ist **Espagnac-Ste-Eulalie.** Wenn man die ehemalige Priorei im üppig begrünten Felskessel liegen sieht, versteht man den Beinamen »Val Paradis« (Paradiestal). Über die Steinbrücke hinweg gelangt man in ein winziges Dorf mit mächtigen Klostergebäuden, in denen sich heute ein Gîte d'étape befindet. Die Kirche (13.–14. Jh.) verblüfft mit ihrem hohen Chor und dem malerischen Glockenturm, dessen spitzzulaufendes Schieferdach auf einem Fachwerkkubus sitzt.

Auch **Marcilhac-sur-Célé** liegt reizvoll unter hohen Felswänden. Die breite Dorfstraße mit Läden und ambulanten Lebensmittelhändlern, die vom Kriegerdenkmal bis zur Bootsanlege reichende Platanenesplanade und die von Enten und Gänsen bevölkerten Uferwege und Gassen laden zum Entdecken und Verweilen ein. Mitten im Dorf ist die Abteikirche (11.–12. Jh.) versteckt, eine grandiose Ruine mit romanischen Portalskulpturen und Figurenkapitellen, auch Partien im flamboyantgotischen Stil (15. Jh.). Die Benediktinerabtei hatte vom Bischof von Cahors Besitzrechte auf Rocamadour erhalten und stritt sich das ganze 12. Jh. hindurch mit der Abtei von Tulle, deren Mönche in Rocamadour von den Pilgerströmen lebten und den Rechtsstreit mit Mar-

Romanische Portalskulptur in Marcilhac

cilhac schlussendlich durch die Bezahlung einer hohen Summe beilegten. Die Zerstörungen gehen auf den Hundertjährigen Krieg zurück.

Eine Reihe von kleinen Straßen führt aus dem Tal rechts ab in die Anhöhen, wo der Weitwanderweg GR 651 mit schönen Ausblicken verschiedene Sehenswürdigkeiten passiert. 3,5 km vor Marcilhac klebt rechts das malerische St-Sulpice am Felsen. Oberhalb von Marcilhac wartet die erst 1964 entdeckte Tropfsteinhöhle von Bellevue mit einer Herkulessäule und exzentrischen Formen auf. 6,5 km flussabwärts klammert sich das verlassene Vieux-Sauliac an einen Felsvorsprung. Von hier geht es durch Eichen und Wacholder weiter hinauf zum **Freiluftmuseum Cuzals,** das auf 50 ha rund um eine Schlossruine die ländlichen Arbeits- und Lebensverhältnisse ›von damals‹ dokumentiert: Man sieht alte Bauernhöfe (vor 1750, um 1910), einen Schwinghebelbrunnen, eine Mühle, eine Sägebank, alte Landmaschinen usw. Auch wer nicht ›weitwandern‹ will, kann sich für eine Kurzwanderung auf die rot-weiß markierte Strecke begeben.

Cabrerets liegt am Fuße des Felsens Rochecourbe, wo die Sagne in den Célé einmündet. Oberhalb der ufernahen Häuserzeile entdeckt man zwei höchst unterschiedliche Burgen, das Château du Diable und das Château Gontaut-Biron. Während letzteres als Residenz des bekannten Adelsgeschlechts (14.–15. Jh.) keine großen Rätsel aufgibt, sind die deutlich älteren Ruinen des direkt in den

Célé-Tal

Fels gebauten, fast fensterlosen »Teufelsschlosses« geheimnisumwittert. Man weiß nur, dass das mit Höhlenwohnungen verbundene Bauwerk seit dem Hundertjährigen Krieg plündernden Söldnerbanden als Unterschlupf diente.

Aber die größte Sehenswürdigkeit nicht nur von Cabrerets, nicht nur des Célé-Tals, sondern der ganzen Lot-Tal-Region liegt wenige Kilometer weiter oben im Sagne-Tal. Dort gibt es ein Dutzend ausgemalter Grotten, von denen die **Höhle von Pech-Merle** als einzige zugänglich ist. 1922 von zwei Jugendlichen entdeckt, gilt sie heute als kunsthistorisches Denkmal vom Range Lascaux'. Pech-Merle ist allerdings eine Tropfsteinhöhle mit Stalagmiten, Stalaktiten, Säulen, Excentriques und selteneren Sinterbildungen wie Scheiben und Perlen. Außerdem deuten Tatzenschläge, Schlafkuhlen, versteinerte Fäkalien und Knochen darauf hin, dass die Höhle von Hyänen und vor allem Bären genutzt worden ist. In diesem unterirdischen Naturpalast befinden sich, auf zwei Etagen verteilt und entlang der 1200 m langen Gänge, an die 500 menschliche Spuren und Zeichen, darunter etwa 80 Felszeichnungen und -malereien, die zwischen dem Aurignacien und Magdalénien entstanden sind und vor allem Tiere, aber auch schwangere Frauen und einen verletzten Krieger darstellen. Neben dem Schwarzen Fries (vor

---

Pech-Merle: 1 Eingang   2 Schwarzes Fries   3 Felsvorsprung   4 Decke der Hieroglyphen   5 Saal der Scheiben   6 Fußspuren   7 Bärengalerie   8 Gang des Bären   9 Gang der jugendlichen Entdecker   10 Höhlenperlen   11 Treppe   12 Pferdefries   14 Combel-Galerie

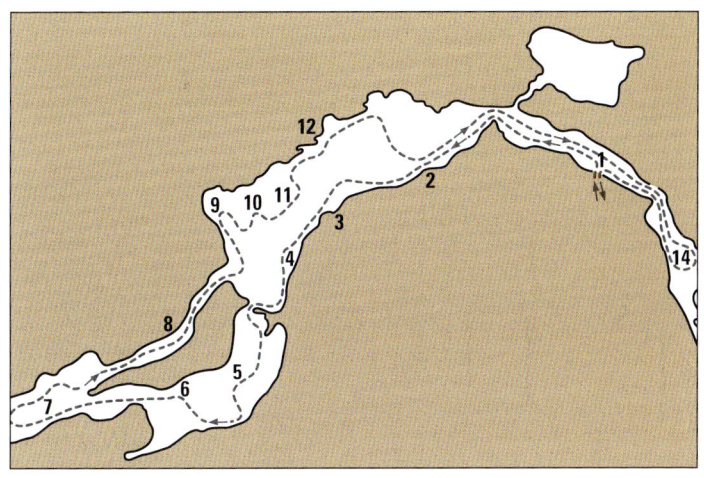

Pferdefries in der Höhle Pech-Merle

17 000 Jahren), einem rhythmischen Ineinander von Mammuts, Auerochsen, Wisenten und einem Pferd, ist das eindrucksvollste Monument das noch ältere Pferdefries (vor 24 600 Jahren). Es besteht aus zwei lebensgroßen, Rücken an Rücken stehenden, schwarz gefleckten Pferden mit dünnen Beinen und kleinem Kopf, der in einem Fall aus der Felsform gestaltet wurde. Die Tiere sind umrahmt von schwarzen Handumrissen, roten Punkten, einer roten hechtähnlichen Fischsilhouette sowie – besonders klein und unauffällig – roten Fingerumrissen und einem schwarzen, rechteckig gepunkteten Zeichen. Das schwarze Wisent links stammt übrigens aus der Zeit des Schwarzen Frieses.

Syndicat d'Initiative (Mairie), 46160 Marcilhac-sur-Célé, Tel. 05 65 40 61 43.

Das **Gîte d'étape** im Priorat von Espagnac-Ste-Eulalie (Tel. 05 65 40 08 34, Fax 05 65 40 09 62) bietet eine Gemeinschaftsunterkunft, Abendessen (*tables paysannes*) und Mittagsimbiss (*goûter*) mit Produkten aus der eigenen biologischen Landwirtschaft. Die **Auberge de la Sagne**** (Tel. 05 65 31 26 62, Fax 05 65 30 27 43, moderat) liegt mit hübschem Garten an der Straße zur Höhle Pech-Merle, wo unter schattigen Bäumen Snacks angeboten werden.

Höhle: Grotte-Musée Pech-Merle, April–Allerheiligen Kartenverkauf 9.30–12, 13.30–17 Uhr, Einlass eine halbe Stunde später. Da die Gruppen auf 25 Personen beschränkt sind, empfiehlt sich im Sommer telefonische Vorbestellung (Tel. 05 65 31 27 05). Im Preis inbegriffen ist der Besuch des Amédée-Lemozi-Museums, das prähistorische

Funde aus der Umgebung dokumentiert und einen Überblick über den Stand der Forschung vermittelt.
Weitere Museen: Musée de plein air du Quercy, Cuzals, Juni–Aug. 10–19 Uhr, April–Mai und Sept.–Okt. 14–18 Uhr, Mo geschl., mit Café und Kinderspielplatz. **Musée de l'Insolite,** am östlichen Ortseingang von Cabrerets, Atelier und Ausstellungsraum des Schrottkünstlers Bertrand Chenu, den man neben seinen humorvoll-grotesken Plastiken bei der Arbeit erleben kann.

Der GR 651 (rot-weiß) bietet zwischen Espagnac-Ste-Eulalie und Bouziès auf der rechten Talseite mehrere Abschnitte, die sich – hin und zurück – als **Streckenwanderungen** anbieten (IGN-Karte Série bleue 2138 est). Im Syndicat d'Initiative von Marcilhac Informationen zu zwei Rundwanderungen (Circuit des Cazelles, Circuit de Monteils).

Die Weinstraße – Von Mercuès nach Puy-l'Evêque

Nach der Célé-Mündung weitet sich das Lot-Tal, und der nun trägere Fluss mäandriert in großen Schleifen, den dordogne-typischen *cingles*, durch fruchtbares Land. Man überblickt es von zahlreichen Aussichtspunkten wie einst die Fürstbischöfe von Cahors, die ihr Lehensgebiet mit befestigten Plätzen ausstatteten. An den sanften Hängen und im Talboden wird seit dieser Zeit der »schwarze Wein von Cahors« angebaut. Landstraßen führen zu beiden Seiten des Lot durch Winzerorte, deren wichtigste Parnac, Prayssac und Puy-l'Evêque heißen.

Die Route durch die Weinberge, eine ideale Radlerstrecke, verläuft abseits der Hauptverkehrsstraße Cahors – Villeneuve-sur-Lot (D 911). Man verlässt sie in **Mercuès,** der einstigen Residenz der Fürstbischöfe, heute ein Luxushotel, dessen Gäste ihren Aperitif auf der Burgterrasse einnehmen. Es geht Richtung Luzech links hinunter an kleinen Weinfeldern und Eichenwäldchen entlang. Hinter den Weilern von **Caillac** folgt das Sträßchen zwischen Felsen und dichter Auenvegetation der Flussschleife von **Parnac,** um anschließend die Anbauflächen von **Caix** zu durchqueren. Das Schloss ist im Besitz der dänischen Königin, aber die Base nautique bietet Bootsausflüge für jedermann.

Luzech liegt im nur 100 m breiten Isthmus einer Südschleife, die den schmalen Höhenrücken La Pistoule einschließt. Der beste Blick auf das Städtchen und seinen von zwei Brücken abgeschnittenen Mäander bietet sich vom gegenüberliegenden Burgberg Impernal, auf dem schon die Gallier ein befestigtes Oppidum errichteten. Im Mittelalter entstand unterhalb davon die Zitadelle, deren Donjon noch heute über den Dächern wacht. Richard Löwenherz gelang die Einnahme der Festung, nicht aber den Engländern und auch nicht den Hugenotten, so dass Luzech als katholische Bastion jahrhundertelang in den Händen der Fürstbischöfe blieb. Genauere Informationen über die Geschichte Lu-

Gehen Kommen Bleiben

Was Menschen im Lot-Tal bewegt

Freitagnachmittag treffen sich die jungen Männer auf dem Boulevard von Cahors. Flott und geschäftig schauen sie vorbei, verteilen in Serie Handschläge, tätscheln eilig den einen oder anderen Nacken, um sich für den speziellen Freund extra Zeit zu nehmen. Aber selbst bei minutenlangem Beisammenstehen signalisieren zwei nervös jonglierte Utensilien Unrast: der Autoschlüssel und das Handy. Man kommt aus den umliegenden Dörfern in die Stadt, wo auch nichts ›los ist‹, aber Gleichgesinnte auf dem Absprung sind und Neuigkeiten aus Toulouse die Rückkehr ins Tal erleichtern. Manche der jungen Männer bringen schon ihre Verlobte oder gar Kinder mit und zur Runde stoßen auch ältere Herren, die offensichtlich ein Leben lang dageblieben sind.

In St-Cirq-Lapopie treffen zur selben Zeit die Fremden aufeinander. Touristen entdecken hinter den restaurierten Fassaden Künstler und Geschäftsleute, die auch nicht von hier sind. Romantisch wird es allerdings erst, wenn die Natursteinkulissen in Schatten fallen und die wenigen Hotelgäste zum Abendessen eintrudeln. Auf einem Spinett brennen Kerzen, die Konversation ist amerikanisch, ein Foto zeigt Präsident Mitterrand mit Françoise Sagan zu Tisch. Alles ziemlich surrealistisch, bis man erfährt, dass »La Pélissaria« ein in Paris geträumter Traum ist. Der lässig servierende Hausherr war einmal Popmusiker und seine inspiriert kochende Gattin Programmchefin des Théâtre du Mouffetard. Die Lot-Tal-Leidenschaft, an der man den Zugereisten erkennt, ergriff dereinst auch einen nordfranzösischen Militär. Heute chauffiert er Kanufahrer und Wanderer zu diversen Startplätzen und zurück ins »Hôtel des Falaises«, wo er abends am Pool

zechs erhält man im archäologischen Museum, das sich mit dem Tourismusbüro im Haus der Konsuln befindet. Man kann sich auf der zwischen den Brücken gelegenen Esplanade in verschiedenen Lebensmittelläden gut mit Proviant eindecken, bevor man sich zum Impernal hinaufbegibt. Von der Ortsmitte führt nordwärts die C 2 auf den Aussichtsberg, den man aber auch zu Fuß erreicht, wenn man die Treppen zum Donjon hochgeht und – mit festem Schuhwerk ausgerüstet – auf der GR-Route weitersteigt: Schon unterwegs wird der Wanderer mit grandiosen Ausblicken, oben zusätzlich mit einer Orientierungstafel und schattigen Picknickbänken belohnt.

das nächste Tagesprogramm, eine Radtour, eine Gabare-Fahrt, eine Taubenturm-Runde vorstellt. Die Routenbeschreibungen enthalten allerlei Wissenswertes über verfallende Agrarbauten, die vom Bauernsterben zeugen. Sie heißen jetzt *patrimoine* (kulturelles Erbe) und sollen die Landflucht stoppen. Denn nicht nur der quirlige Hotelier, auch die Kellner, Bootsvermieter, Spargelstecher profitieren vom Öko-Tourismus.

Camille, inzwischen Rentner, wohnt noch immer mit der Mutter oben auf dem Plateau. Hochwuchernde Blumen schmücken die Vorderfront des Bauernhäuschens, die Käserei und der offenstehende Ziegenpferch gehören zum unübersichtlichen Hinterhof. Nichts hat sich geändert an seinem Leben und an der ›alten Methode‹, mit der er seinen unnachahmlich zarten Cabécou produziert. Nur dass man ihn aufs Abstellgleis geschoben hat, weil 30 Ziegen, mit Heu und Mais und Hafer ernährt, für die Behörden ein Witz sind. Die Gelder fließen für Industrielle, die 500 Ziegen zusammenkaufen, einsperren und mit Abfall und Chemie füttern. Jetzt, wo er Rente bekommt, lassen sie ihm gerade noch fünf Ziegen und einen Abnehmer. Eigentlich gehört er ins landwirtschaftliche Freiluftmuseum, wo ausgestorbene Berufe präsentiert und veraltete Herstellungstechniken vorgeführt werden.

Keine fotogenen Holzfässer, sondern einbetonierte Stahlbehälter erblickt der Besucher im Kellereibetrieb. Die Bordeaux-Weingüter diktieren den technischen Standard, auch wenn der Cahors-Winzer mit den viel größeren Renommierdomänen gar nicht konkurrieren will. Zum Beweis schenkt M. Périé seinen weichen, schon jung trinkbaren, daher modernen Tal-Wein ins Probierglas. Er schmunzelt aber auch, weil er das Geschäft vor kurzem an den Sohn übergeben hat. Mit 55 kann er sich jetzt auf den Bürgermeisterjob konzentrieren, und für den 18jährigen gibt es keine bessere Alternative. Leider ist er gerade nicht da, freitag nachmittags fährt er immer nach Cahors.

Es empfiehlt sich nun der Wechsel aufs linke Ufer, wo hoch über dem Fluss das verwinkelte **Albas** auf seine neue Hängebrücke hinabblickt. Man kann den Mäander ausfahren, über die nächste Brücke kurz nach **Castelfranc** hinüberschauen und danach an der Dorfkirche von **Anglars** das Renaissance-Portal von der romanischen Substanz unterscheiden. Man kann aber auch gleich die Höhe von **Bélaye** anpeilen und auf der Panoramaterrasse unter schattigen Kastanienbäumen rasten. Wieder bietet sich ein großartiger Blick auf eine weite Schleife, in der die Weinfelder mit anderen Kulturen abwechseln. Anschließend geht es durch den Wald nach **Grézels,** das die Grenze des fürstbischöflichen Lehens markierte. So steht hier die im 16. Jh. restaurierte Burg La Coste, deren Mauern und Ecktürme noch aus der Zeit vor dem Hundertjährigen Krieg stammen.

Man erreicht **Puy-l'Evêque** an der Brücke, wo sich das an den Hang gebaute Städtchen pittoresk im Wasser spiegelt. Die ockergelben Adelshäuser türmen sich zu einer Kulisse auf, die vom Donjon (13. Jh.) und der Festungskirche (14. Jh.) gekrönt wird. Ersterer ist ein 23 m hohes Relikt der Bischofsburg, letztere ein flamboyant-gotisch ausgeschmücktes Element der Befestigungsanlagen. Der Ortsname (*puy* = Höhe, *évêque* = Bischof) erinnert an den Herrschaftsanspruch des kirchlichen Lehnsherrn, der die an Katharer gefallene Festung zurückerobert und triumphierend »Bischofshöhe« getauft hatte.

Office de tourisme, 46140 Luzech, Tel. 05 65 20 17 27.

Château de Mercuès**** (Tel. 05 65 20 00 01, Fax 05 65 20 05 72, Luxus) bietet in jeder Beziehung Luxus. Auf der **Domaine du Haut Baran** (zwischen Puy-l'Evêque und Duravel, Tel. 05 65 24 63 24, Fax 05 65 36 59 05, moderat) kann man in familiärer Atmosphäre sehr romantisch übernachten.

Wein: Clos de Gamot, Prayssac, Tel. 05 65 22 40 26.

Bootfahren: Ab Caix (Base nautique) Ausflugsfahrten nach Cahors und zurück, auch Vermietung von Kanus und Gabares.

Von Castelfranc nach Prayssac führt ein 14 km langer ›Circuit pédestre préhistorique‹ an Dolmen, Menhiren und Steinhütten vorbei.

Cahors–Luzech, 8 x tgl.

Bonaguil

Im Grenzgebiet zwischen Agenais, Quercy und Périgord erhebt sich eine der schönsten Burgen Frankreichs. Man sieht Château Bonaguil bizarr jenseits des Walds aufsteigen, wenn man von Südosten kommend über St-Martin-le-Redon anfährt. Der Adlerhorst mit einem schiffsbugförmigen Bergfried ist eine Bilderbuchfestung, die mit ihrer zweifachen Verteidigungslinie, den beiden Höfen, den Trockengräben und Zugbrücken für Kinder wie Erwachsene das Mittelalter zum Erlebnis werden lässt.

Nur die innersten und höchstgelegenen Bauten, der Donjon und Wohnpalast, gehen auf das 13. Jh. zurück. Als Anfang des 16. Jh. anderswo schmucke Renaissance-Schlösser entstanden, baute Bérenger de Roquefeuil, noch ganz im feudalen Denken befangen, den mittelalterlichen Burgkern zur uneinnehmbaren Festung aus. »Ich werde ein Kastell errichten, das weder meine niederträchtigen Untertanen noch die Engländer, falls sie es wagen wiederzukommen, ja nicht einmal die mächtigsten Soldaten des

Bonaguil

Im Lot-Tal

Königs von Frankreich werden einnehmen können«, hatte er 1477 proklamiert. Nach 40jährigem Bau war seine Musterburg fertig, perfekter als alle mittelalterlichen Vorbilder, denn die Verteidigung stützte sich auf die neuen Feuerwaffen. Doch Bonaguil wurde überhaupt nicht mehr angegriffen und erst während der Französischen Revolution symbolhaft in eine Ruine verwandelt.

Man betritt die Burganlage durch ein erstes Tor, das auf die Barbakane führt. Geradeaus erblickt man jenseits der Zugbrücke ein zweites Tor, durch das man am Ende der Visite aus dem innersten Burgbereich heraustreten wird. Zunächst geht es links zum unteren Burghof (Cour basse), von dort zu den Wirtschaftsgebäuden und weiter in den Burggraben hinunter. Über einen unterirdischen Gang wechselt man den Burggraben, um über die Chicane und eine Zugbrücke in den Wohnpalast (Logis seigneural) hochzusteigen. Man verlässt ihn wieder über den Treppenturm und gelangt dann in den inneren Burghof (Cour d'honneur), von dem eine steile Treppe zum Donjon hochführt. Der schwindelerregende Blick von der Bergfriedterrasse ist zweifellos der Höhepunkt der Besichtigung.

 Burg: Juli–Aug. 10–18 Uhr, sonst 10–12, 14–17 Uhr.

  Les Bons Enfants (Tel. 05 53 71 23 52) bietet direkt unter der Burg im Schatten zweier Trauerweiden allerlei Imbisse, auch drei kleine Zimmer (günstig).

Sarladais

Von Fénélon nach Montfort

Die Bastide Domme

La Roque-Gageac

Castelnaud und Beynac

Sarlat

Moulin de la Tour

Der Kanton Salignac

Place des Oies in Sarlat

Sarladais

Sarlat liegt inmitten bewaldeter Hügel im ›Schwarzen Périgord‹. Im Erdgeschoss schmucker Giebelhäuser glitzern die Vitrinen von Boutiquen und Feinkostläden. Ein Touristenmagnet ist die Region aber auch wegen der pittoresken Burgen und Dörfer, die im Süden den Fluss begleiten und als Höhepunkte jeder Dordogne-Reise gelten: Domme, La Roque-Gageac, Castelnaud, Beynac.

Von Fénelon nach Montfort

Westlich von Souillac verläuft die alte Provinzgrenze, die man bald am Farbwechsel der Hausfassaden bemerkt. Der graue Kalkstein des Quercy weicht dem sattgelben Kalkstein des Périgord. Auf dem rechten Ufer der Dordogne führt die D 703 auf schnellstem Wege nach Sarlat und zu den an den Flussschleifen gelegenen Sehenswürdigkeiten. Bei Rouffillac zweigt rechts eine Bergstraße nach **Carlux** ab. Das Burgstädtchen lohnt einen kurzen Abstecher, der sich auch zu einem reizvollen Ausflug nach Salignac (s. S. 128) ausbauen lässt.

In entgegengesetzter Richtung führt die Brücke von Rouffillac aufs linke Ufer, wo man über dem Dorf Ste-Mondane die trutzigen Türme von **Schloss Fénelon** aufragen sieht. Es gehörte den Herren von Salignac und bleibt verbunden mit dem Namen des gelehrten François de Salignac de La Mothe-Fénelon (s. S. 79), der hier am 6. August 1651 geboren wurde. Eine Kastanienallee führt zum Wachtturm, der sich im ersten der drei Befestigungsringe befindet. Man umrundet die wuchtigen Mauern, vorbei an einer riesigen Sequoia und einer Libanonzeder, die schon zu Fénelons Zeiten gepflanzt wurde. Kern und ältester Teil der Burganlage ist der Donjon (12. Jh.), die mit Pechnasen bewehrten Rundtürme kamen später (Ende 14. Jh.) hinzu. Besonders eindrucksvoll sind die grau-braun changierenden Dächer, aus grob behauenen Kalksteinplatten geschichtet. Das um den Ehrenhof gebaute Renaissance-Logis (15.–16. Jh.) lässt mit seinen Lukarnen, Kaminen, Galerien und Balustraden eine gewisse Eleganz aufkommen. Der Blick schweift von der Terrasse über die Wälder der Bouriane auf das gegenüberliegende Renaissance-Schloss von **Rouffillac.** Im Inneren kann man feststellen, dass einige Korridore und die Küche direkt in den Felsen getrieben wurden.

Die linke Uferstraße (D 50), eine ideale Radlerstrecke, führt weiter nach **Veyrignac,** ein leuchtend gelbes Dorf mit Gänsezucht und Startplatz für Heißluftballons. Es geht dann hinunter zum Flusshafen und zur nächsten Dordogne-Brücke unmittelbar vor dem **Cingle de Montfort.** Die majestätische Flussschleife sieht man am besten vom rechten Steilufer aus. Am Ende der langen Wasserkurve erhebt sich das **Schloss Montfort,** eine immer wieder zerstörte und neu aufgebaute Wehrburg an strategisch bedeutsamer Stelle.

Der Name erinnert übrigens nur zufällig an Simon de Montfort, der bei seinem Kreuzzug 1204 auch diese Festung heimgesucht hat.

 Schloss: Château de Fénélon, März–Okt. 10–12, 14–18 Uhr, Juli–Aug. 10–19 Uhr. Château de Montfort ist nicht zu besichtigen.

Baden und Camping: Freizeitpark Groléjac (Tel. 05 53 59 48 70) an künstlich angelegtem Teich.

Die Bastide Domme

Wie ein Adlernest erhebt sich Domme auf einem Felsvorsprung, der vom Cingle de Monfort bis Schloss Beynac einen weiten Talblick eröffnet. Die Dordogne mäandriert

Schloss Fénelon

Sarladais

Die Markthalle in der Bastide Domme stammt aus dem 17. Jh.

durch dicht gestaffelte Felder, die seit dem 12. Jh. mit Wein, inzwischen vor allem mit Mais bepflanzt sind. Von allen Bastiden der Region ist Domme die höchstgelegene. Neben der typisch schachbrettförmigen Anlage des Städtchens sind deshalb gerade die abweichenden Züge, verwinkelte Plätze und abschüssige Straßen, besonders charakteristisch.

Vor der Bastidegründung war Domme eine Burg, die von den Katharern besetzt und anschließend von Simon de Montfort geschleift wurde. 1280 erwarb Philipp der Kühne den Mittelteil des Plateaus von Guillaume de Domme, einem Vasallen des Abts von Sarlat, und baute den strategisch wichtigen Platz zu einer befestigten Stadt aus. Die Siedlung bot seinen Bewohnern nicht nur größere Sicherheit als das offene Tal, sondern ökonomische Vorteile wie den kommunalen Backofen, die Gemeinschaftsmühle, die eigene Münze. Bald nannte man die aufblühende Bastide »Akropolis des Périgord«. 1346 fiel sie an die Engländer und – nach langem Hin und Her – war sie erst 1438 wieder definitiv französisch. Während der Religionskriege wurde Domme wiederholt vom Hugenottengeneral Geoffroy de Vivans belagert. 1588 gelang es einem nächtlichen Klettertrupp, an der steilsten und daher unbefestigten Stelle in die schlafende Stadt einzudringen und den protestantischen Rebellen die Tore zu öffnen.

Die Bastide Domme

Die Bastide war seit dem 13. Jh. auf ihrer weniger abrupten Südseite von einer Stadtmauer umgeben. Noch heute führt der Wallrundgang (Promenade des Remparts) an drei Toren vorbei: die einst durch ein Fallgitter gesicherte **Porte del Bos** (Westen, Straße nach Cénac), die zur Quelle führende **Porte de la Combe** (Süden) und die von zwei Wachttürmen flankierte **Porte des Tours** (Osten, Straße nach Groléjac). Im Inneren des rechten Wachtturms erinnern Graffiti an die Tempelritter, die dort Anfang des 14. Jh. inhaftiert waren. Gleich ob man durch das östliche oder westliche Stadttor anfährt, man erreicht Domme auf seiner Südseite und findet dort Parkmöglichkeiten auf der Place de la Rode, auf der einst Diebe und andere Verbrecher gerädert wurden (*rode* = Rad). Hier fällt das Haus des Münzprägers (Maison du batteur de monnaie) mit schönen gotischen Fenstern auf.

Die von schönen Läden gesäumte Grand'Rue führt in nördlicher Richtung zur **Place de la Halle,** dem eigentlichen Zentrum der Bastide. Platzbeherrschend sind die Markthalle (17. Jh.) und das Haus des Gouverneurs (16. Jh.), in dem heute das Fremdenverkehrsamt untergebracht ist. An der Ecke des Platzes steht die wiederaufgebaute Kirche (17. und 19. Jh.), hinter der die **Aussichtsterrasse La Barre** den schönsten Blick ins Land freigibt. Man steht hier über der Steilwand, die einst die Hugenotten erklommen. Zurück auf dem Platz findet man unter der alten Markthalle den Eingang zu den **Tropfsteinhöhlen,** die auf einem 500 m langen Weg mit illuminierten, in Wasserflächen gespiegelten Stalaktiten, Stalagmiten und Sinterbildungen faszinieren. Man verlässt das Erdinnere über einen Panoramalift direkt neben dem Jardin public (Orientierungstafel). Hier führt ein Spazierweg entlang der Steilwand (Promenade des Falaises) zurück zur Place de la Halle.

Unterhalb von Domme sollte man kurz an der Prioratskirche von **Cénac** anhalten. Sie steht außerhalb der Ortschaft an der Straße nach St-Cybranet und zeugt von der Zerstörungswut der von Geoffroy de Vivans' angeführten Hugenotten. Im Unterschied zum Langhaus und Querschiff (19. Jh.) ist der romanische Chor noch original erhalten (12. Jh.): die Kapitelle zeigen originelle Tierdarstellungen.

Syndicat d'Initiative, 24250 Domme, Tel. 05 53 28 37 09.

Das beste Haus am Platz ist **Esplanade***** (Tel. 05 53 28 31 41, Fax 05 53 28 49 92, teuer), Panoramablick, Küche mit einem Michelin-Stern (Menüs 160–350 FF). Unterhalb der Bastide empfiehlt sich **Les Quatre Vents**** (Tel. 05 53 31 57 57, Fax 05 53 31 57 59, moderat), zwei Pools und schattige Terrasse. **Lou Cardil*** (Tel. 05 53 28 38 92, preiswert) und **Nouvel Hotel*** (Tel. 05 53 28 38 67, Fax 05 53 28 27 13, preiswert) bieten korrekten Komfort und liegen sehr günstig in der Grand'Rue.

Rundflüge, Helikopter, ULM bietet der Aéro-Club am Flughafen.

La Roque-Gageac

Die schönste Dorfansicht bietet sich von der Dordogne, wenn die Gabare – am besten im Abendlicht – flussaufwärts in den Hafen zurückkehrt. Die Häuser ducken sich in enger Reihe unter dem ockerfarbenen Felsüberhang, der nicht nur Schutz gewährt, sondern auch Gefahr bedeutet. 1957 löste sich ein gewaltiger Brocken von der Wand und zerstörte ein Viertel der Ortschaft, die immer wieder als »eines der schönsten Dörfer Frankreichs« bezeichnet wird.

La Roque-Gageac, zur Zeit der Flussschiffahrt ein frequentierter Gabarehafen, ist heute ein beliebter Halt für Kanu- und Kajakwanderer. Sie finden einladende Cafés und Restaurants an der Uferstraße. Wegen der Überschwemmungsgefahr liegen die Wohnräume der Häuser im ersten Stock, während das Erdgeschoss als Keller dient. Wer hinter der Uferzeile zur Kirche hochsteigt, entdeckt unter der Steilwand einen exotischen Garten. Die wärmespeichernden Kalkfelsen schaffen ein Mikroklima für Palmen, Bananenstauden, Bambussträucher, Kakteen, Feigen-, Orangen- und Zitronenbäume. Im Oberdorf spaziert man weiter zum **Manoir de Tarde,** ein direkt an den Überhang gebautes Renais-

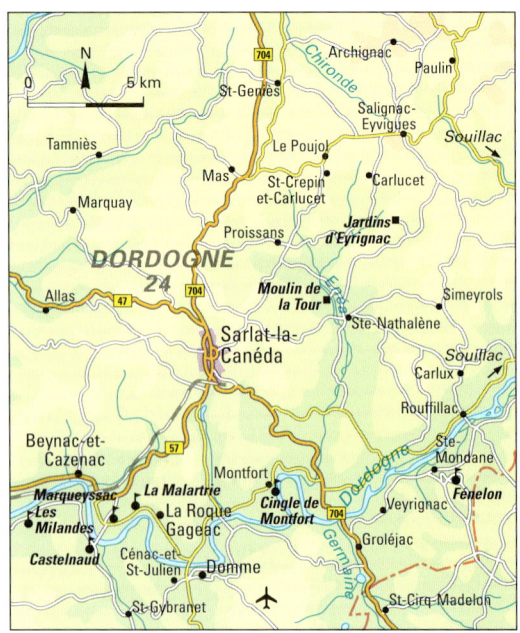

Sarladais

La Roque-Gageac

sance-Schlösschen mit Rundturm. Jean de Tarde (1561–1636) war ein umfassend gebildeter Kleriker, der nicht nur auf den Feldern der Theologie und Philosophie, sondern auch in Astronomie, Geographie, Archäologie, Mathematik und Medizin bewandert war. Hinter dem Portal des Manoirs stößt man auf die Ruinen der Bischofsresidenz und eine Leiter, die zum **Höhlenfort** (Fort Troglodytique, tgl. 10–19 Uhr) hochführt. Die schon im 12. Jh. in den Fels gebaute Festung diente den Bischöfen von Sarlat als letzte Zuflucht und widerstand während des Hundertjährigen Krieges allen Angriffen.

Flussabwärts passiert man das **Château de la Malartrie**, das aus den ersten Jahren des 20. Jh. stammt, aber den Stil des 15. Jh. imitiert. Es liegt zwischen La Roque-Gageac und einem Felsüberhang, auf dem der **Garten von Marqueyssac** einen langen Aussichtsbalkon bildet. Zugänglich ist er nur von der Nordwestseite, wo das Ende des 18. Jh. erbaute Landschloss den Charme einer noblen Sommerfrische vermittelt. Man lässt es links liegen und geht die Terrassen hoch in den 22 ha großen Park, den im 17. Jh. ein Schüler Le Nôtres als französischen Schlossgarten angelegt und 200 Jahre später der Eigentümer Julien de Cerval nach italienischen Vorbildern neu gestaltet hat.

Der sehr empfehlenswerte Spaziergang dauert etwa 1 ½ Stunden. Von den Schlosserterrassen gelangt man rechter Hand auf die Bastion, ein Labyrinth von Buchsbaumhecken, das vor der Burg von Castelnaud eine 130 m hohe Aussichtsplattform bildet. Von hier führt ein Panoramaweg (Promenade des Falaises) direkt am Felsabbruch zu einem zweiten, höhergelegenen Belvédère. Es liegt beinahe über La Roque-Gageac und eröffnet zwischen Domme und Beynac einen weiten Rundblick auf die Flussschleife. Wer im Frühjahr unterwegs ist, sollte einen Feldstecher dabeihaben, denn unterhalb des Aussichtspunkts gibt es dann im Horst der Wanderfalken Nachwuchs. Von der Aussichtskanzel aus kann man übrigens an den Farbschattierungen (hell – dunkel) die atlantische Vegetation der Nordseite (Buchen, Akazien) vom mediterranen Bewuchs der südlichen Sonnenseite (Pinien, Steineichen, Montpellier-Ahorn, Erdbeerbäume, Wacholder) unterscheiden. Neun Felszisternen sammeln das Regenwasser, das in gemauerten Abflussrinnen den Spazierweg säumt, bevor es in zwei Kaskaden in die von einem unterirdischen Fluss gegrabenen »Riesentöpfe« stürzt. Zurück wählt man am besten den Höhenweg (Promenade des Hauteurs), denn die von Kutschen befahrene Reiterallee (Allée cavalière) bietet botanisch weniger.

Office de tourisme, 24250 La Roque-Gageac, Tel. 05 53 29 52 37, Fax 05 53 29 17 01.

La Belle-Etoile** (Tel. 05 53 29 51 44, Fax 05 53 29 45 63, moderat) ist ein gediegenes Hotel-Restaurant mit schattiger Terrasse am Fluss.

🍴 Im ehemaligen Bauernhof **Les Prés Gaillardou** (Tel. 05 53 59 67 89) gibt es unter der gemütlichen Balkendecke herzhafte Regionalküche.

🚶 **Schifffahrt:** Canoë Dordogne Tel. 05 53 29 58 50, Fax 05 53 29 38 92. Les Gabares Norbert, Besichtigungsfahrt (1 Std.) bis Castelnaud und zurück, Abfahrt jede halbe Stunde.
Parkspaziergang: Garten von Marqueyssac 1½ Std., März–Nov. 10–18 Uhr, Mai–Sept. 10–19 Uhr, Juli–Aug. 9–20 Uhr. **Kutschenfahrten** So und während der Schulferien. Vor dem Ausgang Salon de thé mit Blick auf Schloss Beynac.

Castelnaud und Beynac

Die beiden schönsten Burgen der ganzen Region liegen sich spektakulär vis-à-vis. Castelnaud (»neue Burg«) thront zwischen den Tälern des Céou und der Dordogne auf einem bewaldeten Bergvorsprung. Beynac wächst an der folgenden Nordschleife der Dordogne förmlich aus der Steilwand heraus. Man erreicht die einander belauernden Festungen jeweils über die flachere Rückseite und durchquert auf dem Weg zum Burgtor erst die Gassen der pittoresk vorgelagerten Dörfer.

Die Lage spiegelt die Feindschaft zweier rivalisierender Adelsgeschlechter, die über die Zeit der eigentlichen Feudalfehden hinaus in den Kriegen des Spätmittelalters oft gegensätzlich Partei ergriffen. Beynac wurde während des Konflikts zwischen Kapetingern und Plantagenêt von Richard Löwenherz eingenommen und unter seinem Hauptmann Mercadier ein englisches Räubernest. Castelnaud war als Katharerburg eine Zielscheibe des katholischen Konquistadors Simon de Montfort, der in seinem Kreuzzug von 1214 auch gleich die Nachbarburg zerstörte. Wiederaufgebaut, spielte Beynac als eine der vier Baronien eine Führungsrolle innerhalb des perigordinischen Adels, der in zwei Lager gespalten war, nachdem die Seigneurs von Castelnaud dem Herzog von Périgord Vasallentreue geschworen hatten. Als im Hundertjährigen Krieg die Dordogne eine ständig umkämpfte Grenzlinie war, standen sich Beynac und Castelnaud lange als französische bzw. englische Bastion gegenüber.

Castelnaud ist eine musterhaft restaurierte Burg, die den mittelalterlichen Belagerungs- und Verteidigungskrieg fast anschaulich werden lässt. Der Donjon (13. Jh.), Wehr- und Wohnturm des Seigneurs, bildet den Kern der Burg, die im Lauf der Zeit durch vorgelagerte Mauerwerke immer perfekteren Schutz erhielt. Vor den nördlichen Höhen und über dem Dorf verläuft die äußere Befestigungslinie, die einen Viereckturm (Châtelet, 15. Jh.) einschließt. Dahinter bildet die Barbakane (15. Jh.) ein hofartiges Außenwerk vor dem Burgtor. Dann erhebt sich wiederum nach Norden zu eine 15 m hohe Schildmauer (Courtine, 13. Jh.), die mit Schießscharten und einem Wehrgang versehen ist. Sie trennt

Wurfmaschinen

Am langen Hebelarm befindet sich eine Schlinge, die nach Art einer Schleuder das Geschoss enthält. Der kurze Hebelarm ist mit einem festen Gegengewicht versehen. Nun wird der lange Arm mittels einer Seilwinde nach unten gezogen. Losgelassen, schnellt er in die Höhe und das Geschoss löst sich aus der Schlinge. So einfach funktioniert die Wurfmaschine, die von den mittelgroßen Varianten (*bricole, pierrière*) bis zum 12 t schweren Triboc (*trébuchet*) schon in der Antike als Waffe zum Einsatz kam. Neben der Armbrust, einer Schießmaschine mit ähnlichem Mechanismus, spielte sie im mittelalterlichen Festungskrieg eine wichtige Rolle.

Die Belagerung einer Burg begann mit Überrumpelungsversuchen. Wenn diese nichts fruchteten, rammten die Angreifer die Mauer mit eisenbeschlagenen Balken und suchten von einem mehrstöckigen Wandelturm aus über die Mauer hinweg Feindberührung. Aber auch hier waren die Belagerten im Vorteil, denn sie konnten von oben mit Balken, Steinen, Pech und heißem Öl antworten. So waren die Wurfmaschinen eine Möglichkeit, aus der Entfernung Schäden anzurichten.

Man benutzte unbehauene Steine, die 10–50 kg schwer waren und – von einem Triboc abgeschleudert – 180 m weit fliegen konnten. Nur Burgen auf rundum steilem Fels waren auch aus solcher Distanz nicht erreichbar. Der hohe Bogenwurf gelang noch nicht so präzise wie der flache Schuss der im 14. Jh. aufkommenden Feuergeschütze. Doch die Treffsicherheit der Wurfmaschinen konnte während des Bombardements durch Trial & Error gesteigert werden. Man musste die Maschine verrücken, durch Manipulation der Schleuder den Geschossabgangswinkel verändern oder Steine von anderem Gewicht laden. Aber auch wenn die Kugel in hohem Bogen gegen die Mauer klatschte, sie konnte wohl kaum eine Bresche schlagen.

Man vermutet daher, dass die Wurfmaschinen nur die Wehrgänge, Zinnen und Dächer der Burg zerstörten und vornehmlich der Einschüchterung und Zermürbung der Belagerten dienten. Schließlich wurden nicht nur Steine, sondern auch allerlei Schreckensgeschosse in die Festung katapultiert: Bienenstöcke, mit Kot gefüllte Fässer, Viehkadaver, Leichen, lebendige Gefangene.

Die Beschießung der Burg trug also dazu bei, die eingeschlossenen Insassen zur Aufgabe zu nötigen. Schließlich war die Belagerung uneinnehmbarer Festungen eine monatelange Blockade, die nur durch Optimierung der Not, letzlich durch Aushungern entschieden wurde.

Sarladais

den unteren (Basse-cour) vom inneren Burghof (Cour intérieure) und verbindet den später angebauten Wohnpalast (Corps de logis, 15. Jh.) mit dem Donjon. Der südliche Artillerieturm (16. Jh.), der späteste Anbau, hat trotz seiner 5 m dicken Mauern militärisch keine Rolle mehr gespielt.

Hier beginnt die Besichtigung der Burg, die heute als Museum des mittelalterlichen Krieges dient und selbstständig erkundet werden kann. Man erreicht über die Treppen des Artillerieturms den ersten Ausstellungssaal mit allerlei Kanonen und gelangt dann in den zentralen Empfangssaal des Burgpalastes, wo sich Kinder mit Videospielen und Rüstungsproben mittelalterkundig machen können. Von hier geht es zur Panoramaterrasse, zum Donjon und zu den thematischen Sälen. Mit 150 Exponaten ist die aus dem Elsass kommende Sammlung Boofzheim nach dem Pariser Armeemuseum die bedeutendste Rüstungs- und Waffenausstellung auf französischem Boden. Im Freien sind rekonstruierte Wurfmaschinen aufgestellt. Von der Schildmauer und von der Terrasse des unteren Hofs bietet sich eine spektakuläre Aussicht aufs Dordogne-Tal und das feindliche Beynac.

An der steilen Burgstraße liegt inmitten einer Plantage mit Picknicktischen das sehenswerte Nussmuseum (Ecomusée de la Noix). Ein Videofilm, Schautafeln und exemplarische Ausstellungsstücke veranschaulichen neben der Walnussproduktion auch die Herstellung verschiedener Nussbaumfabrikate. Unten führt die Dordogne-Brücke aufs rechte Ufer hinüber. Folgt man jedoch dem weniger befahrenen linken Ufer noch ein Stück weiter, so passiert man – gegenüber von Beynac – die anmutigen Schlösser Fayrac und Les Milandes. Nur das zweite, ein Renaissance-Schloss in einem terrassenförmig zum Fluss absteigenden Park, steht zur Besichtigung offen. Die Herren von Castelnaud waren Ende des 18. Jh. von ihrer Zitadelle, fortan Stützpunkt einer Garnison, in dieses Lustschloss umgezogen. Berühmt wurde es als »Schloss Josephine Bakers«, die hier – am Ende ihrer Variété-Karriere – eine Gruppe von Waisenkindern betreute.

Die Festung **Beynac** liegt auf dem gegenüberliegenden Steilufer 150 m über der Dordogne und ist lediglich zum rückwärtigen Plateau hin durch eine doppelte Umwallung abgeschirmt. Der zinnenumkränzte und von einem Vierecktürmchen flankierte Hauptdonjon (12. Jh.), der mit Pechnasen bewehrte kleine Donjon (14. Jh.) und der schön durchfensterte Wohnpalast (15. Jh.) mit dem angebauten Wachttürmchen (16. Jh.) bilden zusammen einen unverwechselbaren Komplex ockergelber Turmbauten. Die Burgkapelle (13. Jh.) ist direkt über dem Steilfelsen Teil der südlichen Befestigungslinie. Auch Beynac hat seine Barbakane, seine Schildmauer, zwei voneinander getrennte Höfe.

Eine Rampe führt vom unteren zum inneren Burghof hinauf. Sogar

Castelnaud und Beynac

Dorf und Burg Castelnaud vom Boot aus gesehen

im Donjon erlaubten Rampen den Reitern, auf dem Pferde in die Säle vorzudringen. Man erreicht den Gardensaal und weiter oben den noch größeren Ständesaal, in dem sich die Generalstände des Périgord zu versammeln pflegten. Vorbei an den Emblemen der vier Baronien (Beynac und Biron im Süden, Bourdeilles und Mareuil im Norden), entdeckt man in der seitlich gelegenen Kapelle ein ausdrucksstarkes Abendmahlsfresko (15. Jh.). Höhepunkt des Rundgangs ist der Blick von den Burgzinnen. Ein vergleichbares Panorama bietet sich außerhalb der Burg vom ›Point de vue‹, den man auf der Ostseite des Plateaus über der Höhlenwohnung eines Bildhauers erreicht.

Ein steiler Fußweg, von Häusern aus dem 15.–17. Jh. gesäumt, verbindet das Schloss mit den Ufern der Dordogne. Mit den skulptierten Fassaden, den gepflasterten Gässchen, den Glimmerschieferdächern ist Beynac eine dichte Komposition aus Stein. Vor den Touristen erlagen Künstler und Schriftsteller (Paul Eluard, Henry Miller) dem Charme des mittelalterlichen Dorfes. Man stößt auf dem Schlossweg auf schöne Läden und ein prähistorisches Museum, das von der Steinzeit bis zur gallischen Epoche die frühen Besiedlungsspuren verfolgt. Beim Gang durch den dazugehörigen ›Parc archéologique‹ fühlt sich der Besucher in die Lebenswelt der ersten Bauern und Metallarbeiter zurückversetzt (tgl. 10–19 Uhr).

Sarladais

 Office de tourisme, Beynac, Tel. 05 53 29 43 08.

 Das **Hôtel Bonnet**** (Tel. 05 53 29 50 01, Fax 05 53 29 83 74, moderat) und die **Hostellerie Maleville**** (Tel. 05 53 29 50 06, Fax 05 53 28 28 52, moderat) in Beynac sind traditionelle Familienhotels mit Restaurantterrassen direkt an der Dordogne. Auf der Höhe von St-Vincent-de-Cosse (D 703) gibt es im flussnahen Ortsteil Envaux die *Ferme-Auberge* von Alain Lassignardie (Tel. 05 53 29 52 15), Enten- und Schweinegerichte, auch günstige Chambres d'hôte, nebenan Kanubasis.

 Südlich von Castelnaud bietet **Maisonneuve***** (Tel. 05 53 29 51 29) schattige Wiesenplätze am idyllischen, auch im Sommer sehr frischen Céou. Weniger ruhig, aber schön zwischen Dorf und Fluss gelegen ist Beynacs Zeltplatz **Le Capeyrou**** (Tel. 05 53 29 54 95).

Schlösser: Château de Castelnaud, März–Okt. 10–18 Uhr (im Sommer bis 20 Uhr); **Château des Milandes** ebenso (im Sommer 9–19 Uhr); **Château Beynac** tgl. 10–12, 14–18.30 Uhr (im Sommer abends Konzerte).

Sport: Kanubasis im Hafen von Envaux (Ufer von St-Vincent-de-Cosse, Tel. 05 53 29 54 20). Im 6 ha großen **Parc de Loisirs Josephine Baker** (Tel. 05 53 29 52 33, Fax 05 53 28 18 60) gibt es vom Kanu übers Klettern bis zur Höhlenforschung zahlreiche Sport- und Freizeitangebote.

 Schiffstour: Im Sommer in Beynac (gegenüber der Post) halbstündig Gabare-Fahrten (Dauer etwa 50 Min.)

 Bahnhof Beynac

Sarlat

Das städtische Zentrum des Dordogne-Tals liegt etwa 10 km nördlich des Flusses inmitten bewaldeter Hügel. Benediktinermönche gründeten hier im 8. Jh. ein kleines Kloster, das Pippin der Kurze mit den Reliquien des hl. Sacerdos ausstattete. Als der hl. Bernhard 1147 auf seinem Kreuzzug gegen die Katharer in Sarlat Halt machte, kam es zu Wunderheilungen an Pestkranken. Der Wallfahrtsort zählte damals schon 4000 Einwohner, die im Schatten der Abtei vom regen Pilgerstrom profitierten.

Bald begannen Streitigkeiten, wie sie für das Mittelalter typisch waren. Die selbstbewusster werdenden Kaufleute störten sich am Machtmonopol des Abtes, der aus Adelsfamilien hervorging und Sarlats unumschränkter Feudalherr war. 1223 bildete sich gegen die geistliche Obrigkeit ein weltlicher Rat von Konsuln, die eine Charta ausarbeiteten, die Stadtgerichtsbarkeit ausübten und sich um die Befestigungsanlagen kümmerten. Auf dem Höhepunkt des Konflikts wurde 1273 Abt Arnaud de Stapone während der Messe mit einem Pfeil durchbohrt. Es kam schließlich zu einer Schlichtung durch Philipp den Schönen, der den Stadtverordneten die kommunalen Verwaltungsrechte ein-

Sarlat

räumte. Als Johannes XXII., der aus Cahors stammende erste Papst von Avignon, Sarlat 1318 zur Bischofsstadt kürte, war die Macht der Abtei endgültig gebrochen. Die Kirche des hl. Sacerdos wurde zur Kathedrale ausgebaut, die Stadtmauer mit Türmen und Toren vorausschauend verstärkt, und im Schutze des Walls wuchsen nun die schmucken Patrizierhäuser in die Höhe.

Die charakteristischen Renaissance-Fassaden des heutigen Sarlat stammen aus der Zeit nach dem

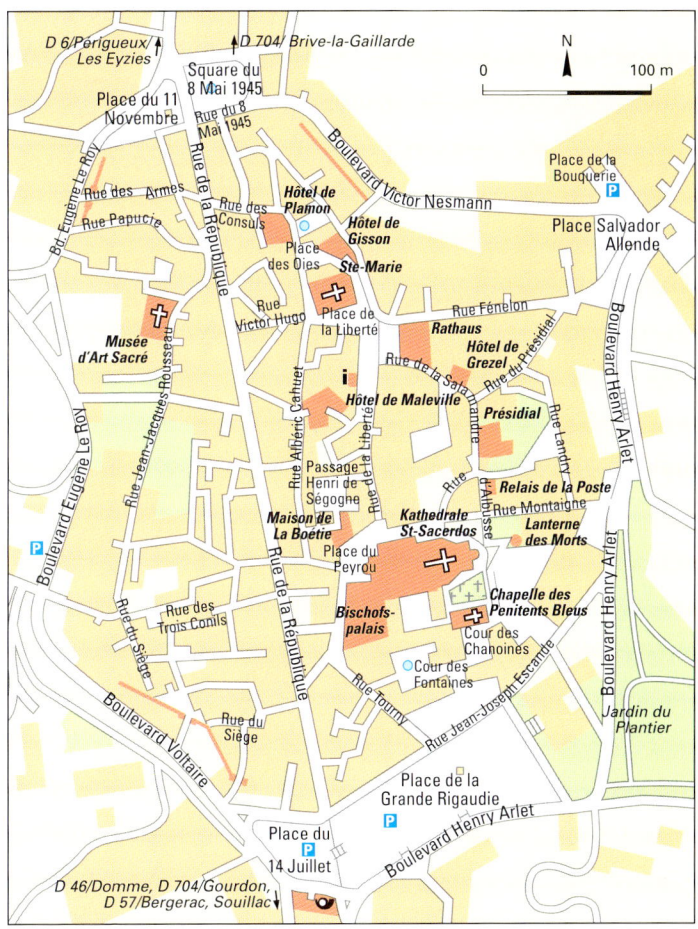

Hundertjährigen Krieg, der die Stadt als Bastion des französischen Königs schwer in Mitleidenschaft gezogen hat. Durch das Abkommen von Bretigny, in dem Edward III. von England für den Verzicht auf den französischen Thron Südwestfrankreich erhielt, wurde Sarlat für zehn Jahre englisch. Zu einem noch schnelleren Wechsel der Herrschaft kam es während des Religionskriege, als der Hugenottenführer Vivans die Stadt 1574 am Karnevalstag eroberte und im Mai schon wieder vor den Katholischen zurückweichen musste. Erst ab dem 17. Jh. konnten die Kaufleute, Magistratsherren und Kleriker in Ruhe ihren Wohlstand genießen.

Die Altstadt ist als weitgehend geschlossenes Ensemble erhalten geblieben, weil Sarlat nach der Französischen Revolution den Anschluss ans moderne Zeitalter verpasste. 1840 schlug man eine »Traverse«, die Rue de la République, durch das mittelalterliche Häusergewirr, das in seinen dunklen, feuchten, verfallenden Winkeln nur noch Elend und Krankheit Raum bot. Die Rettung des Provinzstädtchens war aber erst 1962 beschlossene Sache, als André Malraux in seinem Denkmalsschutzgesetz neben drei anderen französischen Städten Sarlat zur Sanierung auswählte. Nach jahrzehntelangen Restaurierungsarbeiten erstrahlen die ockergelben Fassaden in neuem Glanz, und Ströme von Touristen (jährlich eine Million!) stauen sich vor den blinkenden Auslagen der Delikatessenläden und Edelboutiquen. Spätabends und außerhalb der Saison, wenn sich die malerischen Gassen leeren, bauen dann die Kameramänner ihre Apparaturen auf.

Rundgang durch die Altstadt

Im Sommer verwandelt sich die Altstadt in eine ausgedehnte Fußgängerzone. Besonders an Markttagen, wenn die Stadt in Touristen fast zu ersticken droht, muss man früh kommen, will man noch einen günstigen Parkplatz ergattern. Empfehlenswert ist die Place de la Grande Rigaudie, von der man in wenigen Schritten über die Rue Tourny auf den Domplatz (Place du Peyrou) gelangt.

Hier beeindruckt zuallererst die berühmte Fassade der **Maison de La Boétie,** 1520–25 vom Vater des früh verstorbenen Schriftstellers Etienne de La Boétie errichtet. Typisch mittelalterlich ist der platzsparend hohe Bau, der im Erdgeschoss für einen Laden, in den oberen Etagen für Wohnräume Platz bot. Verschwenderisch ist dagegen die Dekoration, die aus dem Formenschatz der italienischen Renaissance zitiert: skulptierte Fensterkreuze mit reich verzierten Einfassungen sowie eine auf dem steilen Dach sitzende Prunklukarne. Schräg gegenüber zeigt der wenig später erbaute **Bischofspalais** im Obergeschoss eine offene Loggia, die der aus Florenz stammende Bischof Goddi, ein Freund und Verwandter Katharinas von Medici, in Auftrag gab.

Die **Kathedrale St-Sacerdos,** ursprünglich Abteikirche, ist mit ihrer zwiebelförmigen Laterne im Stadtbild allgegenwärtig. Vier Bauphasen über fünf Jahrhunderte hinweg ergaben ein Stilgemisch, das sich außen am eigenwilligen Aufbau des Glockenturms, innen am unregelmäßigen Gewölbe studieren lässt. Wenn man die dreischiffige Basilika durch die rechte Seitentüre verlässt, gelangt man in einen hübschen Innenhof mit Resten des alten Kreuzgangs. Linker Hand liegt die romanische **Kapelle der Blauen Büßer** (Chapelle des Pénitents Bleus), die wir nun umrunden. Unter einem Torbogen hindurch kommt man in den Brunnenhof (Cour des Fontaines), der den Mittelpunkt der ersten mönchischen Niederlassung bildete. Links um die Ecke stoßen im Stiftsherrenhof (Cour des Chanoines) Fachwerkhäuser an die Büßerkapelle. Durch eine kleine Passage erreicht man den Chor der Kathedrale, über dem der ehemalige Friedhof (Jardin des Enfeus) der Domkleriker liegt. In die Einfriedungsmauer sind romanische und gotische Gräber eingefügt. Schließlich gelangt man über ein paar Stufen zur **Lanterne des Morts,** einem rätselhaften »Zuckerhut« (12. Jh.), über dessen Funktion (Totenkapelle? Verlies? Warnleuchte?) die Lokalhistoriker immer noch debattieren.

Dem Gartenausgang gegenüber liegt eine Gasse, die nach dem Minnesänger Sylvain Cavaillez benannt ist. Vorbei an der ehemaligen Posthalterei (Relais de la Poste) steuert

Sarlat

man durch die Rue d'Albusse auf eine Gabelung mit zwei prächtigen Gebäuden zu: links das **Hôtel de Grézel,** rechts das **Hôtel de Genîs** (beide 15. Jh.). Wer nicht gleich zum Rathausplatz gehen will, sollte rechts herum in die Rue Landry hineinschauen: Dort erstaunt das **Présidial** (16. Jh.), ehemals Sitz der königlichen Justiz, mit einer halbkreisförmigen Loggia und einem kampanileförmigen Dachreiter. Am Ende der Rue du Présidial biegt man, kurz vor dem östlichen Stadttor, im spitzen Winkel in die Rue Fénelon mit hübschen Läden, die zum Rathausplatz führt.

Diese **Place de la Liberté** bildet gegenüber dem Kathedralenviertel seit alters das zweite, weltliche Zentrum Sarlats. Das heutige Rathaus (17. Jh.) ist der Nachfolgebau des 400 Jahre früher errichteten Hauses der Stadtkonsuln. Wie im Mittelalter spielt sich das öffentliche Leben der Bürger auf dem vorgelagerten weiten Platz ab. Mittwochs und samstags fasziniert der berühmteste Markt des Périgord mit einer unglaublichen Vielfalt von Köstlichkeiten, am Rande laden zahlreiche Cafés und Bistrots zur Rast, und an Sommerabenden bieten die Straßenkünstler sanfte bis grelle Unterhaltung. Dank der stimmungsvollen Beleuchtung mit Gaslaternen fühlt man sich, vor allem in den weniger turbulenten Seitengassen und Innenhöfen, beinahe ins Mittelalter zurückversetzt. Tagsüber erhält man am Südende der Place de la Liberté reichlich Informationsmaterial im Fremdenverkehrsbüro. Es befindet sich im Erdgeschoss eines Renaissance-Palais, des Hôtel de Vienne oder auch Hôtel de Maleville (16. Jh.). Von hier kann man durch die Passage Henri de Segogne in einer besonders malerischen Abfolge von Höfen und Gassen zur Place du Peyrou (Kathedralenvorplatz) zurückkehren.

Doch man sollte umgekehrt nicht versäumen, von der Place de la Liberté in nördlicher Richtung weiterzuflanieren. Vorbei an der beschädigten Kirche Ste-Marie (15. Jh.) und am Hôtel de Gisson (16. Jh.) mit einem sechseckigen Treppenturm erreicht man den Gänseplatz (Place des Oies). Vor der schmucken Kulisse historischer Palais werden hier im Winter (Nov. bis März) die berühmten Gänsespezialitäten verkauft. Unter den historischen Bauten ist das Hôtel de Plamon (14.–15. Jh.), Geschäfts- und Wohnhaus einer Tuchhändlerfamilie, auch wegen seiner im Innenhof gelegenen Holztreppe (17. Jh.) besonders sehenswert.

Es sind nur noch wenige Schritte zur Rue de la République, die Sarlat in zwei Hälften teilt. Der aufwändig restaurierte Ostteil ist das Schmuckkästchen der Stadt. Der Westteil ist kleiner und unauffälliger, birgt aber manches Entdeckungswürdige. Wenn man nicht über die Hauptgeschäftsstraße direkt zum Ausgangspunkt des Rundgangs zurückkehren will, bietet sich die Rue Jean-Jacques-Rousseau als reizvoller Umweg an. Man geht vorbei am ehemaligen Rekollektenkloster (jetzt

Sarlat

Museum der Sakralkunst) bis zur Stadtmauer hoch und stößt über die Rue des Trois Conils schließlich wieder auf die belebte »Traverse«.

Office de tourisme, 24203 Sarlat, Place de la Liberté, Tel. 05 53 59 27 67, Fax 05 53 59 19 44.

Am Rand der Altstadt bietet **Montaigne**** (Place Pasteur, Tel. 05 53 31 55 55, Fax 05 53 59 19 99, moderat) komfortable Zimmer, **La Couleuvrine**** (1, place de la Bouquerie, Tel. 05 53 59 27 80, Fax 05 53 31 26 83, teuer) in einem Turm der Stadtmauer zudem historisches Ambiente. 1 km südlich liegt **La Hoirie***** (Rue Marcel Cerdan, Tel. 05 53 59 05 62, Fax 05 53 31 13 90, teuer) in einem stillen Park mit Swimmingpool, ein auch kulinarisch interessantes Hotel-Restaurant im Landhausstil.

Es gibt in Sarlat eine stadtnahe **Auberge de jeunesse** (77, av. de Selvès, Tel. 05 53 59 47 59).

In der Fußgängerzone häufen sich die touristischen Straßenlokale, die trotz allem Ambiente in der Preis-Qualitäts-Relation nicht immer überzeugen. Empfehlenswerte Restaurants sind **Le Bouffon** in der Rue Albéric-Cahuet (Tel. 05 53 31 03 36) und **La Rapière** an der Place du Peyrou (Tel. 05 53 59 03 13). Ausgesprochen sympathische Adressen sind in der unauffälligen Westhälfte **Criquettamu's** (5, rue des Armes, Tel. 05 53 59 48 10) und **Les Quatre Saisons** (2, côte de Toulouse, Tel. 05 53 29 48 59). Eine Institution ist unweit des Place de la Grande Rigaudie das Hotel-Restaurant **St-Albert** (10, place Pasteur, Tel. 05 53 31 55 55), wo es im Bistro frische Tagesmenüs, im Restaurant die deftig-feinen Périgord-Klassiker gibt: Seit Jahrzehnten strömen die Stammgäste zu M. Garrigou, der als oberster Gastronom des Départements (Präsident der Hotelleriekammer) sein eigenes Haus zu einem Aushängeschild der regionalen Küche gemacht hat.

Andrea, 2, rue Tourny, Batikstoffe; **Distillerie du Périgord,** Place de la Liberté, Nusslikör und Obstschnäpse; **Au Plaisir d'offrir,** Place de la Liberté, Messer.

Museen: Musée de l'Automobile (17, av. Thiers, Juli–Aug. tgl. 10–19 Uhr, Juni 14–18.30 Uhr) zeigt Oldies von 1898–1940, **Musée-Aquarium** (Rue du Commandant-Maratuel, tgl. 10–12, 14–18 Uhr, Juli–Aug. 10–19 Uhr) die Fische der Dordogne.

Moulin de la Tour

Bei Ste-Nathalène, 10 km nordöstlich von Sarlat, gibt es eine noch aus dem 16. Jh. stammende Ölmühle zu besichtigen. Das vom Enea-Fluss angetriebene Wasserrad ist ungefähr 150 Jahre alt. Nach traditionellem Verfahren werden bei jeder Pressung ca. 30 kg geschälter Nüsse von einer Steinmühle zermalmt. Der gesamte Pressvorgang dauert 45 Minuten und liefert ein Öl ohne jeden Zusatz, das gefiltert, abgefüllt und vor Ort verkauft wird. Neben dem in der périgordinischen Küche besonders wichtigen Walnussöl wird auch ein köstliches Haselnussöl angeboten.

Ölmühle: Besichtigung Fr (Juli–Aug. auch Mo und Mi) 9–12, 14–19 Uhr.

Grüne Träume

Die Gärten von Marqueyssac und Eyrignac

Der Garten von Eyrignac

Der französische Garten ist architektonisch ausgerichtet. Schnurgerade Alleen, bandförmige Hecken, ausgezirkelte Beete, künstliche Wasserstücke verlängern die Geometrie des Schlosses ins Freie hinaus. Nichts bleibt natürlich: Die Bäume und Sträucher werden zu Skulpturen zurechtgeschnitten, die Blumen zu Ornamentteppichen arrangiert, die Wasserläufe zu Springbrunnen aufgetürmt. So blickt der Schlossherr in einen kunstvoll gegliederten Gartenraum, der seine Residenz noch schmucker, repräsentativer, majestätischer erscheinen lässt – und die unveredelte Natur in die Wildnis verbannt. Nicht zufällig wurde dieser Gartenstil im Umkreis der königlichen Loire-Schlösser entwickelt und unter dem Sonnenkönig und seinem Hofgärtner Le Nôtre auf die Spitze getrieben. Er war die schönste Verherrlichung von Ordnung und Zentralismus.

Das Muster von Versailles wurde im 18. Jh. in ganz Europa stilbildend und hat auch im Dordogne-Tal seine Spuren hinterlassen. Die Macht des Vorbilds zeigt sich dort aber kaum in gelungenen Nachahmungen. Fern vom Königshof, orientierte sich der Landadel lieber an der feudalen Vergangenheit. Die Burgen, die über dem mäandrierenden Fluss die Kuppen krönen, imponieren durch ihre beherrschende Lage, nicht durch ausufernde Parkanlagen. Solche entstanden in der Peripherie mancher Landschlösser (Manoirs), die später auch dem Geldadel als Sommerfrischen dienten und dem absolutistischen Ordnungsgedanken abschworen, ohne dem französischen Gartenstil deshalb untreu zu werden. Der Park von Marquessac ist so ein Beispiel. Ende des 18. Jh. nach Plänen eines Le Nôtre-Schülers angelegt, wurde er ab 1861 von Julien de Cerval, dem neuen Besitzer, nach italienischen Vorbildern umgestaltet. Trotz aller Änderungen behielten die Hecken ihre gliedernde Funktion, weshalb noch heute 150 000 säuberlich beschnittene Buchsbäume die Alleen säumen. Das andere Beispiel sind die Gärten von Eyrignac, die Patrick Sermadiras ab 1960 völlig neugestaltete. Obwohl er seinen ganz persönlichen Traum verfolgte, übernahm er von der ursprünglich klassizistischen Parkanlage einen Pavillon und mehrere Skulpturen, drei Brunnen und zwei Wasserstücke, außerdem einen sehr französischen Buchsbaumgarten.

Julien de Cerval hatte die Gärten römischer Villen vor Augen, als er nach seiner Rückkehr aus Italien den Park von Marqueyssac seinen Bedürfnissen und Vorstellungen anpasste. Kurvige Wege, Abzweigungen, Treppen entführen den Spaziergänger, der das Schloss schnell aus dem Blick verliert. Felsen und Grotten simulieren ursprüngliche Natur, die durch Pinien und Zypressen mediterranes Flair erhält. Man spaziert aufs Geradewohl, gelangt von einer »Kammer« zur nächsten, ohne den Park je als Anlage zu überblicken. Dafür bieten die Belvedere ein weites Panorama, das die Landschaft des Dordogne-Tals in den Garten projiziert. Dieser wirkt als schöner Rahmen, der den Fluss, die Hügel, die Burgen in ein malerisches Bild verwandelt und den Traum vom ländlichen Glück im Park fest verankert: Steinbänke laden den Betrachter zum stillen Verweilen, Natursteinhütten dienen als bäuerliche Nutzbauten, eine Esplanade ist für ländliche Lustbarkeiten bestimmt.

Auch der Park von Eyrignac ist eine Abfolge grüner »Kammern«, die sich aber nicht romantisch zur Landschaft öffnen. Die Gartenräume vermitteln auch nicht die Illusion von Natur, sondern sind reines L'Art pour L'Art, ein Spiel mit Formen: zylinderförmig geschnittene Eiben alternieren mit spiraligen Buchenrampen (Allée des charmes), ein Rund durchfensterter Buchenmauern umschließt einen aus Kieseln gestampften Stern (Rotonde de verdure). Jeder Raum überrascht mit einer neuen, unverwechselbaren Komposition in Grün. Und der Spaziergänger stutzt vor den mit Rasen ausgelegten »Alleen«, die mehr zum Betrachten als zum Begehen einladen. Auch das versteckte Manoir ist eine Überraschung, weil es tief unter der verwunschenen Terrasse (Terrasse enchantée) im Garten versunken erscheint. Es verlangt einen verträumt aufblickenden Schlossherrn, das genaue Gegenteil eines absolutistischen Fürsten, der auf seine Blumenparterres gebieterisch herabzulächeln pflegte.

Der Kanton Salignac

Nördlich von Sarlat gibt es einen der ursprünglichsten Winkel des ›Schwarzen Périgord‹ zu entdecken. Die alten Natursteinhäuser, oft mit Steinplatten gedeckt, stehen noch unauffällig in der bäuerlichen Landschaft, in die sich wenige Touristen verirren. Als attraktive Sehenswürdigkeit glänzen nur die **Gärten von Eyrignac,** von Kennern als die vielleicht schönste Parkanlage Frankreichs eingestuft.

Der Rundgang dauert keine halbe Stunde, doch man wird länger verweilen, vor allem morgens, wenn noch kaum ein Besucher unterwegs und das Licht am schönsten ist. Hinter dem Parkplatz geht es quer über die Pferdekoppel in einen Obstgarten, in dem sich linker Hand die berühmte ›Allée des charmes‹ (Buchenallee) und rechts ein Blick auf die chinesische Pagode auftut. Geradeaus weiter erreicht man die ›Rotonde de verdure‹ (Gartenrotunde), die an einen Tanzsaal erinnert. Von hier geht es links durch die ›Allée des vases‹ (Vasenallee), in der ein Brunnen mit merowingischem Sarkophag verborgen liegt. Ein zweiter Gartensalon, der ›Rond-point de repos‹ (Ruheplatz), schließt sich an und leitet zum Hof des Manoirs, über den die ›Terrasse enchanté‹ (verwunschene Terrasse) bezaubert. Man kann jenseits des Hofes bei den Wirtschaftsgebäuden noch einen Fischteich und auf dem Rückweg unterhalb der ›Allée des charmes‹ ein zweites Wasserstück mit dem pittoresken ›Pavillon de repos‹ (Ruhepavillon) bewundern.

Die Kantonshauptstadt **Salignac** krönt eine Felskuppe; eine alte Markthalle, eine 200jährige Ulme und eine ehrwürdige Klosterfassade (13. Jh.) verleihen dem unaufgeregten Zentrum historische Atmosphäre. Die Hauptsehenswürdigkeit liegt auf der schroffen Südseite, wo das Adelsgeschlecht der Salignac de la Mothe-Fénélon schon im 11. Jh. seine Stammburg errichtete. Der heutige Bau entstand zwischen dem 15. und 17. Jh. und wirkt zwischen den mächtigen Türmen recht gedrungen. Die ältesten Partien, die Festungsmauern und die Kapelle, stammen aus dem 13. Jh. Besonders eindrucksvoll sind die Kellergewölbe, die steinernen Dachflächen und die Aussicht von der Terrasse.

Es lohnt sich, auf den kleinen Sträßchen die Dörfer zu durchqueren. Westlich von Salignac stößt man in **Carlucet** auf eine romanische Kirche (11. Jh.) mit gehöftartig ummauertem Friedhof. In **St-Crépin,** dem nächsten, noch entzückenderen Weiler, beeindruckt neben der romanischen Kirche vor allem das lauschig gelegene Manoir de la Cipière (16. Jh.) mit seinen polygonalen Türmen. Nördlich von Salignac kann man in Paulin und Archignac ähnliche Entdeckungen machen. Überall faszinieren die buckligen, mit Steinplatten gedeckten Dächer, die auch das Ortsbild von **St-Geniès** prägen. Das Schloss (15. Jh.) und die Kirche mit einem befestigten Vorhal-

Der Kanton Salignac

len-Turm (16. Jh.) sind aneinandergebaut und bilden eine unverwechselbare Kulisse vor dem Marktplatz, auf dem sonntags die Bauern nicht nur Obst und Gemüse, sondern Gänseleber, Nusskuchen, Wein und andere Feinkost anbieten.

Fast vergisst man die Cheylard-Kapelle, die sich mitten, aber doch über dem Dorf auf einer freien Kuppe erhebt. Schmal und hoch, entstand dieser älteste Bau von St-Geniès schon 1329. Innen überraschen erstaunliche, zum teil arg verblichene Fresken aus dem Leben Christi und beliebter Heiliger. Die schönste Darstellung zeigt die hl. Katharina zwischen Marterrädern, die von zwei Engeln mit Schwertern außer Funktion gesetzt werden.

Syndicat d'Initiative, 24590 Salignac-Eyvigues, Tel. 05 53 28 81 93.

Authentische Regionalküche gibt es in den **Ferme-Auberges Les Martres** (Salignac, Tel. 05 53 28 90 89) und **L'Auberge du Sol** (St-Crépin-Carlucet, Tel. 05 53 28 80 51). **La Meynardie** (Paulin, Tel. 05 53 28 85 98), das beste Restaurant des Kantons, bietet schöne, nicht allzu teure Menüs auf einer ländlichen Terrasse oder im uralten Speisesaal.

Schloss: Château de Salignac, 15. Juni–15. Sept. Mi–Mo 14–18 Uhr, Di geschl., Juli–Aug. tgl. 10–12, 14–18.30 Uhr.
Park: Jardins d'Eyrignac, April–Mai 9.30–12.30, 14–19 Uhr, Juni–Sept. 10–19 Uhr, im Winterhalbjahr 10–12.30, 14 Uhr – Einbruch der Dämmerung.

Gänse- und Entenspezialitäten: **Bourgeade Serge,** Pouch bei Archignac, Tel. 05 53 28 85 02.

Zwiesprache auf dem Wochenmarkt

Vézère-Tal

Beune-Täler

Les Eyzies-de-Tayac

Le Bugue

Zwischen Tursac und St-Léon-sur-Vézère

Losse und Le Thot

Lascaux – ›Sixtinische Kapelle der Vorgeschichte‹

St-Amand-de-Coly

Montignac – Auf den Spuren von Eugène Le Roy

Rouffignac

St-Léon-sur-Vézère

Vézère-Tal

Die Eichenwälder des ›Schwarzen Périgord‹ reichen bis ins Seitental der Vézère. Man nennt es ›Tal des Menschen‹, weil die Felsterrassen schon zu vorgeschichtlicher Zeit bevölkert waren. Heute sind die Felsbehausungen und ausgemalten Höhlen begehrte Ziele für Bildungsreisende, die neben dem weltberühmten Lascaux vor allem die prähistorischen Stätten von Les Eyzies aufsuchen.

Beune-Täler

Von Sarlat sind es gerade 21 km nach Les Eyzies. Der Weg (D 47) in die »Hauptstadt der Vorgeschichte« führt durch das bewaldete Tal der Kleinen Beune. Kurz vor dem Ziel mündet der Nebenfluss in die Große Beune, die auf der Höhe von St-Geniès entspringt und aus dem Kanton Salignac ein nicht weniger reizvolles Verbindungssträßchen (D 48) ins Vézère-Tal hinunterbegleitet. Zwischen beiden Beune-Tälern liegt ein Kernstück des ›Schwarzen Périgord‹, das einen Abstecher wert ist und sich zum Wandern empfiehlt.

12 km hinter Sarlat weist an der D 47 ein Schild rechts ab zu den **Cabanes du Breuil**. Es handelt sich um eine Gruppe kuppelförmiger Steinhütten, wie sie überall im Périgord meist vereinzelt am Feldrand stehen. In Breuil dienten sie nicht nur der Landwirtschaft, sondern auch drei Handwerkern (Weber, Sattler, Schmied) als Werkstatt. Im 18. und 19. Jh. gab es im Tal der Kleinen Beune vier Schmieden und mehrere Bistrots, in denen sich die Eisen befördernden Fuhrleute stärkten. Ein informatives Begleitheft und ein Videofilm in der ehemaligen Schäferhütte erläutern Bautechnik und Nutzung der Natursteinhütten, die sich mit ihren rundlichen, weichen Formen pittoresk in die von Gänsen bevölkerte Landschaft schmiegen.

Am Teich von Tamniès und mehreren Mühlen vorbei durchquert die D 48 hinter der Kreuzung mit der D 6 dichten Eichenwald. Bald erspäht man am anderen Ufer der Großen Beune die **Burgruine Commarque** (13. Jh.), die man auf einer schönen Wanderung von Sireuil aus erreicht. Gegenüber und unmittelbar unterhalb der D 48 liegt das kleine **Schloss Laussel**, auf dessen Terrain man 1909 die nach dem Fundort benannte Venus (s. Abb. S. 22) aus-

Beune-Täler

Cabanes du Breuil

grub. In diesem Talbereich befinden sich eine Reihe prähistorischer Stätten, die aber mit einer Ausnahme nicht für die Öffentlichkeit zugänglich sind.

Diese Ausnahme ist der **Abri von Cap Blanc**. Während der Grabungen von Laussel stieß man auf eine Öffnung und fand unter dem verschütteten Felsüberhang Stein- und Knochenwerkzeuge, ein Skelett unter grabähnlich arrangierten Steinplatten und – außergewöhnlich für einen Wohnplatz – eine Wandskulptur. Es handelt sich um ein 14 m langes Hochrelief, das sechs Pferde in Lebensgröße zeigt. In das Pferdefries sind die Darstellungen von Bisons und Rentieren eingearbeitet. Die Bildhauer haben die Tierkörper teilweise perspektivengetreu übereinandergeschoben und die Linien von Kopf-Rücken-Kruppe naturgetreu herausmodelliert. Das ursprünglich kolorierte Kunstwerk stammt aus dem mittleren Magdalénien und wird heute durch eine angebaute Außenmauer vor Witterungseinflüssen geschützt.

Nach dem Zusammenfluss von Großer und Kleiner Beune wartet die 300 m lange **Höhle Les Combarelles** mit der kompletten Fauna des Magdalénien auf. Charakteristisch für eine Kultstätte, häufen sich die Darstellungen im letzten Drittel, wo in der Tiefe der Höhle die Ritzzeichnungen chaotisch ineinander übergehen. Neben den Tieren, bei denen die Pferde (über 100) eindeutig dominieren, finden sich auch menschenähnliche Figuren und rätselhafte Dachformen.

Unmittelbar vor der Ortseinfahrt Les Eyzies erreicht man schließlich die **Höhle Font-de-Gaume**, deren Fresken mit den Wandmalereien von Lascaux verglichen werden.

Vézère-Tal

Von einer Vorhalle öffnet sich eine 120 m lange Galerie, in der drei Seitengänge rechts abzweigen. Die prähistorischen Künstler haben auf ockergelben Wänden eine der eindrucksvollsten Tiersequenzen hinterlassen. Etwa 80 Bisons, kräftig und mit bedrohlichem Elan dargestellt, tummeln sich neben etwa 40 Pferden. 23 Mammuts, 17 Rentieren und anderen Geweihträgern, acht Auerochsen, vier Steinböcken, zwei Nashörnern, zwei Katzen, einem Bären, einem Wolf und einem Menschen. Die Tiere erscheinen oft zu zweit oder in größeren Kompositionen, wobei das Wandrelief und die Höhlenarchitektur sinnreich genutzt worden sind. Neben den zwei- oder mehrfarbigen Malereien sieht man auch Ritzzeichnungen, Handumrisse und dachförmige Zeichen.

Laborderie** (Tamniès, Tel. 05 53 29 68 59, Fax 05 53 29 65 31, moderat) ist ein idyllisches, aber modern eingerichtetes Dorfhotel mit Swimmingpool und ausgezeichneter Périgord-Küche.

Vézère-Tal

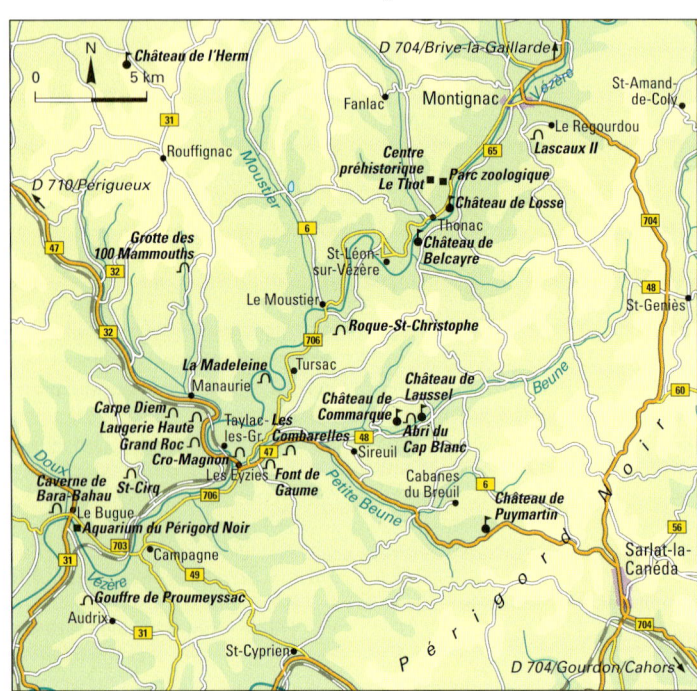

🔺 **Le Mas********, oberhalb von Sireuil am GR 6, Tel. 05 53 29 68 06, hervorragend ausgestattet, Fahrradverleih.

🕐 **Höhlen und Museen: Cabanes du Breuil,** Tel. 05 53 29 67 15, tgl. 10–12, 14–18 Uhr, im Sommer 10–19.30 Uhr. **Abri du Cap Blanc,** Tel. 05 53 59 21 74, Juli–Aug. 9.30–19 Uhr, April–Juni, Sept.–Nov. 10–12, 14–18 Uhr. **Les Combarelles,** Tel. 05 53 06 97 72, April–Sept. Do–Di 9–12, 14–18 Uhr, Mi geschl., im Winter kürzere Öffnungszeiten, Vorbestellung ratsam. **Font de Gaume,** Tel. 05 53 06 90 80, wie Les Combarelles, aber Vorbestellung unabdingbar.

🚶 Ab Sireuil (von D 47 wie D 48 erreichbar) auf dem rot-weiß markierten GR 6 über Le Mas zum Château de Commarque (30 Min.) und weiter zu den Cabanes du Breuil (40 Min.).

Les Eyzies-de-Tayac

Kurz vor ihrer Mündung in die Dordogne hat sich die Vézère durch ein Kalksteinmassiv gegraben. Man sieht über dem Tal eine 50–80 m hohe Felswand mit Terrassen, Treppen, Überhängen, Durchgängen, Höhlen, die seit vorgeschichtlicher Zeit bewohnt waren. Während der zweiten Eiszeit waren die Jäger ihrem Wild in mildere Klimate gefolgt und hatten an der unteren Vézère, die damals noch 30 m über dem heutigen Niveau floss, ideale Bedingungen vorgefunden: fischreiches Wasser, einen fruchtbaren Wald, unzählige Schutzräume im Felsmassiv.

Noch im Mittelalter dienten die Abris und Galerien als Wohnstätten. Die in den tiefergelegenen Höhlen verborgenen Skelette, Grabbeigaben und Wandmalereien aus prähistorischer Zeit wurden erst ab Mitte des 19. Jh. entdeckt und lösten fieberhafte Forschungsaktivitäten aus: 200 Fundstätten lieferten Tausende von Objekten, die sorgfältig freigelegt und klassifiziert werden mussten.

Im ehemaligen Schloss der Herren von Tayac, Vasallen der mächtigen Barone von Beynac, wurden 1918 die bis dahin zutage geförderten Fundstücke untergebracht. Inzwischen ist die aus dem 13. Jh. stammende, mehrmals renovierte Felsenfestung für das **Prähistorische Nationalmuseum** zu klein geworden. Unterhalb der Schlossterrasse entsteht zur Zeit ein ambitionierter Museumsneubau, der die wertvollen Bestände wirkungsvoller präsentieren und die komplexe Vorgeschichte mit den Mitteln des Multimediazeitalters plastisch aufbereiten soll. Die (inter)nationale Bedeutung des alten wie des neuen Museums beruht auf der einmaligen Sammlung vorgeschichtlicher Funde, einer der umfangreichsten auf der Welt. Von den Faustkeilen über die Kratzer, Schaber, Stichel bis zu den Pfeilspitzen findet man die diversen Steinwerkzeuge nach Epochen geordnet. Es folgen die aus Knochen gearbeiteten Waffen, Werkzeuge und Schmuckstücke. Die Evolution der Gattung Mensch verdeutlichen auch Schädel und

Höhlenmalerei

Meisterwerk der Prähistorie – galoppierendes Pferd in Lascaux

Als beachtlichste Kunstwerke der Region gelten die in der späten Altsteinzeit (28 000–10 000 v. Chr.) entstandenen Höhlenmalereien. Sie sind eine prähistorische, nur im südlichen Westeuropa beobachtete Sonderform der sonst weltweit und bis heute verbreiteten Fels- und Wandkunst. Nicht die nach vorne offenen, als Wohnplätze genutzten Felsüberhänge kamen für die Kunstwerke in Frage, sondern die vom Tageslicht abgeschirmten Höhlen und dort auch noch die hintersten, tiefstgelegenen Gänge und Säle. Die Künstler suchten ganz offensichtlich einen der Alltagswirklichkeit entrückten Ort, den sie mit ihren Fresken zu einem Heiligtum ausgestalteten. Oft konnten sie die Wandflächen nur kriechend erreichen, malten im Sitzen oder Liegen, in hohen Räumen auch von Baumleitern und Gerüsten aus. Am Boden entzündetes Feuer, Harzfackeln und Talgkerzen dienten bei der Arbeit als künstliche Lichtquellen.

Die Höhlenmalerei hat keinen Rahmen, sondern wird in den umschließenden Raum integriert. Konkave und konvexe Flächen, Gesimsbänke und Nischen, Sintergebilde und abgeblätterte Stellen – alle Formeigenschaften des Felsens sind Bestandteile des Kunstwerks, das mit den vorgefundenen Volumina spielt. Ein Felsvorsprung kann zum Pferdekopf (Peche-Merle), ein Feuerstein zum Mammutauge (Rouffignac), ein Pfeiler zur Sturzfläche (Lascaux) genutzt werden. So hatten die prähistorischen Künstler vor allem malerisches Geschick ein Auge für den Raum und setzten den darzustellenden Körper wirkungsvoll in die passenden Felsvertiefungen, reflektierten auch den Standort des Betrachters, für den sich das konkav gedehnte Bild wieder optisch entzerrte.

Von Kalkspat überzogene Flächen waren ungeeignet als Bildgrund, der für den Farbauftrag glatt, zum Ritzen relativ weich sein musste. Als Pigmente verwendeten die Höhlenmaler Eisenoxyde (gelb, rot), Mangan (schwarz) und Lehm (weiß), so dass sich eine Farbpalette ohne Blau und Grün ergab. Die Mineralstoffe wurden mit dem Finger oder einem Rosshaarpinsel aufgetragen, manchmal auch in Klumpen direkt auf den Fels geschmiert. Besondere Effekte gelangen mit Spuck- und Blastechniken, wie man sie bei »Naturvölkern« anderer Kontinente (z. B. australische Aborigines) noch bis in die Gegenwart hinein beobachten konnte. Die menschliche Hand oder andere Gegenstände dienten als Schablonen, die gegen die aufgesprühte Farbflüssigkeit scharfe Umrisse zeichneten. Mithilfe eines Schilfrohrs oder feinen Knochens wurden auch gerne Punktreihen auf den Fels geblasen, wenn man nicht mit eingefärbten Fellen größere Tupfer aufbrachte. Um die farbige Fläche im Nachhinein zu konturieren, wurden mit mehr oder weniger spitzen Feuersteinen Linien oder Striche gezogen. Ritzzeichnungen hatten aber auch die Funktion von Skizzen oder ergaben außerhalb der Malerei zweifarbige Gravuren, die unter der Oberfläche einen helleren Grund zum Vorschein brachten.

Dargestellt wurden vor allem Tiere, wobei das vorrangig gejagte Rentier auffällig vernachlässigt wird. Im Zentrum stehen respektgebietende Großtiere wie der Auerochse, der Bison, der Hirsch, das Mammut und das Wildpferd. Manche Höhlen konzentrieren sich auf eine Spezies (Les Combarelles: Pferde, Font-de-Gaume: Bisons, Rouffignac: Mammuts), die in Paaren, Gruppen und Rudeln auftreten. Zum Bestiarium gehören auch Bär, Reh, Rentier, Steinbock, Wollnashorn und andere, die wesentlich seltener auftauchen und gerne an originellen Stellen überraschen. Der Mensch bleibt am Rande, sei es die Frau im Zeichen der Fruchtbarkeit oder der Mann als Jäger. Man spürt aber den Blick des Jägers in den Tierdarstellungen, die durch anatomische Details bestechen und doch keine Jagdszenen zeigen. Es ist eher ein Jagdzauber, der auf die Wand gebannt ist und die aneinandergereihten, sich überschneidenden, durcheinandergewirbelten Tiere in Bewegung hält. Vielleicht sollte die Kraft der Tiere auf die an der Kultstätte versammelten Jäger übergehen. Auch die rätselhaften Zeichen deuten auf magische Zeremonien, die in den Höhlen wohl unter der Anleitung eines Erzählers abgehalten wurden.

Grotte du Grand Roc, ›Sieg der Samothrake‹

Skelette, die zum Teil im Kontext der Originalgräber ausgestellt sind (Kinderskelett eines Neandertalers, »Homme du Roc de Barbeau«).

Im Dorf bietet das **Ausgrabungsgelände unter dem Abri Pataud** interessante Einblicke in die Arbeit der Archäologen, die hier 14 Siedlungsschichten freigelegt haben. Weiter Richtung Bahnhof erreicht man die Fundstätte der Cro-Magnon-Skelette, die 1868 erstmals Aufschlüsse über den *homo sapiens sapiens* als direkten Vorfahren des heutigen Menschen erlaubten.

Es lohnt sich noch ein Stück weiter in den versteckten Ortsteil **Tayac** vorzustoßen und dort die mittelalterliche Wehrkirche zu betrachten. Frontfassade und Apsis des romanischen Sakralbaus (12. Jh.) sind zu wehrhaften Turmmauern ausgebaut, Portal und Mauerwerk enthalten karolingische und sogar gallo-römische Bruchstücke.

Auf dem gegenüberliegenden Vézère-Ufer reihen sich die prähistorischen Sehenswürdigkeiten aneinander. Zum Abstellen der Fahrzeuge dient ein großer Parkplatz vor der **Grotte du Grand Roc**. Der Eingang dieser außergewöhnlich schönen und reichhaltigen Tropfsteinhöhle liegt auf einer Felsterrasse mit großartigem Talblick. Auf dem 40 m langen Rundgang durch die gerade 2 m hohen Räume taucht der Betrachter dann von einer Märchenszenerie in die andere. Unter den bizarren Formen sind die vertikal stehenden Stalaktiten und Stalagmiten weniger

Les Eyzies-de-Tayac

bemerkenswert als die exzentrischen Konkretionen (*excentriques*), die korallenartig in alle Richtungen wachsen. Außergewöhnlich sind auch die Dreiecke (*triangles*), die eigentlich Pyramidenstümpfe sind und bei gleichbleibendem Wasserstand voll, bei steigendem Wasserniveau hohl ausfallen. Im letzten Saal hat der ›Sieg der Samothrake‹, eine besonders formschöne Kristallisation, die Phantasie der Entdecker in die griechische Mythologie ausschweifen lassen.

Im selben Felsen befindet sich unter einem gewaltigen Überhang die Siedlungsstätte **Laugerie Basse**, der 200 m weiter die noch ältere **Laugerie Haute** folgt. Sie war über einen Zeitraum von 10 000 Jahren, vom ausgehenden Périgordien bis zur ersten Hälfte des Magdalénien, ohne Unterbrechung bewohnt und ist deshalb für die Erforschung der Altsteinzeit besonders aufschlussreich. Parallel zu La Madelaine und Le Moustier begannen hier 1863 die ersten systematischen Grabungen. Interessierten Besuchern gewährt der Führer auch Zugang zu weiteren Fundstätten, vor allem dem **Abri du Poisson**. Dieser noch vor dem Parkplatz am Taleinschnitt der Gorge d'Enfer gelegene Felsen enthält eine gut 1 m lange Lachsskulptur, die neben der 20 000 Jahre zählenden Venus von Laussel (s. Abb. S. 22) als ältestes Wandrelief gilt.

Weiter nördlich entfernt sich die Straße (D 47) von der Vézère ins Seitental von Manaurie. Dort übertrifft eine weitere Tropfsteinhöhle, **Carpe Diem**, Grand Roc mit ihren 200 m Länge um das Vierfache und zeigt Sinterbildungen in unterschiedlichsten Färbungen.

Office de tourisme, place du Centre, 24620 Les Eyzies-de-Tayac, Tel. 05 53 06 97 05, Fax 05 53 06 90 79.

Hôtel de France** (Tel. 05 53 06 97 23, Fax 05 53 06 90 97, moderat) bietet im Hauptgebäude ein Restaurant und einige Zimmer, im Annex auch Garten und Pool. **Moulin de la Beune**** (Tel. 05 53 06 94 33, Fax 05 53 06 98 06, moderat) liegt romantisch am grünen Ufer des Beune. **Le Centenaire***** (Tel. 05 53 06 68 68, Fax 05 53 06 92 41, teuer, Di mittags geschl.) gehört zu den besten und kreativsten Restaurants des Périgord, günstiges Mittagsmenü, luxuriöse Übernachtungsadresse.

La Rivière*** (Tel. 05 53 06 97 14) mit Postkartenblick.

Markt: Täglich Spezialitäten in der Markthalle.

Höhlen und Museen: Musée national de la Préhistoire, Tel. 05 53 06 45 45, Juli–Aug. Mi–Mo 9.30–19 Uhr, Di geschl., sonst 9.30–12, 14–17/18 Uhr. **Abri Pataud** (Musée), Tel. 05 53 06 92 46, Di–So 10–12.30, 13.30–18 Uhr. **Grotte du Grand Roc,** Tel. 05 53 06 92 70, im Sommer 9.30–19 Uhr, sonst 10–17 Uhr. **Gisement de Laugerie-Basse,** Tel. 05 53 06 90 80, Öffnungszeiten wie Grand Roc, kombiniertes Ticket. **Gisement de Laugerie-Haute** (Abri du Poisson), Tel. 05 53 06 90 80, Juli–Aug. So–Fr 9–12, 14–18 Uhr, Sa geschl., sonst Mi–Mo 10–12, 14–17 Uhr, Di geschl.

Kanu: Base des 3 drapeaux (Tel. 05 53 06 91 89) und Canoës-Loisirs (Tel. 05 53 05 29 84), Transport im Minibus und Start ab Montignac/Château de Losse, St-Léon, Moustier, La Madelaine oder Tursac, Ziel Les Eyzies oder Limeuil.

 Tgl. ein Zug von und nach Périgueux und Sarlat

Le Bugue

Südwestlich von Les Eyzies liegt, in der letzten großen Schleife der Vézère, das Städtchen Le Bugue. Es ist bekannt wegen seines **Aquariums**, das die Flussfauna des ›Schwarzen Périgord‹ versammelt, und des **Freiluftmuseums Le Bournat**, ein auf 3 ha idealtypisch rekonstruiertes Périgord-Dorf aus der ›guten alten Zeit‹. Neben dem klassischen Bauernhof gibt es eine Nussmühle, eine Bäckerei, eine Böttcherei, eine Steinschneiderwerkstatt, eine Barbierecke in der Bar, eine alte Schule und vieles mehr zu sehen. Eingangs erfährt man auf einer Tafel, welcher der traditionellen Berufe in einer Demonstration vorgeführt werden. Die in Le Bournat hergestellten Lebensmittel kann man übrigens im historischen Bistrot kosten und im Laden kaufen. Für Kinder ist auch der nostalgische Rummelplatz attraktiv.

Auf der Westseite von Le Bugue hat ein unterirdischer Fluss die 100 m lange **Höhle Bara-Bahau** ausgeschwemmt. Bären haben hier überwintert und Tatzenspuren hinterlassen. Nach ihnen haben Künstler des älteren Magdalénien mit dem bloßen Finger oder einem stumpfen Feuerstein Zeichnungen in die weiche Mergelwand geritzt. Sie zeigen neben geheimnisvollen Symbolen Auerochsen, Bisons, Pferde, einen Bären und einen Steinbock.

3 km südlich (D 31) erreicht man die **Tropfsteinhöhle Proumeyssac** über einen Stollen, der auf eine Plattform führt. Von hier fällt der Blick in die 50 m tiefe »Kristallkathedrale«, in der dichtgestaffelte Stalaktiten und Sinterfahnen aufleuchten. Am Boden kommt es auch zur Bildung der aus Grand Roc bekannten Dreiecke (*triangles*).

Eine dritte Höhle, die **Grotte du Sorcier,** liegt westlich auf der Route des GR 6. Man findet darin neben Tierzeichnungen die detailgetreue Wiedergabe eines menschlichen Körpers, beides aus dem Magdalénien.

Office de tourisme, 24260 Le Bugue-sur-Vézère, Tel. 05 53 07 20 48, Fax 05 53 54 92 30.

Chez Lucette* (Campagne, Tel. 05 53 07 41 68, preiswert), Chambre d'hôte mit Garten.

Chez Paul, in Le Bournat, Bistro mit preiswerten Périgord-Spezialitäten.

Markt: Wochenmarkt am Sa vormittags.

Höhlen: Grotte de Bara-Bahau, Tel. 05 53 07 27 47, tgl. 10–11.30, 14–17 Uhr, im Juli–Aug. 9–19 Uhr, behindertengerechter Zugang. **Gouffre de**

Proumeyssac, Tel. 05 53 07 27 47, tgl. 9.30–12, 14–17.30 Uhr, im Winter 14–17.30 Uhr, Juni–Aug. 9–19 Uhr, im Kiosk Verkauf von übersinterten Tongefäßen. **Grotte du Sorcier,** Juni–Sept. 9–18 Uhr, sonst außer Samstag 12–16 Uhr.
Museen: Aquarium du Périgord Noir, Tel. 05 53 07 16 38, April–Sept. 10–18 Uhr, Juni–Aug. 9–19 Uhr (Sa bis 24 Uhr). **Village du Bournat,** Tel. 05 53 08 41 99, Mai–Sept. 10–19 Uhr, im Winter 10–17 Uhr.

Zwischen Tursac und St-Léon-sur-Vézère

Oberhalb von Les Eyzies kapitulieren die Straßen vor den Felsen. Erst kurz vor Tursac erreicht die D 706 den Fluss an einer engen Linksschleife. Die kräftig mäandernde Vézère bildet hier fast einen Kreislauf, ehe sie am gegenüberliegenden Ufer **La Madeleine** streift. Am Fuße des spektakulär gelegenen Felsens liegt der Abri, dem die Epoche des Magdalénien ihren Namen verdankt. Ein reichhaltiger Fund an bearbeiteten Steinen und Knochen führte ab 1863 die Forscher zu grundlegenden Erkenntnissen über die letzte Phase der Altsteinzeit. Die zum Teil beachtlichen Kunstwerke sind in verschiedenen Museen ausgestellt, trotzdem lohnt der Besuch des Abri mit dem über der Fundstätte gelegenen Höhlendorf.

Man erreicht La Madeleine über die Brücke von Lespinasse kurz vor dem **Préhistoparc von Tursac.** Dieser Erlebnispark erleichtert vor allem Kindern das Verständnis der Vorzeit. Ein bequemer Spazierweg führt zwischen zwei bewaldete Felshänge, wo Szenen aus dem Alltag der Neandertaler und Cro-Magnons nachgestellt sind: Lagerplatz, Mammutjagd, Begräbnis, Felsmalerei, Nestsuche usw.

Doch die größte Sehenswürdigkeit dieses Talabschnitts ist die 900 m lange und 80 m hohe Felsenwohnstätte **La Roque St-Christophe**. Der Fluss hat die fünf Stockwerke hohe Wand im unteren Bereich ausgespült, und in den oberen Etagen entstanden durch die Sprengwirkung eiszeitlicher Verwitterung brei-

La Roque St-Christophe

te Galerien, die sogar zum Bau von Häusern geeignet waren. Die Spuren der Bewohner sind unübersehbar: Rechteckige Löcher waren Lager für Balken, Felsnischen dienten als Schränke, an Felsringen wurden Lampen aufgehängt oder Vieh angebunden. Bis ins 16. Jh. hausten Dorfgemeinschaften in dem Felsen, der schon den Neandertalern Lagerstätten bot. Zerstört wurde die Wohnstätte während der Religionskriege, nachdem Hugenotten dort Schutz gefunden hatten.

An der gegenüberliegenden Mündung des Vimont liegt das Dorf **Le Moustier**, das der Epoche des Moustérien den Namen gab. In dem aufragenden Kalkmassiv fand man in zwei Abris aus Feuerstein gefertigte Faustkeile, Schaber und Spitzen, die charakteristische Abschlagtechniken aufwiesen und deshalb der mittleren Altsteinzeit zuzuordnen waren. Übrigens kann man auf diesem rechten Ufer – verkehrsabgewandt und epochenübergreifend – von Le Moustier nach La Madeleine wandern (GR 36).

Auf beiden Ufern führen die Straßen flussaufwärts in die Doppelschleife von **St-Léon-sur-Vézère**. Schöner ist die Anfahrt auf dem linken Ufer, wo man von der schmalen Brücke die Angler und Gärtner vor der anmutigen Dorfsilhouette sieht. Die mit Steinplatten gedeckten Häuser scharen sich um zwei Schlösser (Château de la Salle, Château de Clérans) und eine romanische Kirche. Der älteste mittelalterliche Sakralbau des Périgord (11. Jh.) fasziniert wegen ihrer idyllischen Lage und architektonischen Harmonie. Besonders bewunderungswürdig erscheint das Bauwerk von hinten, wo die drei Apsiden des Chors mit dem Querschiff und dem Glockenturm schön zusammenrücken.

Le Pigeonnier** (Tursac, Tel. 05 53 06 96 90) hat wenige Plätze direkt am Fluss, **Le Paradis****** (St-Léon-sur-Vézère, Tel. 05 53 50 72 64, Fax 05 53 50 75 90) gilt als schönster Zeltplatz der Region.

In St-Léon-sur-Vézère kann man im Dorfbistro **La Poste** (Tel. 05 53 50 73 08) oder im Gartenlokal **Le Petit Léon** (Tel. 05 53 51 18 04) einkehren.

Prähistorische Stätten: **La Madeleine**, Tel. 05 53 06 92 49, Juli–Aug. tgl. 9.30–19 Uhr, sonst 10–18 Uhr. **Préhistoparc**, Tel. 05 53 50 73 19, Juli–Sept. tgl. 9.30–19 Uhr, sonst 10–18 Uhr. **La Roque St-Christophe**, Tel. 05 53 50 70 45, tgl. 10–18.30 Uhr.

Losse und Le Thot

Oberhalb von Thonac zieht die Vézère keine großen Schleifen. Im sanften Bogen umfließt sie das **Château de Losse**, ein prächtiges Renaissance-Schloss, das noch viele Merkmale einer Burg aufweist: Graben, Mauer, Türme, Pechnasen, Zinnen. Dem katholischen Bauherrn, Jean II. de Losse, diente es während der Religionskriege als Bollwerk ge-

Château de Losse

gen den Hugenottengeneral Geoffroy de Vivans. Ein Spaziergang durch den Garten ist so erbaulich wie der Blick von der Panoramaterrasse. Die Besichtigung der Innenräume lohnt sich wegen der kunstvollen Steinböden und Wandteppiche.

Vor dem Schloss zweigt eine Nebenstraße zum Informationszentrum **Le Thot** ab. Dieses »Cro-Magnon-Areal« ergänzt den Besuch von Lascaux II. Im Museumsgebäude ist die Herstellung der Höhlenkopie Schritt für Schritt dokumentiert. Im Park begegnet man den Tieren, die auf den Wänden von Lascaux verewigt sind: Rothirsch und Rentier haben die Zeiten überdauert, die Przewalski-Wildpferde gibt es heute nur noch in der Mongolei, der europäische Bison (oder Wisent) ist noch in den Sumpfwäldern Ostpolens zuhause, der Auerochse ist eine Rückzüchtung aus verschiedenen Rinderrassen.

Schloss und Museum: Château de Losse, Tel. 05 53 50 80 08, Ostern–Sept. 10–12, 14–18 Uhr, Juni–Aug. 10–19 Uhr. **Le Thot/Espace Cro-Magnon,** Öffnungszeiten wie Lascaux II, Kombinationsticket.

Lascaux – ›Sixtinische Kapelle der Vorgeschichte‹

Mit ihren zahlreichen, qualitativ unübertroffenen Malereien ist die Höhle von Lascaux im Périgord die prähistorische Sehenswürdigkeit Nummer eins. Wie Kohleproben ergaben, wurden die mehrfarbigen Fresken zwischen 17 200 und 15 500 v. Chr. ausgeführt. Der sichere Strich und die Raffinesse der Komposition zeigt ›Berufskünstler‹ am Werk, die für die Gemeinschaft vom Jägerhandwerk freigestellt waren. Unterm Einfluss der Erosion stürzte die Vorhalle zum Ende der Eiszeit ein und Sedimente dichteten die Höhle ab. Jahrtausendelang blieb die »Sixtinische Kapelle der Vorgeschichte« unter Verschluss.

Die werbewirksame und doch treffende Vergleich stammt von Abbé Breuil (1877–1961) und fiel schon bei seinem ersten Besuch der Höhle. Der damalige Papst der französischen Vorgeschichtsforschung war nach Lascaux gerufen worden, nachdem vier Kinder die prähistorische Kultstätte entdeckt hatten. Der Hund von Marcel Ravidat war am 8. September 1940 hinter einem entwurzelten Baum in einen Felsspalt gefallen, den der Bub dann vier Tage später mit drei Freunden freigeräumt hatte. Nach dem Krieg wurde der sensationelle Fund einem größeren Publikum bekannt. Ab 1948 setzte ein Besucherstrom ein, der 1963 die Millionengrenze überschritten hatte. Zugleich stellte man Beschädigungen fest, die trotz der Sicherheitsmaßnahmen (Installation einer Schleusenkammer, Reduktion der Beleuchtung) unablässig fortschritten. Die künstliche Klimatisierung war mitverantwortlich für den grünen Schleier von Moos und Algen, der die komplette Desinfektion der Höhle notwendig machte. Doch wenig später entdeckte man auf den Gemälden einen weißen Kalzitfilm, Folge der Kohlendioxidemissionen, der Wärme und des Wasserdampfs, die mit den Besuchern in die Höhle gelangten. So wurde Lascaux 1963 für die Öffentlichkeit geschlossen.

Mit dem großen Bedauern entstand der Plan einer maßstabsgetreuen Kopie, dessen Umsetzung 20 Jahre in Anspruch nahm. Ab 1966 fertigte das Staatliche Geographieinstitut IGN eine Stereophotogrammetrie der Höhle an. Im optischen Relief des Stereoskops ermittelte man millimetergenau die Raumpunkte, deren Koordinaten dann durch Computer exakt bestimmt wurden. Die räumlichen Daten mündeten in die Formung eines engmaschigen Gitterwerks, das als getreues Abbild des komplexen Höhlenvolumens zum Metallmantel eines Betonbunkers wurde. Die doppelt aufgeworfene Mörtelschicht war außen etwa 8 cm dick, innen aber wesentlich dünner, denn die Rohform der Höhle musste man bis in die kleinste Ausbuchtung nachmodellieren. Zu diesem Zweck wurden aus den IGN-Plänen 2500 Punkte auf das Relief übertragen, dort etikettiert, noch einmal vermessen, auch mit dem Original verglichen. Die Reliefkorrekturen gingen noch weiter, als Monique Peytral schon mit den Malerei begann. Jahrelang pendelte sie zwischen Lascaux und dem 200 m entfernten Lascaux II hin und her, um auf detaillierten Skizzen die Zeichnung mit der Oberflächenstruktur zur Deckung zu bringen.

Als Farbstoffe verwendete sie die Materialien der eiszeitlichen Maler, also Eisenoxyde für die Gelb- und Rottöne, schwarzes Manganoxyd vor allem für die Umrisse. Die Farben wurden wie vor 17 000 Jahren mit den Fingern und Tierhaarpinseln aufgetragen oder auch durch Blasröhrchen aufgesprüht. 1983 öffneten sich schließlich die Pforten von Lascaux II, das täglich 2000 Besucher aufnimmt und wohl bald auch von der »grünen« oder »weißen« Pest« ereilt werden wird.

Besichtigung von Lascaux II

Die nicht besonders große Höhle von Lascaux besteht aus einem verzweigten Netz von Gängen, deren Gesamtlänge etwa 250 m beträgt. Von den insgesamt sieben Räumen (Halle der Stiere, axiales Divertikel, Passage, Apsis, Schacht, Schiff, Kabinett der Katzentiere) sieht man in Lascaux II nur die beiden ersten, die auf kurzer Strecke allerdings 90% der Malereien enthalten. Sie zeigen das übliche Bestiarium, wobei die Auerochsen und Pferde eine Vorzugsstellung genießen. Leider befindet sich die einzige menschliche Figur im Schacht am Ende der Apsis. Es ist die rätselhafte Darstellung eines Vogelmenschen, der vor einem verwundeten Bison mit erigiertem Penis hintüberfällt. Auch wenn man das eine oder andere Bild schon auf Reproduktionen gesehen hat, geht doch von den Höhlenräumen eine zweidimensional nicht wiederzugebende Faszination aus. Auch die Lascaux-Palette Gelb-Rot-Schwarz leuchtet im hin- und hergeschwenkten Lichtkegel kräftiger und mystischer als auf jedem Dia. Die ausgezeichnete Führung vermittelt den durchgeschleusten Kleintruppen trotz des Andrangs 40 Minuten lang die Atmosphäre eines Heiligtums.

Der erste Raum, die **Halle der Stiere,** ist der größte der ganzen Höhle. Er bildet eine ovale Rotunde von 6–9 m Breite, fast 20 m Länge und einem 5 m hohen Gewölbe. Bemalt sind nur die Decke und der obere, mit Blumenkohlsinter bedeckte Teil der Wände. Durch Drehen des Kopfes kann der Betrachter die Einzelbilder geradezu filmisch in eine szenische Bewegung verwandeln. Das 25 m lange Bildband zeigt vier wuchtige Stiere, die immer größer werden. Der letzte wurde extrem langgestreckt, erscheint aber aus der Mitte des Raumes unverzerrt. Hinzu kommen Pferde, Hirsche, Rinder und ein Fabeltier, das als Einhorn bezeichnet wird.

Hinten schließt sich das **axiale Divertikel** an. Dieser sanft abfallende Gang ist am Boden höchstens 1 m breit, öffnet sich aber nach oben zu einem 2,50 x 3,50 m großen Bildraum. Man zwängt sich in das »Schlüsselloch« und begegnet vor allem Kühen und Pferden. Typisch sind die kleinen und spitzen Köpfe, der runde Bauch, die kurzen, bewegten Gliedmaßen. Der eigentümlich ausgebuchtete Raum wurde von den Malern zu frappierenden Effekten genutzt. So zieht sich der

konkav ausgemalte Körper der ersten Kuh für den vorbeigehenden Betrachter auseinander und wieder zusammen. Ein oberhalb der Simsbank erkennbares Pferd scheint auf dem Kamm einer Felsklippe zu laufen. Ein stürzendes Pferd ist um eine Art Eckpfeiler herum gemalt. Er steht am Ende des Divertikels, bevor ein niedriger und schmaler Mäander die Galerie noch um einige Meter verlängert.

🕒 **Lascaux II,** Tel. 05 53 51 95 03, Juli–Aug. 9–19 Uhr, sonst Di–So 10–12.30, 13.30–17.30, Jan. geschl. Wegen der Beschränkung des Tageskontingents auf 2000 Besucher werden diese für die jeweils 40minütigen Führungen in Gruppen eingeteilt. Im Office de tourisme von Montignac (Tel. 05 53 51 82 60) rechtzeitig Eintrittskarten reservieren, in der Hauptsaison Tage vorher. Die Tickets schließen auch den Besuch des Informationszentrums Le Thot ein.

St-Amand-de-Coly

Oberhalb von Lascaux stößt man in einem kleinen Seitental auf die eindrucksvollste Wehrkirche des Périgord. Der aus gelbem Kalkstein errichtete Festungsbau überragt das kleine Dorf um mehrere Haushöhen. Unverwechselbar ist der Westturm mit einer hohen, spitzbogigen Vorhalle, über der sich ein Verteidigungsraum befindet. An seiner Außenwand sieht man noch die Kragsteine, die den hölzernen Wehrgang trugen. Mit Ausnahme des großen Fensters über dem Portal sind sämt-

›Saal der Stiere‹ in der Höhle von Lascaux (Nachzeichnung im Museum für Vor- und Frühgeschichte, Berlin)

kuppel. An ihrer Basis sind Schießlöcher zu erkennen. Wehrhafte Elemente sind auch die Wachzellen in einigen Pfeilern und der Laufgang über den Chorfenstern. Es lohnt sich, nach Verlassen der Kirche den ganzen Bau einmal zu umrunden.

liche Maueröffnungen auf Schießschartenfunktion reduziert.

Das ehemalige Augustiner-Chorherrenstift entstand im 12. Jh. aus einer Einsiedelei des hl. Amandus. Nach dem Hundertjährigen Krieg lebten nur noch zwei Mönche in der wehrhaft ausgebauten Abteikirche. 1575 verschanzten sich Hugenotten in der Kirchenburg, die ihnen vor der Artillerie und 20 000 Soldaten des Seneschalls von Périgord sechs Tage lang Schutz bot.

Im Inneren frappiert die Schlichtheit des hohen, romanischen Schiffs, das bei Musikliebhabern für seine großartige Akustik bekannt ist. Der gepflasterte Boden steigt erstaunlicherweise zum Chor hin an. Ein Querschiff kreuzt das Langhaus, und über der Vierung erhebt sich die in der Region typische Pendentif-

Montignac – Auf den Spuren von Eugène Le Roy

Von der Vézère-Brücke aus bietet sich eine hübsche Stadtansicht mit Flussbogen, Burgfelsen und Kirche, wobei die Uferfassaden zum Teil Holzbalkone aufweisen. Der einstige Gabare-Hafen hat Anfang des 20. Jh. seine Bedeutung als Warenumschlagsplatz eingebüßt. Seit der Entdeckung der Höhle von Lascaux hat Montignac aber einen neuen Aufschwung genommen. Heute tummeln sich die Touristen vor dem Office de tourisme, wo die Eintrittskarten für Lascaux II vorbestellt und abgeholt werden. In den Patrizierhäusern der Hauptstraße sind zahlreiche Andenkenläden untergebracht. Ein Bummel führt zum Kirchplatz, wo vor dem schönen Portal mittwochs und samstags verführerische Marktstände aufgeschlagen sind.

An Regentagen finden auch einige ins Heimatmuseum, das trotz altmodischer Präsentation seinen speziellen Reiz hat. Das **Musée Eugène Le Roy** ist dem außerhalb Frankreichs weitgehend unbekannten Regionalschriftsteller gewidmet, der in Montignac seine letzten Lebensjahre verbrachte und dort 1907 gestorben ist. Man sieht seinen Schreibtisch, sein Bücherregal, eine Kiste mit altem Spielzeug, eine Auswahl seiner Bücher. Doch wichtiger für das Verständnis seiner Romane sind die Geräte und rekonstruierten Werkstätten, die dörfliche Handwerksberufe des 19. Jh. veranschaulichen. Wer sich für Le Roys bekanntesten Roman und seine populäre Titelfigur Jacquou le Croquant interessiert, sollte noch einen anderen Weg einschlagen. Er führt zu den wichtigsten Schauplätzen und ist besonders für Radfahrer und Wanderer (GR 36) als Ausflugstour empfehlenswert.

7 km westlich von Montignac liegt abgelegen das hübsche Dorf **Fanlac**. Ockerfarbene Kalksteinhäuser gruppieren sich um einen Brunnen mit Steinkreuz. Die Kirche mit Renaissance-Fassade wäre nicht weiter bemerkenswert, spielten hier nicht die Romanepisoden um den guten Pfarrer Bonal. Das Waisenkind Jacquou findet nach dem Tod seiner Eltern im Presbyterium christliche Zuwendung und mausert sich dabei zum Rebellen. Beim Gang durchs Dorf erschrickt man über eine Gedenktafel, die an eine grausam reale Vergangenheit erinnern: am 30. März 1944 durchstöberten Nazisoldaten Fanlac nach Résistancekämpfern und erschossen dabei ein altes Ehepaar.

Zum **Château de l'Herm**, das man mit dem Rad oder Auto am besten über Rouffignac erreicht, gelangt man auch auf dem Weitwanderweg und erreicht es nur 12 km westlich von Fanlac am Rande der Forêt Barade. Dieser Wald war zur Zeit Le Roys gefürchtet und verrufen. Man erzählte von Überfällen und Morden durch Räuber, die unter den armen Bauern Rückhalt fanden. Die Eltern des Romanhelden leben hier als mittellose Pächter des Fürsten von Nansac, der von Schloss L'Herm aus die Landbevölkerung terrorisiert. Bei der Besichtigung der Ruine denkt der Leser an zwei Schlüsselepisoden des Romans: Jacquou wird im Verlies des Schlosses gefangen gehalten, bevor er als Anführer aufgebrachter Bauern das Symbol der Tyrannei niederbrennt. Tatsächlich wurde das Schloss von seinen Besitzern dem Zerfall preisgegeben, nachdem es hinter seinen Mauern zu einer Serie von familieninternen Morden gekommen war. Das Wappen der Familie Calvimont prunkt noch auf einem Renaissance-Kamin, den man vom vergleichsweise gut erhaltenen Treppenturm aus durch ein Fenster erspäht.

ℹ️ **Office de tourisme,** Place Bertrand-Born, 24290 Montignac, Tel. 05 53 51 82 60, Fax 05 53 50 49 72. Vorbe-

Jacquou le Croquant
Ein perigordinischer Robin Hood

Mit dem Allerweltsvornamen Jacques bezeichnet man in Frankreich seit dem 14. Jh. den aufständischen Bauern, und *jacqueries* wurde zum allgemeinen Begriff für die Bauernkriege. Jacquou, die Verkleinerungsform von Jacques, heißt also »rebellisches Hänschen«. Croquant ist ein verstärkender Beiname, der sich von *croquer* (antiquiert für stehlen) oder Crocq (Kantonshauptstadt im Creuze) herleitet. Die Figur mit dem sprechenden Namen ist selbst eine Legende. Sie personifiziert die Revolte der Bauern, die im Périgord bis heute Tradition hat. Im 16. und 17. Jh. kämpften sie gegen die Feudalherren, heute demonstrieren und wählen sie gegen die Landwirtschaftspolitik der EU.

Auslöser der historischen Bauernaufstände waren die erdrückenden Abgaben und Steuern, in konkreten Einzelfällen auch Willkürmaßnahmen der Grundbesitzer, außerdem die sich häufenden Übergriffe plündernder Soldaten. Die betroffenen Bauern reagierten durch Abgabenstreik und Vernichtung der Ernten. Gegen die professionell bewaffneten Truppen des Gegners setzten sie auf ihre Mistgabeln und eine Art Guerillataktik, die mit viel Bauernschläue die intime Kenntnis des Terrains nutzte. So organisierten sie Überfälle, setzten Schlösser in Brand, befreiten inhaftierte Mitstreiter und plünderten nebenbei die herrschaftlichen Speicher, um sich so die Früchte ihrer Arbeit zurückzuholen. Im Vorfeld kam es zu großen Versammlungen, auf denen die Aufständischen ihre Führer wählten. La Sagne oder der Weber Buffarot führten Bauernarmeen von jeweils 8000 Mann in regelrechte Vernichtungsfeldzüge.

Diese Haudegen sind noch heute geachtet, aber nicht populär wie Jacquou le Croquant, ein höchst moralischer Empörer des 19. Jh., der auch als Brandstifter – in des Wortes doppelter Bedeutung – ein Waisenknabe bleibt. Das rebellische Hänschen ist das Kind eines armen Pächterehepaars, das durch die Schuld des Fürsten von Nansac zu Tode kommt. Der Vater, aus Not zum Wildern gezungen und vom Aufseher verfolgt, wird im Affekt zum Totschläger, der ungerecht verurteilt auf der Galeere endet. Die Mutter, gedemütigt und allein zu schwach zum Überleben, stirbt in den Armen Jacquous, der sich fortan an seinen Racheschwur gebunden weiß. Niemand, auch nicht sein zweiter Vater, der gute Pfarrer Bonal, kann ihn von seinem Entschluss abbringen. Der Selbstmord seiner Geliebten, die Jacquou im Verlies des Schlosses weiß, bewegt den wieder Freigelassenen endgültig zur Brandtat. Er mobilisiert die unter der Fürstenwillkür leidenden Bauern, stürmt Schloss L'Herm und brennt es nieder. Am Schluss siegt die Gerechtigkeit, denn Nansac endet im Elend, während Jacquou – freigesprochen – als biederer Köhler im Walde eine Familie gründet.

Im Périgord will man nicht wahrhaben, dass er nie gelebt hat, nur als Romanheld zur Identifikationsfigur werden konnte. Die wildromantische Ruine von Schloss L'Herm beflügelt die Phantasie des Lesers und schien auch Eugène le Roy die passende Kulisse für das gerechte Brandfanal. Es war edler, literarisch wertvoller motiviert als die Plünderung des Schlosses Payzac durch eine Bande von 300 Bauern, die sich am 8. August 1830 tatsächlich zutrug, den Autor aber lediglich in der Wahl des Themas bestärkte. Le Roy war 1836 als Sohn eines Schlossverwalters zur Welt gekommen und kannte das Los der Pächter seit seiner Kindheit, später auch von Berufs wegen, denn er versah in Montignac das Amt des Steuereintreibers. Weltanschaulich war der ›perigordinische Zola‹ ein 1848er, der die republikanischen Ideen der französischen Revolution gegen die Restaurationsbestrebungen der auf den Thron zurückgekehrten Bourbonen hochhielt. Er wusste, dass inzwischen nicht mehr der Adel, sondern das Geld regiere – und ergriff Partei gegen den neuen Materialismus.

So ist »Jacquou le Croquant« ein Tendenzroman mit bewusster Schwarz-Weiß-Zeichnung. Der Gegenspieler des Helden, der Fürst von Nansac, ist ein falscher Aristokrat, ein durch Raub und Mord zu Rang und Namen gekommener Ausbeuter. Entlarvt wird der Bösewicht von einem verarmten, aber echten Adeligen. Auch die Geistlichkeit spaltet sich in böse und gute Exemplare. Der selbstlose Pfarrer Bonal, Inbegriff der christlichen Caritas, wird von reaktionären Klerikern, die nur an ihre Pfründen denken, vom Amt suspendiert. Und Jacquou ist ein braver Mann, der nicht gern in Rage gerät und ganz bescheiden sein eigener Herr sein will. So ähnlich denken wohl auch seine Verehrer unter den »roten Bauern«, die im Périgord traditionell kommunistisch wählen und schon einmal ihre Wut an spanischen Agrarimporten auslassen.

stellung der Eintrittkarten für Lascaux II/Le Thot.

Le Soleil d'Or* (16, rue du 4 septembre, Tel. 05 53 51 80 22, Fax 05 53 50 27 54, teuer) hat stille Zimmer Richtung Park und neben dem vornehmen Restaurant auch ein ordentliches Bistro.

 Museum: Musée Eugène Le Roy, Mo-Sa 9.30–12, 14–17.30 Uhr, So geschl. Im selben Gebäude wie das Office de tourisme.

Kanu: Basis unter der neuen Brücke.

 Nach Sarlat und Périgueux.

Rouffignac

Am Westrand des ›Schwarzen Périgord‹ ist Rouffignac ein entlegenes Nest, Treffpunkt von Radfahrern, die im Netz sich kreuzender Départementstraßen den richtigen Wegweiser suchen. Sie kommen aus dem Vézère-Tal und sind von Montignac, Thonac oder Le Moustier aus auf die D 6 gestoßen. Sie wollen weiter auf der D 6 und zurück über die D 31 nordwärts eine Runde ums Château de L'Herm (s. S. 148) drehen. Sie werden auf der D 31 südwärts ins Manaurie-Tal abfahren und die Vézère kurz vor Les Eyzies erreichen. In **Rouffignac** ist außer der kleinen Kirche (16. Jh.) nichts Hübsches zu sehen, denn die Nazis haben im März 1944 das ganze Dorf niedergebrannt.

Eine Touristenattraktion ist aber 5 km südlich die **»Höhle der 100 Mammuts«**. Ein unterirdischer Fluss hat auf 10 km Länge ein mittlerweile trockenes Labyrinth von Gängen gegraben. Eine elektrische Bahn bringt die Besucher tief hinein zu den beiden Galerien (Galerie Henri Breuil, Heiliger Gang), die auf 300 m die meisten Dekorationen aufweisen. Die Besichtigung auf dem Schienenweg verringert die Beleuchtungszeit, das Eindringen von Bakterien, die Abnutzung des Bodens und trägt so zur Erhaltung der Stätte bei. Große Kuhlen und Kratzspuren an den Wänden stammen von Bären, die in den Stollen ihren Winterschlaf hielten. Erst nach ihnen, vor gut 10 000 Jahren, drangen Menschen in die Höhle, um an den Wänden annähernd 200 Zeichnungen anzubringen. Leider stören die sehr viel jüngeren Graffitis, die in der seit dem 16. Jh. bekannten Grotte von früheren Besuchern hinterlassen wurden.

Die prähistorischen Darstellungen sind je nach Wandbeschaffenheit mit schmierendem Braunstein (Mangandioxid) gemalt oder mit einem harten Gegenstand, manchmal auch mit den Fingern in den weichen Kalkstein geritzt. Neben einigen Bisons, Pferden, Wollnashörnern sieht man mehr als irgendwo anders Mammuts, die damals schon im Verschwinden begriffen waren. Der »Patriarch« ist eine besonders schöne Ritzzeichnung, das »Fries der zehn Mammuts« ein aus zwei Rudeln bestehendes Monumentalwerk, die »Große Decke« eine Komposition von 66 Tierkörpern. Der sichere Strich beeindruckt vor allem bei den Gravuren, denn hier konnten die Künstler weder löschen noch korrigieren.

Grotte des Cent Mammouths, Tel. 05 53 05 41 71, April–Okt. 10–11.30, 14–17 Uhr, Juli–Aug. 9– 11.30, 14–18 Uhr.

Périgueux und Dronne-Tal

Périgueux

Chancelade

Zwischen Auvézère und Dronne

Brantôme

Bourdeilles

Ribérac – Rundfahrt für Romanikliebhaber

Die Kathedrale St-Front in Périgueux

Périgueux und Donne-Tal

Die römisch-mittelalterliche Doppelstadt Périgueux ist urban und provinziell zugleich. Das Umland, reich an Flüssen und Trüffelwäldern, wird ›Grünes‹ und ›Weißes Périgord‹ genannt. Die größten Sehenswürdigkeiten, die Abtei von Brantôme und die Burg von Bourdeilles, liegen nördlich an der von Mühlen gesäumten Dronne.

Périgueux

Nördlich des Dordogne-Tals liegt Périgueux, die Hauptstadt des Périgord, scheinbar abseits am linken Ufer des Isle (Karte s. hintere Umschlagklappe). Die Gründung geht auf ein Galliervolk zurück, dem Stadt und Land heute ihre Namen verdanken. Diese Petrocorii (keltisch »vier Stämme«) gerieten schnell unter das Joch der Römer, die den befestigten Ort in eine der schönsten Städte der Provinz Aquitanien verwandelten. Es hieß damals Vesunna und hatte ein Amphitheater, ein Forum, mehrere Tempel und Thermen sowie ein 7 km langes Aquädukt. In der Endphase des römischen Reiches nutzten die Bewohner die allmählich verfallenden Monumente zum Bau von Befestigungsanlagen, die aber nicht verhindern konnten, dass wiederholt Invasoren (Alemannen, Westgoten, Franken, Normannen) die Siedlung zerstörten.

Trotzdem überlebte ein kleines Städtchen namens Cité des Pétrocores, kurz Cité, das seit dem 10. Jh. die Bistumskirche des hl. Frontus umschloss. Auf dem nahe gelegenen Hügel entstand eine zweite Ortschaft über dem Grab des Heiligen, das sich zu einem bedeutenden Wallfahrtsziel mit Kloster entwickelt hatte. Puy St-Front, so hieß die Nachbarsiedlung, ergriff während der Feudalfehden Partei für den französischen König und war bald größer als die ältere Cité, der angesichts des englisch-französischen Krieges nur der Zusammenschluss blieb. In Puy St-Front wohnten die Handwerker und Händler, in der Cité die Aristokraten und Kleriker. 1240 vereinigt, erhielt die Doppelstadt 1251 ihre Verfassung und den Namen Périgueux. Als sie nach dem Vertrag von Brétigny dem englischen Gebiet zugeschlagen wurde, blieben ihre Bürger doch dem französischen König treu, weshalb Du Guesclin seinen Feldzug von Périgueux aus zum Erfolg führen konnte.

Périgueux

1790 wurde das Département Dordogne geschaffen und statt Bergerac Périgueux als Sitz der Präfektur gewählt. Dennoch blieb die Verwaltungskapitale eine kleine Provinzstadt von heute gerade 37 000 Einwohnern. Erst in den letzten Jahrzehnten haben sich die Vorstädte ausgebreitet, industrielle Betriebe angesiedelt. Auch die im Rahmen des Dezentralisierungsprogramms getroffene Entscheidung, die Briefmarkenherstellung von Paris nach Périgueux zu verlagern, hat zum wirtschaftlichen Aufschwung beigetragen. Seit 1970 werden hier alle Briefmarken Frankreichs und die weiterer 14 Länder gedruckt. Ihr erstaunliches Renommee aber verdankt die Stadt der Gastronomie: Périgueux ist Welthauptstadt der Gänseleber und der schwarzen Trüffel. Die zahlreichen Foie-gras-Betriebe und dazugehörigen Feinkostläden sind für keinen Besucher der Stadt zu übersehen, und schon kilometerweit außerhalb eskortieren gigantische Reklametafeln den Autofahrer ins kulinarische Mekka.

Périgueux lässt sich nur zu Fuß erkunden. Man stellt den Wagen auf einem der Parkplätze ab, die rund um das ehemalige Puy St-Front angelegt sind. Dieser jüngere Stadtkern macht die heutige Altstadt und den Hauptteil der Besichtigung aus. Es lohnt sich aber, auf dem Circuit romain auch die ehemalige Römerstadt der Cité zu durchstreifen. Bis heute ist der unterschiedliche Charakter der beiden Siedlungen deutlich zu spüren. Man muss nur vom Fremdenverkehrsamt (Place Francheville) in verschiedene Richtungen starten.

In Périgueux

Rundgang durch die Altstadt

Ausgestattet mit Plänen und Tipps, findet man sich beim Verlassen des Büros direkt vor der **Tour Mataguerre**. Dieser Verteidigungsturm gehörte zur mittelalterlichen Befestigungsmauer von Puy St-Front und ist der letzte von ursprünglich 28 gleichgearteten Rundtürmen. Mehrmals zerstört und wiederaufgebaut, erhielt er den Namen eines englischen Gefangenen, der 17 Jahre darin verbringen musste. Man kann ihn besteigen und von oben einen Blick auf die Dächer, Gassen und umliegenden Hügel werfen (Mo–Fr 10.30 Uhr).

Die Rue de la Bride führt in die Altstadt hinein. Wir steigen zunächst rechts die Rue Séguier hinunter, wo sich schöne Blicke auf die wehrhaften Türme des Hôtel de Saltgourde und des Hôtel de Ladouze bieten. Die vieleckigen, zum Teil vorgekragten, mit Pechnasen versehenen Bauten stehen in der Rue Aubergerie (Nr. 4/8 und 16) und verkörpern, typisch für das 15. Jh., den Machtanspruch alter Périgord-Geschlechter. Über die Place Navarra geht es dann die Treppen hinauf zur Rue des Farges, wo im ältesten Haus der Stadt (Nr. 4 und Nr. 6) Du Guesclin sein Quartier hatte. Einige Schritte weiter ist in einem Eckhaus

Die Kuppeln der Kathedrale St-Front prägen das Stadtbild

der Rue des Farges (Nr. 34) das **Militärmuseum** untergebracht. Es ist mit Dokumenten und Devotionalien vollgestopft, die von den Feudalfehden über die Kolonialkriege bis zur Résistance Interesse, aber auch Empörung wecken können (Mo–Sa 10–12, 14–18 Uhr).

Es sind von hier nur wenige Schritte zur **Place de la Clautre,** die direkt vor der Kathedrale an Markttagen von bunten Schirmen übersät ist. Links ab erreicht man den Rathausplatz mit dem befestigten Renaissance-Palais Gilles Lagrange (17. Jh.), schräg dahinter öffnet sich die **Place du Coderc,** mit einer alten Halle (1830) der eigentliche Marktplatz und zugleich das Herz der Stadt. Die Feinkost lockt den Gourmand weiter zu den Läden der angrenzenden Rue de la Sagesse, in der das Hôtel de Lestrade (Nr. 1) eine sehenswerte Prachttreppe besitzt. Auf diesem Wege erreicht man die **Place St-Louis,** auf der im Winter der Stopflebermarkt (*Marché de gras*) abgehalten wird und ein weiteres Renaissance-Palais, das »Haus des Zuckerbäckers« (Maison du Patissier) zu bewundern ist. Ostwärts stößt man auf die berühmte **Rue Limogeanne** (Fußgängerzone), die parallel zur Rue de la Sagesse zum kleinen und großen Marktplatz zurückführt. Auf dieser Hauptachse kann man genussvoll hin- und herschlendern, denn die Gasse ist gesäumt von hübschen und kuriosen Läden in den historischen Mauern. Besonders schmuck ist die reich verzierte Fassade der Maison Estignard (Nr. 3) mit einem Portal, das im Tympanon den Salamander Franz' I. zeigt und in einen gepflasterten Innenhof führt.

Der beschriebene Flanier- und Einkaufsbereich, zweifellos die Hauptattraktion der Stadt, liegt exakt zwischen den wichtigsten Sehenswürdigkeiten, der Kathedrale und dem Musée du Périgord. Um von der einen zur anderen zu gelangen, gibt es für den kompletten Rundgang noch eine Rückwegvariante auf der Flussseite. Man nimmt hinter dem Périgord-Museum und der schön restaurierten Place de la Vertu die Rue Notre-Dame/Rue Barbecane und steigt dann die Rue de L'Abreuvoir hinunter. Auf diesem Weg gelangt man in die enge Rue Port de Graule, die hinter der **Maison des Consuls** (15./16. Jh.) vorbeiführt. Das Dach des Hauses der Konsuln, wie die Stadtregenten früher hießen, ist mit Lukarnen im Flamboyant-Stil verziert. Den besten Blick auf die Gebäude hat man unten von der Brücke aus.

Der Eingang zum **Musée du Périgord** liegt am Cours Tournay, einem großzügig bepflanzten Boulevard, der im 18. Jh als nördliche Begrenzung der Altstadt angelegt wurde. Das Museum, in einem ehemaligen Kloster untergebracht, ist vor allem wegen seiner vorgeschichtlichen Abteilung bedeutend. Neben dem Skelett des ältesten französischen Neandertalers (ca. 70 000 v. Chr., Fundort Montignac) sieht man den berühmten ›Menschen von Chancelade‹ (ca. 10 000

Château Barrière und Maison romane in Périgueux

–12 000 v. Chr.), in zusammengekauerter Haltung, wie er im erstaunlich hohen Alter von 40–50 Jahren bestattet worden ist. Von den aufgefundenen Werkzeugen und Kultgegenständen ist ein aus Knochen gefertigter Anhänger mit eingeritztem Bisonkopf besonders wertvoll. Eine schöne Ergänzung der prähistorischen Sammlung ist die völkerkundliche Abteilung mit Exponaten aus Afrika, Amerika und Ozeanien. Der Saal Henri-Breuil zeigt die Entwicklung vom Neolithikum bis zur Eisenzeit an Werkzeugen, Töpferwaren und Schmuck. Besonders umfangreich ist dann die Antikensammlung mit einigen ägyptischen und griechischen Objekten, vor allem aber Fundstücken aus Vesunna: Amphoren, Mosaiken und Fresken, einer Wasserpumpe aus Holz, Geschirr, Schmuck. Im Kreuzgang stehen antike Grabmäler und größtenteils beschädigte Steinskulpturen, die bei der Restauration der Kathedrale durch Kopien ersetzt worden sind. Die Malerei ist mit spanischen, italienischen, flämischen und französischen Werken vom 15.–19. Jh. vertreten (Mi–Mo 10–12, 14–17 Uhr, im Sommer bis 18 Uhr, Di und an Feiertagen geschl.).

Am Südostrand der Altstadt erhebt sich die **Kathedrale St-Front** eindrucksvoll über dem Isle. Sie ist das größte Gotteshaus Südwestfrankreichs und steht an der Stelle der merowingischen Grabkapelle des hl. Frontus, des ersten Bischofs der Stadt. Charakteristisch ist der byzantinisch-romanische Stil dieser Kreuzkuppelkirche, die im 12. Jh einen romanischen Vorgängerbau ersetzte. Der Grundriss stellt ein griechisches Kreuz dar und erinnert stark an San Marco von Venedig. Allerdings ist das perigordinische Imitat ein wenig größer ausgefallen:

Die das Stadtbild prägenden Kuppeln erheben sich 35 m hoch. Das Erscheinungsbild des orientalisierenden Baus geht vor allem auf die Renovierung im vorigen Jahrhundert zurück. Architekt Paul Abadie fügte nämlich Schuppendächer und Laternen hinzu und schuf so ein Vorbild für Sacré Cœur in Paris. Der Innenraum wirkt erstaunlich nüchtern und leicht, umso wuchtiger erscheint der barocke, aus Nussbaum geschnitzte Altaraufsatz.

Gallo-römischer Rundgang

Ein Besuch von Périgueux wäre unvollständig, würde man nicht der alten Römerstadt einen Besuch abstatten. Vom Fremdenverkehrsamt folgt man stadtauswärts der Rue de la Cité, um dann am gleichnamigen Platz halbrechts zum **Amphitheater** abzuzweigen. Es ist die erste von sieben Stationen auf einem gut ausgeschilderten Rundweg (Circuit Gallo-Romain). Die elliptische Arena

Périgueux und Dronne-Tal

(125 x 153 m), eine der größten in ganz Gallien, hatte ein Fassungsvermögen von 20 000 Personen, so dass die gesamte Bevölkerung Vesunnas darin Platz finden konnte. Seit dem 3. Jh. diente das Amphitheater als Steinbruch für den Bau einer Festungsmauer, später auch für zahlreiche Bauten von Puy St-Front. Die Reste der antiken Ruine sind heute in eine Parkanlage integriert.

Jenseits der Rue Chanzy (Hauptstraße Richtung Bahnhof) sieht man an der Rue de Turenne noch Teile der Festungsmauer, zu denen auch das **Normannische Tor** gehört. Seinen Namen verdankt es den Wikingern (= Nordmännern), die im 9. Jh. den Isle heraufkamen. Einige Schritte weiter liegt das **Château Barrière**, das im 12. Jh. über der Mauer errichtet und nach seiner Zerstörung in den Religionskriegen nicht wieder aufgebaut worden ist.

Man überquert nun die Bahnlinie Richtung Vesunna-Turm. Kurz vorher passiert man die Fundamente einer gallo-römischen Villa aus dem 1. Jh. n. Chr. Sie gehörte vermutlich einer Familie Pompeii und beeindruckt durch ihren repräsentativen Säulenumgang, prächtige Fresken und eine komfortable Fußbodenheizung. Das bedeutendste Denkmal

aus der Römerzeit ist der zentral in einem Park stehende, im 2. Jh. auf dem damaligen Forum errichtete **Vesunna-Turm**. Er ist 27 m hoch, misst 20 m im Durchmesser und gehörte zum Allerheiligsten eines Tempels. Eine monumentale Treppe, von einem reich verzierten Säulengang umgeben, führte in den Turm, dessen Mauern mit Marmorplatten verkleidet waren. Man sieht noch die Eisenhaken, die sie festhielten. Nach einer Legende soll der hl. Frontus den Turm bei seiner missionarischen Heidenverfolgung in Stücke gehauen haben, in Wirklichkeit aber nutzten die Bürger ihn als Steinbruch.

Man quert wieder die Bahnlinie und geht die alte Römerstraße entlang zur **Eglise St-Etienne**, einer der ältesten romanischen Kuppelkirchen des Périgord. Während der Religionskriege kam es 1577 zu einem verheerenden Brand, der nur noch etwa die Hälfte der im 11. Jh. errichteten Kirche übrig ließ. Von den ursprünglich vier Kuppeln sind noch zwei zu sehen.

Chancelade

Am westlichen Stadtrand verbirgt sich im bewaldeten Tal von Beauronne die Abtei von Chancelade. Im 12. Jh. durch einen Einsiedlermönch gegründet, genoss das Augustinerkloster unter dem Schutz der Bischöfe von Périgueux, später sogar des heiligen Stuhls beträchtliche Privilegien. Bis zur französischen Revolution betrieben hier gelehrte Mönche ihre Geschichtsstudien. Sie wussten freilich noch nichts von dem ›Menschen von Chancelade‹, dessen Skelett man erst 1888 hinter der Abtei in einer Höhle fand. Weil er deutlich kleiner war als der zeitgleich nachweisbare Cro-Magnon, wurde er in der Altertumsforschung als spezieller Frühmenschentypus zum Begriff.

Chancelade ist noch heute eine abgeschiedene Oase. Das Grün der umgebenden Natur bildet den Rah-

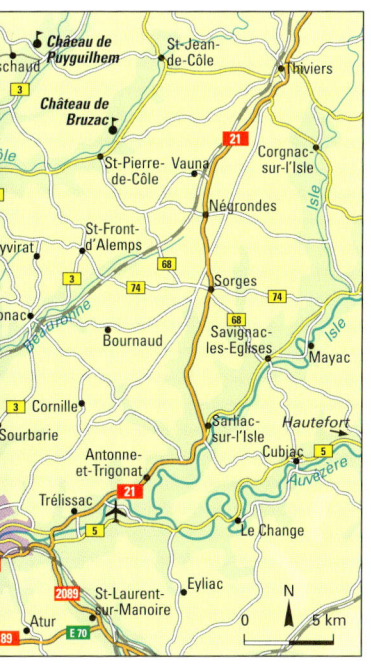

Périgueux und das Dronne-Tal

Périgueux und Dronne-Tal

men für die strengen Schmuckformen der Romanik. Man bewundert die kunstvollen Archivolten des Kirchenportals, den dreistöckig gegliederten Glockenturm, den idyllischen Garten mit den Ruinen des Kreuzgangs. 5 km weiter stößt man im Wald von Feytaud auf einen Ableger der Abtei, das Priorat von Merlande. Die befestigte Kapelle (12. Jh.) ist wegen ihrer zauberhaften Kapitelle (Tiere und Ungeheuer) höchst sehenswert.

Office de tourisme, 26, place Francheville, 24000 Périgueux, Tel. 05 53 53 10 63, Fax 05 53 09 02 50. Faltblatt für Stadtrundgänge (*circuits*) und Anmeldung zu Entdeckungstouren (*visites découvertes*).

Bristol*** (37, rue Antoine-Gadaud, Tel. 05 53 08 75 90, Fax 05 53 07 00 49, moderat) liegt ruhig am westlichen Rand der Altstadt, **L'Univers**** (18, cours Montaigne/3, rue Eguellerie, Tel. 05 53 53 34 79, Fax 05 53 06 70 76, günstig) im mittelalterlichen Flanierbereich. Zwei interessante Alternativen außerhalb der Stadt: 1 km westlich in Chancelade das Schlosshotel **Château des Reynats****** (Tel. 05 53 03 53 59, Fax 05 53 03 44 84, teuer) mit Park und Feinschmeckerrestaurant; 5 km südlich in Autur der Campingplatz **Le Grand Dague****** (Tel. 05 53 04 21 01, Luxus) mit zwei Schwimmbecken, auch Vermietung von Wohnmobilen und Campinghäuschen.

Le Médiéval (9, place St-Silain, Tel. 05 53 53 63 35) bietet unter der Linde des lauschigen Platzes perigordinische und bretonische Küche; **L'Amandier** (12, rue Eguillerie, Tel. 05 53 04 15 51) ist auf Schnecken und Foie-Gras-Gerichte spezialisiert; **Le Gouter de Charlotte** (Place St-Louis, Tel. 05 53 09 89 25) hat ein schönes Angebot an Crêpes und Salaten; **Le Café de la Place** (7, place du Marché au Bois, Tel. 05 53 08 21 11) ist ein beliebtes Bistrot mit Atmosphäre; **Le Fébus** (11, rue de la Vertu, Tel. 05 53 53 20 75) empfiehlt sich für einen Aperitif mit Tapas; **Le 8** (8, rue de la Clarté, an der Kathedrale, Tel. 05 53 35 15 15) überrascht Gourmets mit täglich frischen Ideen und Produkten vom Markt.

La Chocolathèque, 2, rue Taillefer, 75 Pralinen- und 100 Bonbonsorten; **Maison Léon**, 9, place de la Clautre, Foie Gras und Spirituosen; **A la Cathédrale**, 9, rue des Chaînes, Feinkostkonserven; **La Maison du Fromage**, 11, rue des Chaînes, Käse; **La Coutellerie**, 5, rue Limogeanne, Messer und Scheren; **La Mandragore**, 21/23, rue Limogeanne, Comics und Kinderbücher; **Bouix**, 2, place de la Clautre, Schmuck; **Joán**, 12, rue St-Front, Antiquitäten und Trödel.
Märkte: Wochenmarkt Mi und Sa vormittags auf der Place du Coderc und Place de la Clautre; Stopflebermarkt (*Marché de gras*) ab Mitte Nov. bis Ende März Mi und Sa vormittags auf der Place St-Louis; Trüffelmarkt gleichfalls im Winter auf der Place St-Silain.

Kommentar zur 2000jährigen Geschichte der Stadt auf einer 50-Minuten-Kreuzfahrt auf dem Isle, Boote unterhalb der Kathedrale, Ostern-Okt. stündlich. 35 F, Kinder 20 F.

Züge nach Paris, Bordeaux, Toulouse, Sarlat, Limoges; Busse (ab Bahnhof oder Place Francheville) nach Bergerac, Sarlat, Montignac, Brantôme, Ribérac; **Citram-Busse** nach Angoulême (TGV-Anschluss Paris).

Zwischen Auvézère und Dronne

Am östlichen Stadtrand von Périgueux führt die Straße nach Hautefort (D 5) die Isle und kurz nach dem Flughafen die einmündende Auvézère flussaufwärts. Das **Schloss von Hautefort** (17. Jh.) zieht über schnellere Straßen viele Besucher an. Wer jedoch die idyllische Auvézère-Strecke eingeschlagen hat, kommt oft gar nicht so weit, weil er an der **Mühle von Le Change** oder am Wehr von **Cubjac** hängenbleibt. Vor allem Fahrradfahrer sind hier auf dem besten Weg, in einer nordöstlichen Schleife wenig erschlossene Winkel des ›Grünen Périgord‹ zu erkunden.

Auf stillen Routen (D 5 / D 68, D 8, D 3 / D 74) erreicht man das Plateau von **Sorges**. Der Ortskern liegt abseits der Nationalstraße am Rande trüffelreicher Eichenwälder. Allerdings ist die Trüffelproduktion binnen eines Jahrhunderts von 6 t auf einige hundert Kilo geschrumpft. Zur Rettung und Förderung der traditionellen Kultur schufen junge Heimatkundler ein einzigartiges

Schloss Hautefort

St-Jean-de-Côle

Trüffelmuseum, das – reich dokumentiert – den Besucher durch 24 Stationen führt: (1) Modell der schwarzen Périgord-Trüffel, (2) Ein unterirdischer Pilz, (3) Die Wirtsbäume, (4) Der Boden, (5) Der Vegetationszyklus, (6) Die verschiedenen Trüffeln, (7) Die Périgord-Trüffel, (8) Trüffelzucht in Italien und Burgund, (9) Sorges und die Trüffel, (10) Dordognekarte mit Trüffelgebieten, (11) Die Grasschicht, (12) Modell einer Trüffelpflanzung, (13) Geschichte des Trüffelanbaus, (14) Anlage einer Trüffelpflanzung, (15) Beispiel eines Groupement, (16) Werkzeug und Methoden der Trüffelsuche, (17) Pflege der Trüffelpflanzung, (18) Beziehung Mensch-Tier-Trüffelpilz, (19) Märkte und Industrie, (20) Gastronomie, (21) Trüffel und Erotik, (22) Rechtsprechung und Berufsverband, (23) Werbung, (24) Lehrpfad. Diese letzte Station absolviert man außerhalb des Museums in einem südlich gelegenen Waldstück, wo es alle Stadien einer Trüffelpflanzung (*truffière*) zu besichtigen gibt.

Nordwestlich führt die D 68 erneut durch ein Waldgebiet, hinter dem das schmale Côle-Tal verborgen liegt. Es lohnt sich, von St-Pierre-de-Côle ein Stück flussaufwärts zu fahren und nicht nur die **Schlossruine von Bruzac,** sondern das schöne Dorfensemble von **St-Jean-de-Côle** in Augenschein zu nehmen. Der Blick von der kleinen gotischen Brücke ist ebenso anrührend wie die Ansicht von Schloss, Kirche und Halle, die sich auf dem Platz elegant, kompakt und luftig zusammenschieben.

Das ortsansässige Adelsgeschlecht derer von Marthonie besaß 8 km weiter westlich auch **Château Puyguilhem,** das mit seinen schmucken Türmen, Lukarnen, Kaminen den Loire-Schlössern ähnelt.

Wer dem Renaissance-Prunk (16. Jh.) reserviert gegenübersteht, wird eher von den Ruinen des ehemaligen **Zisterzienserklosters Boschaud** (12. Jh.) beeindruckt sein. Der stille Winkel liegt unweit der Dronne, einem Nebenfluss der Dordogne.

Trotz ihrer Lage direkt an der N 21 ist die **Auberge de la Truffe***** (Tel. 05 53 05 02 05, Fax 05 53 05 39 27, moderat) für Durchreisende eine günstige Übernachtungs- und eine empfehlenswerte Essadresse, denn wo bekommt man die professionell verfeinerte Périgord-Küche so preiswert (Menüs ab 80 FF) wie in diesem renommierten Landgasthof von Sorges?

Museum: Maison de la truffe, Di–So 10–12, 14–17 Uhr, Mo geschl., Erklärungen auf Französisch und Englisch.

Schlösser: Château de Hautefort: tgl. 10–12, 14–18 Uhr, Juli–Aug. 9.30–19 Uhr; **Château de la Marthonie:** (St-Jean-de-Côle) Juli–Aug. tgl. 10–12, 14–18.30 Uhr; **Château de Puyguilhem:** tgl. 10–12, 14–18 Uhr, im Sommer durchgehend bis 19 Uhr.

Brantôme

Von den zahlreichen Wasserläufen, die das ›Grüne Périgord‹ durchqueren, ist die Dronne der bedeutendste. Sie kommt aus dem Limousin und dreht auf ihrem südwestlichen Parcours eine Schleife bei Brantôme. Von Wasser umgeben, wurde das ›Venedig des Périgord‹ vollends zur Insel, als im 11. Jh. Mönche einen Verbindungskanal zur abteieigenen Mühle gruben. Die stadtbeherrschenden Abteigebäude befinden sich am Nordufer, wo die Straßen aus allen Richtungen (Thiviers, Ribérac, Périgueux) zusammentreffen. Über Brücken gelangen die Spaziergänger in die Grünanlagen oder in die Altstadt. Besonders attraktiv sind die Terrassenrestaurants, in denen man vor der idyllischen Flusskulisse hervorragend speisen kann. Schon vor der Abteigründung ließen sich Einsiedlermönche unter dem Felsüberhang an der dort entspringenden Quelle nieder. Hier entstand die Klosteranlage durch eine Schenkung Karls des Großen, der den troglodytisch hausenden Benediktinermönchen 769 die Reliquien des hl. Sicarius anvertraute. Die aus dem ausgehöhlten Kalkstein erbaute Klosterkirche zog scharenweise Pilger, aber wiederholt auch Plünderer an. 849 von den Normannen zerstört, wurde die Anlage 1075 wiedererrichtet und, im 15. Jh. von den Engländern heimgesucht, im 16. Jh. durch den Abt Pierre de Mareuil erneut restauriert und umgebaut. Sein Nachfolger Pierre de Bourdeilles, auch Brantôme genannt, war Titularabt und verdankt seinen Ruhm einer Skandalchronik (s. S. 168 f.).

Schönster und zugleich ältester Teil des Klosters ist der romanische Glockenturm (11. Jh.). Er steht isoliert auf einem ausgehöhlten Felsen, verjüngt sich in vier Stufen und wird von einer steinernen Pyramide gekrönt. Besonders bemerkenswert sind die etagenübergreifenden Dreiecksgiebel, sog. Wimpergs, die für die Limousin-Gotik maßgebend wurden. Die **Abteikirche St-Pierre** (12.–13. Jh., 1846 restauriert) ist ein Stilgemisch, kombiniert das schlichte Schiff mit angevinischen Gewölben (15. Jh.) und zeigt nebeneinander romanische und gotische Bas-Reliefs. In den einstigen Konventgebäuden sind heute die Mairie und ein prähistorisches Museum untergebracht.

Hinter der Kirche führt ein **Höhlenrundgang** (*circuit troglodytique*) durch Grotten, die vor dem Bau der Abtei von Einsiedlern bewohnt, später als Wirtschafts- und Schutzräume genutzt wurden. 14 Etappen, auf Erklärungstafeln näher erläutert, zeugen vom Leben der Mönche.

Brantôme

Man passiert u. a. den Wärmeraum (*chauffoir*), den Waschplatz (*lavoir*), das Taubenhaus (*pigeonnier*) und natürlich auch die Sicarius-Quelle (*fontaine du rocher*), die schon zu heidnischer Zeit ein Kultort war. Besonders eindrucksvoll sind die unter Taubenlöchern hervorspringenden Skulpturen des Letzten Gerichts (Jugement Dernier, 15. Jh.), die aus einer Kreuzigungsgruppe und einer rätselhaften, als ›Todestriumph‹ interpretierten Felsplastik bestehen. In dieser Höhle werden manchmal Konzerte abgehalten.

Der Höhlenrundgang endet am Medicibrunnen (17. Jh.), der an Pierre de Bourdeille, den Titularabt und Günstling Katharinas von Medici erinnert. Teile seiner freizügigen Memoiren entstanden wohl in dem hübschen Renaissance-Pavillon, der vor der **Pont Coudé** (16. Jh.) direkt am Ufer liegt. Heute ist hier das Syndicat d'Initiative untergebracht, Boote starten zu kurzen Stadtrundfahrten, und von der langen, zum Stadtpark abknickenden Brücke bieten sich die schönsten Blicke auf das Kloster, das Wehr und die Mühle, wo sich vor der luxuriösen Restaurantterrasse glückliche Enten tummeln. Ein anderer Spaziergang erschließt die **Stadtinsel,** zu der fünf Brücken hinüberführen. Im Syndicat d'Initiative erhält man einen Leitfaden, der beim Schlendern durch die Gassen einige Fixpunkte liefert. Man beginnt und beendet den Rundgang auf dem Marktplatz, direkt gegenüber der Abtei.

 Syndicat d'Initiative, im Renaissance-Pavillon, Tel. und Fax 05 53

Sittsamkeit ist Formsache
Über den galanten Schriftsteller Brantôme

Er saß im Klosterpavillon und verfasste Heldenchroniken, die sich wenig fromm anhörten. »Das Leben berühmter Männer und großer Hauptleute« hieß das eine Werk, »Das Leben der galanten Damen« war das Pendant dazu. Vor allem dieses leicht pornographische Buch ist der Grund, dass Brantôme nicht nur ein Orts- und Abteiname blieb, sondern als berühmt-berüchtigtes Pseudonym in die französische Literaturgeschichte einging. Ursprünglich nur als Manuskript in den klatschfreudigen Adelskreisen zirkulierend, wurde es später als Dokument freizügigen Denkens ein Buchhandelserfolg.

Brantôme hieß eigentlich Pierre de Bourdeille und kam um 1540 im gleichnamigen Schloss zur Welt. Da der Baronentitel seinem ältesten Bruder André vorbehalten blieb, musste Pierre eine andere Adelskarriere einschlagen. Er wurde siebzehnjährig Abt von Brantôme, damals eine reiche, prächtige Pfründe. Der Titel hinderte ihn nicht daran, auf ausgedehnten Reisen das Abenteuer zu suchen. Zunächst lockten ihn die Kriegsschauplätze in Italien, die römischen Kurtisanen, Neapel. Nach einem kurzen Aufenthalt im heimischen Périgord zog es ihn an den französischen Königshof, wo er sich in eine Ehrendame Katharinas von Medici verliebte, vor allem aber diplomatisch-militärische Aufträge erhielt. Er begleitete Maria Stuart nach Schottland, nahm am ersten Religionskrieg teil und begab sich im Dienste des Königs von Spanien auf Marokkoexpedition. Und so ging es weiter: Kurze Liebschaft in Arles, als Waffengefährte Strozzis nach Malta, in Frankreich vergebliche Ausschau nach einer reichen Erbin, dann monatelang als Korsar unterwegs, am französischen Königshof wieder professioneller Liebhaber, anschließend zweiter Religionskrieg. Der Krieg und die Frauen – nichts anderes interessierte ihn. Bis der Titularabt 1584 vom Pferd stürzte und den Rest seines Lebens, bis 1614, an die Pfründe gefesselt war. Da gab ihm die Schriftstellerei wenigstens imaginär die verlorene Bewegungsfreiheit zurück.

05 80 52. Boots- und Kutschenfahrten, Fahrradverleih, Stadtführer (*livret-guide*).

 Le Moulin de L'Abbaye**** (1, route de Bourdeilles, Tel. 05 53 05 80 22, Fax 05 53 05 75 27, E-mail: moulin@relaischateaux.fr, Luxus) ist ein renommiertes Romantikhotel mit luxuriösen Zimmern (650–950 FF) und einer Traumterrasse, die man auch nur zum

Brantôme ist kein Memoirenschreiber, auch kein Skandalberichterstatter im modernen Sinn. Er spielt die Rolle des adligen Welt- und Lebemanns, indem er – schier unerschöpflich – Klatschgeschichten aus der Welt des Hofes zum Besten gibt. Die Einleitungsformel ist stereotyp und wenig variantenreich: »J'ay cogneu une honneste dame« (Ich habe eine ehrenhafte Dame kennengelernt), »J'ay ouy parler d'une fort honneste dame et de reputation« (Ich habe von einer sehr ehrenhaften und angesehenen Dame gehört), »Je scay une belle et honneste dame« (Ich kenne eine schöne und ehrenhafte Dame). Die kolportierte Anekdote liefert dann die erwartete Enthüllung über eine möglichst prominente Person. Weil sie den Insidern bekannt ist, wird der Name verborgen, denn so beginnt das Rätselraten, das die Schlüsselliteratur zur amüsanten Lektüre macht.

Man kann das stereotype Attribut *honneste* mit »ehrenhaft«, »tugendhaft«, »schicklich«, »gesittet« oder »sittsam« übersetzen. Es bezeichnet ein verlogenes Ideal, mit dem der Autor zweideutig spielt. Brantôme kannte die höfische Galanterie, die das Werk des Teufels – die Verführung – zur Kunst stilisiert hat. »Artig« und »verführerisch« waren Synonyme in einer Gesellschaft, welche die Sittsamkeit ständig auf die Probe stellte und heuchlerischen Tugendpredigern ebenso viel »Aufregung« bescherte wie den materialistischen Zynikern. Aber zu welcher Sorte zählte der Abt Brantôme? Er hielt sich wahrscheinlich für gut katholisch, wenn er der neuen Tugendhaftigkeit der Hugenotten mit einer affektierten »Natürlichkeit« begegnete. Sein literarisches Markenzeichen war die Selbstverständlichkeit, mit der er scheinbar wertfrei Themen erörterte, die andere für obszön hielten. Denn hinter allen Pikanterien spürt der Leser als durchgängigen Gestus ein Achselzucken mit der immergleichen Botschaft: Macht euch nichts vor, die Tugend ist machtlos vor der menschlichen Natur. Man braucht nur die Kapitelüberschriften zu lesen: Über die Damen, die sich in Liebesabenteuer einlassen und ihren Ehegatten Hörner aufsetzen (I); Über die Frage, was in der Liebe den größten Lustgewinn verschafft (II); Vom Charme schöner Beine (III); Von den Reizen der reiferen Jahrgänge (IV); Über die Vorliebe der Frauen für tapfere Männer und deren Hang für mutige Frauen (V); Von den fatalen Folgen indiskreter Prahlerei (VI); Über die Frage, wer wohl am hitzigsten sei: Ehefrauen, Witwen oder junge Mädchen (VII).

Kosten der ambitionierten Menüs (220–450 FF) aufsuchen kann. Trotz der zentralen Lage still in einem Garten liegt die **Hostellerie du Périgord Vert** (Av. André-Maurois, Tel. 05 53 05 70 58, moderat, Zimmer bis 300 FF, auch Restaurant mit Uferterrasse). In derselben Straße gibt es das **Chambre d'hôte** des Ehepaars Mérillou (Tel. 05 53 05 74 04, preiswert, mit Garten).

Les Frères Charbonnel (57, rue Gambetta, Tel. 05 53 05 70 15) bieten Zander oder Schweinsfüße in feiner Weinsauce. Im **Relais du Périgord** (Place du Marché, Tel. 05 53 05 83 08) stehen klassische Regionalgerichte auf der Karte, im **Au Fil de L'Eau** (21, quai Bertin, Tel. 05 53 05 73 65) vor allem Flussfische – jeweils auf schönen Uferterrassen.

Ein Tipp für Freunde von Gebäck und Pralinen sind die **Salons de Thé** der Brüder **Feillant** (53, rue Gambetta) und von **Jean-Marie Tardière** (26, rue Victor Hugo).

Wochenmarkt das ganze Jahr über Freitag vormittags, **Bauernmarkt** Di vormittags nur in der Hauptsaison.

Mühle an der Dronne in Bourdeilles

Bourdeilles

Südwestlich von Brantôme stößt man auf tief ausgespülte Felsüberhänge, die bereits zu prähistorischer Zeit besiedelt waren. Auf einem steilen Kalksteinvorsprung erhebt sich die Festung von Bourdeilles, die hoch über der Dronne förmlich aus dem Felsen herauswächst. Man sieht die mittelalterliche Burgkulisse am schönsten von der **gotischen Brücke,** die mit ihren flussaufwärts gerichteten »Schnäbeln« dem Winterhochwasser seine Wucht nimmt. Auch die vorgelagerte **Mühle** (17. Jh.) bricht die Fluten mit ihrem »Schiffsbug«, an dem sich vom Hauptfluss ein romantischer Mühlbach trennt.

Von der Burg der Herren von Bourdeille sprechen die Urkunden erstmals 1183, als sich die Mönche von Brantôme mit den Reliquien des hl. Sicarius in die Festung flüchteten und über sie die feudale Oberhoheit beanspruchten. Als der Herr von Bourdeille 1269 dem englischen König seine Ehrerbietung erwies, rief der Abt von Brantôme den König von Frankreich an, um 1279 vom Parlament die reklamierten Rechte anerkannt zu bekommen. Neben der ›Alten Burg‹ (*château vieux*) derer von Bourdeille errichete Géraud de Maumont, Bruder des Abts, da-

Kanu: Basis Brantôme Canoë, Route de Thiviers (Parkplatz), Tel. 05 53 05 77 24, auch Fahrradverleih.

GR 36, GR 436.

Pendelverkehr (*navette*) von und nach Angoulême (TGV-Anschluss Paris) und Périgueux.

mals eine ›Neue Burg‹ (*château neuf*), die später dem Grafen von Périgord überlassen wurde. Während die Festung der Bourdeille-Brüder schon im 13. Jh. ihrer heillosen Feindschaft zum Opfer fiel, gelangte der Grafenpalast durch königliche Konfiskation und Verkauf Ende des 15. Jh. wieder an die Familie Bourdeille, die nun als königstreue Barone den Hochadel des Périgord im Schoß der katholischen Kirche zu halten suchte. Der italienische Renaissance-Stil des Neubaus dokumentiert ihre Nähe zum französischen Thron.

Die **Burgterrasse** ist stadtwärts durch einen dreifachen Befestigungsring abgesichert. Man erreicht die Anlage durch ein Tor, das einst mit Zugbrücke und Fallgitter ausgerüstet war, und gelangt dann über eine Rampe in den Burghof, wo sich »die Schlösser« befinden: vorne, auf der spitzzulaufenden Westterrasse, die mittelalterliche Burg (die ›Neue Burg‹, 13. Jh.), rechts über der Dronne das Renaissances-Schloss (16. Jh.). Auf dessen Westseite liegt ein Blumenparterre mit stilisierter Bourbonenlilie, während auf der gegenüberliegenden Ostseite eine Promenade (Mail) angelegt ist. Hier stand ursprünglich der erste Festungsbau (die ›Alte Burg‹).

Den **mittelalterlichen Grafenpalast** betritt man über einen gepflasterten, von hohen Wehrmauern umgebenen Hof. Eine Treppe führt zum zweistöckigen Logis, das aus zwei etagengroßen Prachtsälen besteht. Vom oberen Saal, zu dem man früher nur durch eine Außenleiter gelangen konnte, führt eine Türe zur Wendeltreppe des Donjon. Dieser polygonale Verteidigungsturm hat übereinander drei spitzbogig gewölbte Räume mit kreuzförmigen Schießscharten (1. und 2. Stock) oder Doppelfenster (3. Stock) und mündet in eine Plattform mit vorgekragten Pechnasen. Von hier bietet sich der eindrucksvollste Blick auf Burg, Fluss und Stadt. Die unterste Etage des Donjon, nur durch eine runde Öffnung im Plattenboden des ersten Saales zugänglich, birgt ein Verlies mit rätselhaften Skulpturen, die vermutlich von Gefangenen stammen. Man vermutet, dass zur Zeit Philipp des Schönen in Bourdeilles Tempelritter inhaftiert waren.

Das **Renaissance-Schloss** ist ein rechteckiger Palast mit hufeisenförmig vorspringendem Pavillon. Der Prunkbau orientiert sich am Repräsentationsstil Katharinas von Medici, für die ein eigenes, nie genutztes Königinnengemach eingerichtet wurde. Die prächtige Ausstattung (Holztäfelungen, Tapisserien, Baldachinbetten) hat heute musealen Charakter. Original erhalten ist der ›Goldene Salon‹ (*Salon doré*) mit von Ambroise Le Noble bemalten Deckenbalken (1560) und einem aus der Schule von Fontainebleau stammenden Wandteppich (»Franz I. mit seinen Falknern«).

Château de Bourdeilles, Juli–Aug. tgl. 10–19 Uhr, sonst Mi–Mo 10–12, 14–18 Uhr, Di geschl.

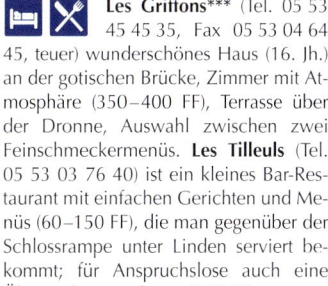 **Les Griffons***** (Tel. 05 53 45 45 35, Fax 05 53 04 64 45, teuer) wunderschönes Haus (16. Jh.) an der gotischen Brücke, Zimmer mit Atmosphäre (350–400 FF), Terrasse über der Dronne, Auswahl zwischen zwei Feinschmeckermenüs. **Les Tilleuls** (Tel. 05 53 03 76 40) ist ein kleines Bar-Restaurant mit einfachen Gerichten und Menüs (60–150 FF), die man gegenüber der Schlossrampe unter Linden serviert bekommt; für Anspruchslose auch eine Übernachtungsadresse (150 FF).

Ribérac – Rundfahrt für Romanikliebhaber

Unterhalb von Bourdeilles zieht die Dronne ihre letzten engen Schleifen, bevor sie hinter der Mühle von Lisle durch ebeneres Terrain fließt. Die bewaldeten Hügel des ›Grünen Périgord‹ weichen den landwirtschaftlichen Nutzflächen des ›Weißen Périgord‹, dessen kreidige Böden in den hellen Fassaden der Dörfer wiederkehren. Alles Leben konzentriert sich in **Ribérac**, einem quirligen Städtchen, das über die Region hinaus wegen seiner Märkte bekannt ist, die Landflucht durch einige Industriebetriebe auffängt und die größte englische Kolonie in der ganzen Dordogne aufzuweisen hat. »Man« trifft sich im »Café des Colonnes«, einem Traditionsbistrot (seit 1832), das neben der Stiftskirche (11.–16. Jh.) die Hauptsehenswürdigkeit des Ortes ist. Ob man im blinkenden Belle-Epoque-Saal oder jenseits der Straße unter den Platanen Platz nimmt, die schwarz livrierten Kellner – flott und formvollendet – sorgen für urbanes Flair.

Rund um Ribérac stößt man in vielen Dörfern auf romanische Kirchen. Es sind vorwiegend Kuppelkirchen, die nach byzantinischem Muster zwischen den runden und eckigen Formen Hängezwickel aufweisen. Diese Pendentifkuppeln sitzen aber nicht auf einem griechischen Kreuz, sondern bedecken ein schlichtes Langhaus, das nach Osten zu gelegentlich eine Apsis aufweist. Die Bautechnik kam während der Kreuzzüge ins Périgord und häuft sich in der Gegend von Ribérac, das zur selben Zeit einen der berühmtesten Troubadoure (Arnaud Daniel *um 1150) in die Welt hinaus schickte. Den Kirchenbauern waren Schmuckformen weniger wichtig als Schießscharten, Verteidigungsräume und Wehrtürme, denn die Landbevölkerung sollte sich angesichts der Feudalfehden in den Gotteshäusern verschanzen können. Überall deuten braun markierte Schilder auf den ›Circuit des Eglises romanes‹, den sich der Rad- oder Autofahrer nach Lust und Laune selbst zusammenstellen kann. Man kommt bei der Rundfahrt auf über zehn Kirchen, wenn man sich nicht auf die wichtigsten (Grand-Brassac, St-Privat-des-Prés) beschränken will. Im folgenden einige Hinweise zur Routengestaltung:

Als spektakulärer Auftakt empfiehlt sich **Grand-Brassac** (Zinnen, drei Kuppeln, Skulpturengruppe an

Die Wehrkirche in Siorac-de-Ribérac

der Nordfassade), das man von Bourdeilles aus über die idyllische rechte Uferstraße, von Chancelade/Merlande (s. S. 161) aus über die Brücke von Lisle erreicht. Ein Abstecher führt nordöstlich zu den Kirchen von St-Vivien und Paussac (Blendarkaden, Kapitelle). Auf der Hauptroute geht es weiter nach Villetoureix (Kuppelreihe), das man über Celles (Wehrelemente) oder Montagrier (schöne Hügellage, Apsidenkranz) erreicht. Die zweite Strecke ist wegen der Talsicht eindrucksvoller und erlaubt außerdem die Besichtigung eines gallo-römischen Turms, der sich 1 km vor Villetoureix im Landschloss La Rigale befindet. So erreicht man Ribérac und muss sich entscheiden, ob man noch weiter nach Westen fahren, in den südlich gelegenen Double-Wald vordringen oder zum östlichen Ausgangspunkt zurückkehren will.

Aubeterre-sur-Dronne, 17 km westlich von Ribérac, liegt bereits an der Grenze zur Charente. Das mittelalterliche Städtchen, ringförmig um den Schlossberg gebaut, bietet gleich zwei romanische Sakralbauten: die Kirche St-Jacques mit arabisch inspirierten Arkaturen und die monolithische Felsenkirche, deren Krypta zu frühchristlicher Zeit vermutlich eine Kultstätte der antiken Mithrasreligion war. Auf kleinen Straßchen erreicht man südöstlich die ausnahmsweise dreischiffige Wehrkirche St-Privat-des-Prés (Portal mit neun Archivolten, Blendarkaden). Über Festalemps (Kuppel) und

Ribérac

Vanxains (Kuppelreihe) kehrt man nach Ribérac zurück oder fährt weiter südlich in den Double-Wald.

Zwischen der Dronne und der Isle entstand auf wasserundurchlässigen Lehmböden das ausgedehnte Sumpfgebiet der **Forêt de la Double.** Schwer zugänglich, war es ein sagenumwobenes Versteck für Räuber und Wilderer. Nur Glasbläser fanden hier schon ab dem 16. Jh. nützliche Voraussetzungen (Ton, Sand, Silikate, Farn) für ihr Handwerk. Im 17. und 18. Jh. verwandelten die Holzfäller den einst undurchdringlichen Wald in einen malariaverseuchte Wüste. Erst unter dem Zweiten Kaiserreich kam es zur Umkehr, als die Entwässerung, der Straßenbau und die Aufforstung mit Kiefern, Eichen und Kastanien in Angriff genommen wurden. 1868 gründeten Trappistenmönche ihr Kloster in Echourgnac und beteiligten sich am Sanierungsprojekt durch eine Modellkäserei, die den ringsum gelegenen Bauernhöfen die Milch abnahm. Ein interessanter Wirtschaftszweig wurde auch die Fischzucht in den Teichen, die ursprünglich der Entwässerung dienten und noch heute alle zwei Jahre entleert werden. Seit kurzem ist rings um den Grand Etang de la Jemaye ein kleines Freizeit- und Erholungsgebiet mit touristischer Infrastruktur entstanden.

Der ›Circuit des Eglises romanes‹ führt im Süden Ribéracs nach St-Martin-de-Ribérac (zwei Kuppeln) und Siorac-de-Ribérac (Kuppel, zwei Türme), das reizvoll am Rande des Double-Walds liegt. Von hier fährt man mit schönen Blicken ins Dronne-Tal auf der D 43 Richtung St-Astier, zweigt aber nach 7,5 km nach Segonzac (Kapitelle) ab. Man kann über Tocane-St-Apre an die Dronne zurückkehren, über die D 109 nach Merlande/Chancelade (s. S. 161) weiterfahren oder die Tour im Isle-Tal an der Wehrkirche von St-Astier beenden.

Office de tourisme, place du Général de Gaulle, 24600 Ribérac, Tel. 05 53 90 03 10, Fax 05 53 91 35 13.

Le Moulin du Pont (Lisle, Tel. 05 53 04 51 75, Fax 05 53 07 66 62) ist ein beliebtes Fischlokal (Forellen aus der eigenen Zucht) mit VTT-Verleih und drei Appartements direkt über dem Mühlenwehr. In Ribérac empfiehlt sich das **Hôtel de France**** (3, rue Marc-Dufraisse, Tel. 05 53 90 00 61, Fax 05 53 91 06 05, moderat), zentral gelegenes Traditionshaus mit Garten und verfeinerter Regionalküche, verschiedene Foie-gras-Teller, unter den Menüs auch ein vegetarisches und ein kleines für Kinder. Mitten im Double-Wald stößt man südlich von Vanxains an der D 44 auf die **Ferme-Auberge Farges** (Tel. 05 53 90 91 41), schmackhafte Menüs nach Vorbestellung, auch Übernachtung möglich.

In Ribérac **Wochenmarkt** Fr, **Nussmarkt** Okt.–Nov., **Marché au Gras** (Geflügel und *foie gras*) Nov.–März Fr in der Salle polyvalente.

Baden: Isle an der Dronne, Etang de la Jemaye.

Bus nach Angoulême (TGV-Anschluss Paris)

Bergeracois

Limeuil und Trémolat – Route des Cingles

Lalinde und der Kanal

Lanquais

Cadouin

Straße der Bastiden – Beaumont und Monpazier

Biron

Bergerac

Monbazillac und weiter südlich

Auf dem Weg nach Bordeaux

Monbazillac

Bergeracois

Großartige Flussschleifen und ein stillgelegter Kanal kennzeichnen die letzte Dordogne-Passage. Die südlichen Hügelketten sind von Burgen und Bastiden gekrönt. Westwärts öffnet sich das Tal zur Ebene von Bergerac, und die Weinberge reichen bis zum Horizont, wo sich die berühmteren Lagen von Bordeaux anschließen.

Limeuil und Trémolat – Route des Cingles

Über dem Zusammenfluss der Dordogne mit der Vézère treffen sich im rechten Winkel die beiden hundertjährigen Brücken von **Limeuil.** Unter ihren Bögen hindurch erreichen bunte Boote den alten Flusshafen, über dem die befestigte Ortschaft steil aufsteigt. Der strategisch bedeutsame Fleck wurde schon von den Römern besetzt und war in den Zeiten der Feudalfehden und Bauernkriege ein umkämpfter Platz. Seine ökonomische Blüte erlebte Limeuil in der zweiten Hälfte des 19. Jh., als in der Nähe des Hafens rund 80 Handwerksbetriebe florierten. Die Einheimischen erinnern sich noch an die »Auberge du Salut«, die unmittelbar neben dem Stadttor (15. Jh.) den Flussschiffern die besten Fische und Mädchen aus der armen Oberstadt anbot. Heute parkt man unten in Limeuil-Bas, um zu Fuß die verwinkelten Gassen nach Limeuil-Haut hochzusteigen. Das Schloss, in dem Isabelle von Limeuil (s. S. 181) zur Welt kam, ist verfallen. Aber der Besuch des neuerdings restaurierten Schlossparks lohnt sich wegen seiner phantastischen Aussichtsterrasse (Juni–Sept. 11–19 Uhr).

Hinter Limeuil führt ein Sträßchen über den rückwärtigen Kalkfelsen nach Paunat, wo vom einstigen Kloster noch die einschiffige Festungskirche (12.–15. Jh.) erhalten ist. Die Panoramastraße folgt dem nördlichen Felsabbruch von einer Flussschleife zur nächsten. Hier erreicht man zunächst den Aussichtspunkt **Cingle de Limeuil,** von dem man über das fruchtbare Tal hinweg auf die Brücken von Limeuil zurückblickt.

Nach der Kreuzung von Paunat geht es links weiter nach **Trémolat**, das ebenfalls mit einer wehrhaften, fast fensterlosen Kirche (11.–14. Jh.) aufwartet. Das romanische Gotteshaus gehörte zu einem Kloster, hat Schießscharten und einen 25 m ho-

Limeuil und Trémolat

hen Verteidigungsturm, so dass es – anstelle einer Burg – der Dorfbevölkerung Schutz vor Angreifern bot. Doch mit dem Namen des Ortes verbindet man in erster Linie den **Cingle de Trémolat**, die spektakulärste Flussschleife der Dordogne. Die gut ausgeschilderte Panoramastraße führt am nördlichen Ortsausgang links zum Aussichtspunkt Rocamadou hoch. Vom Parkplatz sind es noch 5 Min. bis zu einer ungesicherten (!) Plattform, die Schwindelfreien den unverstellten Blick auf das »Weltwunder« (André Maurois) bietet.

 Bon Accueil (Tel. 05 53 63 30 97, Fax 05 53 73 33 85, preiswert, Mi abends geschl.), ein romantisches Dorfhotel im mittelalterlichen Limeuil-Haut, oder in Trémolat **Le Vieux Logis***** (Tel. 05 53 22 80 06, Fax 05 53 22 84 89, teuer), eine der besten Übernachtungs- und Essadressen des Périgord.

Le Port de Limeuil***, Tel. 05 53 63 29 76, Fax 05 53 63 29 76. Dem pittoresken Ort gegenüber, mit Pool, Fahrrad- und Caravanverleih.

Wassersport: Plan d'eau de Trémolat, 5 km flussabwärts ein 8 km langer Stausee.

Handwerk: Glasbläseratelier und Schmiede (beide Mi geschl.) in Limeuil.

Auf der Bahnlinie Sarlat-Bergerac folgt auf den größeren Bahnhof Le Buisson die Station Trémolat.

Bergeracois

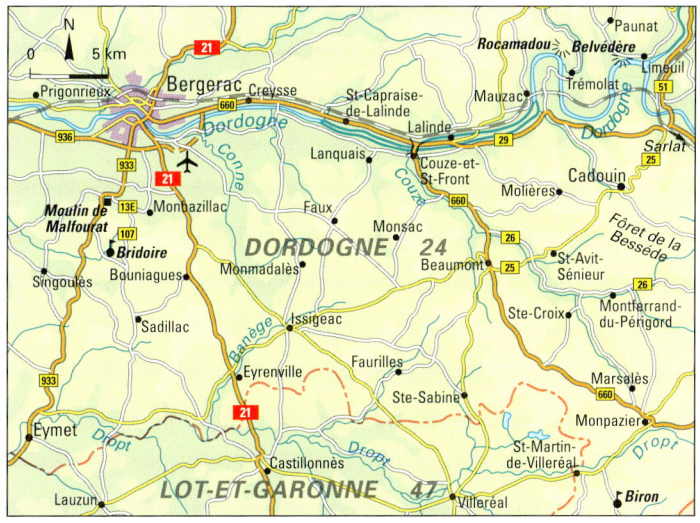

Lalinde und der Kanal

Einladend in **Lalinde,** dem Tor zum ›Périgord Pourpre‹, wirkt vor allem der zentrale Platz mit seinen Cafés und Pâtisserien. Am Donnerstag ist hier Markt, und die Landbevölkerung trifft sich an den bunten Ständen, die unter und vor der wuchtigen Halle aufgebaut sind. Von der historischen Bausubstanz der einstigen Bastide blieben am Westausgang noch ein romanisches Stadttor und ansonsten nur das Schachbrettmuster der Straßen übrig. In der Verlängerung des zentralen Platzes (Place de la République) öffnet eine kleine Esplanade (Place du Souvenir) die Stadt terrassenartig zum Fluss, wo sich einst das Schloss erhob. Am gegenüberliegenden Ufer sieht man die Kapelle St-Front-de-Colubri, zu der die Flussschiffer ein Stoßgebet hochschickten, wenn sie die Stromschnellen des Saut de la Gratusse vor sich sahen.

Lalinde war eine Furt, die auf der Römerstraße von Périgueux nach Agen strategische Bedeutung hatte. Die Brücke wurde erst 1890 gebaut. Schon 1267 hat Jean de la Linde an der Furt für Heinrich III. die erste englische Bastide gegründet. In einer Charta sicherte der englische König den Siedlern Zollfreiheit und Schutz vor Diebstahl zu. Auch nach der Eroberung der Bastide durch die Fürsten von Périgord und Armagnac galt die Charta fort. Von der Stadtmauer blieben nach den Religionskriegen und der Fronde nur noch Reste, und die Gräben wurden 1840 während des Kanalbaus mit dem anfallenden Aushub zugeschüttet.

Der **Kanal von Lalinde** umgeht mit dem Saut de la Gratusse die schwierigste Passage der mittleren Dordogne. Er zweigt unterhalb von Mauzac vom Fluss ab, umgibt Lalinde mit einem zweiten Wasserweg und verläuft noch jenseits der Couze-Mündung kilometerweit am Ostufer der Dordogne. Bei **St-Capraise-de-Lalinde,** dem ehemaligen Gabare-Hafen, kann man zwischen Fluss und Kanal einen malerischen Weg entlangwandern. Seit dem Ende der Flussschifffahrt ist die künstliche Wasserstraße ein Biotop für Angler, das wegen eines Lecks leider zu versumpfen droht. Der Kanal endet an der »Treppe« von Tuilières, die aus sechs übereinandergebauten Schleusen besteht.

An der Mündung des Flüsschens Couze führt eine Brücke zu der am Hang gelegenen Ortschaft **Couze-et-St-Front.** Seit dem 16. Jh. gab es hier ein gutes Dutzend Papiermühlen, die vor allem das wertvolle Holland-Papier mit dem Amsterdamer Wappen als Wasserzeichen herstellten. Das Papier wurde mit dem Wein von Bergerac und Monbazillac über Bordeaux in die Niederlande verschifft. Ein kleines Heimatmuseum informiert darüber in der Moulin de la Rouzique. In Betrieb ist nur noch die Moulin de Larroque, wo aus sorgfältig ausgewählten Baumwoll- und Leinenlumpen mit der Hand geschöpftes Büttenpapier hergestellt wird.

Lalinde und Lanquais

 Syndicat d´Initiative im Jardin Public, 24150 Lalinde, Tel. 05 53 61 08 55, Fax 05 53 73 30 60.

 La Forge** (Tel. 05 53 24 92 24, Fax 05 53 58 68 51, moderat) ist ein gemütliches Provinzhotel an der Place Victor Hugo, **Le Château***** (Tel. 05 53 61 01 82, Fax 05 53 24 74 60, teuer) ein stilvoll eingerichtetes Schlosshotel direkt über der Dordogne, bekannt wegen seines hervorragenden Restaurants (günstiges Mittagsmenü).

 Camping des Moulins***, Tel. 05 53 61 18 36, von Ostern bis Mitte Okt.

 Centre VTT (Tel. 05 53 24 12 31) im ehemaligen Schleusenhaus direkt am Kanal

 Papiermühle: Moulin de Larroque, Tel. 05 53 61 01 75, Mo-Fr 9–12, 14–17 Uhr. Briefpapier, Visitenkarten, Aquarellblocks, Albums.

 Linienbusse Cadouin-Lalinde-Bergerac (Tel. 05 53 61 00 46) und **Züge** Richtung Sarlat und Bergerac (Gare SNCF Tel. 05 53 61 04 39). **Ausflüge mit Taxi** Tel. 05 53 22 88 52.

Lanquais

Am linken Ufer der Dordogne liegt das Schloss von Lanquais, das zwischen Couze-et-St-Front und St-Capraise-de-Lalinde sich als reizvoller Abstecher anbietet. Oberhalb des Dorfes führt, an der Zehntscheuer (*Grange dîmière*, 15. Jh.) vorbei, eine Ulmenallee hoch zu dem aus rötlich-gelbem Dordogne-Stein aufgetürmten Prachtbau. Seine mittelalterlichen Ursprünge erkennt man noch auf der rechten Seite, wo der achteckige Donjon, das anschließende Wohngebäude und der nördliche Rundturm einen Wehrgang mit Pechnasen aufweisen. Aus dieser Burg (11.–15. Jh.) wächst auf der linken Seite das ums Eck gebaute Renaissance-Schloss (16. Jh.) hervor. Charakteristisch sind die Fenster und Lukarnen, die Einrahmungen und Giebel, die ohne Skulpturenschmuck auskommende Betonung des Linearen, Vertikalen. Man bezeichnet Lanquais mit Recht als ›Louvre des Périgord‹, denn der Bauherr hatte sich das Pariser Königsschloss zum Vorbild genommen.

Er hieß Galhiot de La Tour, war Lehnsherr von Limeuil, Hauptmann des Königs und verwandtschaftlich mit den Medici verbunden. Die Schwester Isabelle de Limeuil gehörte zum *escadron volant* der Königinmutter Katharina von Medici, die diesen Stoßtrupp hübscher Spioninnen zum Aushorchen hochrangiger Hugenotten und sonstiger Staatsfeinde einsetzte. Nahe der Protestantenhochburg Bergerac dokumentierte der Bau von Lanquais (1561–74) die demonstrative Loyalität zum katholischen Königshaus. Pikanterweise führte die Spitzeltätigkeit Isabelles, die auf den protestantischen Prinzen von Condé angesetzt war, zu einer unziemlichen Liebesbeziehung mit Schwanger-

schaft. Der Fehltritt war durch Eintritt ins Kloster und Heirat des königlichen Banquiers Sardini wieder korrigiert, als 1577 der calvinistisch bekehrte Henri de La Tour d'Auvergne das Familienschloss belagerte. Man sieht die Spuren der aus fünf Kanonen abgeschossenen Eisenkugeln noch an der löchrigen Fassade. Elf Jahre später wurde der Belagerer Erbe von Lanquais. Ein Jahr darauf zog übrigens sein langjähriger Dienstherr, der Hugenottenführer Heinrich von Navarra als König in den Louvre ein.

Im Inneren gibt es Prunkkamine, Möbel aus dem 18. Jh. und eine große Schlossküche zu sehen.

Château de Lanquais, April–Okt. 10–18.30 Uhr, nur mit Führung, 35 FF.

Auberge des Maronniers, im Dorf, Tel. 05 53 24 93 78, Mi geschl. Auf der Karte: Regionalküche, im Sommer auf der schattigen Terrasse.

Burg und Schloss zugleich: Château Lanquais

Cadouin

Die ehemalige Zisterzienserabtei liegt zwischen der Dordogne und der von Südosten zufließenden Couze in einer Senke im Bessède-Wald. Die Straßen führen sternförmig zu dem einstigen Pilgerort, der heute für Radausflüge eine reizvolle Station ist. Von den umliegenden Anhöhen kann man einen ersten Blick auf die H-förmige Anlage werfen.

Die besterhaltene Abtei des Périgord war 1115 das letzte Projekt Roberts von Arbrissel, der 14 Jahre vorher im Stammland der Plantagenêt den größten Klosterkomplex des christlichen Abendlands (Fontevraud im Anjou) gegründet hatte. Es war eine Reliquie, das »Leichentuch Christi«, die seit dem 12. Jh. die Pilger nach Cadouin strömen ließ. Zu ihnen zählten auch Richard Löwenherz, Ludwig der Heilige, Karl V. und Ludwig XI. Während des Hundertjährigen Kriegs kam es zu schweren Beschädigungen, und das heilige Tuch wurde vorübergehend nach Paris, Poitiers, Toulouse, Aubazine ausgelagert. 1789 wurde das Kloster von den Revolutionären aufgelöst, Mitte des 19. Jh. von Prosper Mérimée unter Denkmalschutz gestellt. 1934 und 1982 lenkten Forscher das Augenmerk auf die arabischen Schriftzeichen des »Leichentuchs Christi«, dessen Bordüre jedenfalls in Ägypten entstanden und auf das 11. Jh. zu datieren ist. Die angebliche Reliquie ist im Kapitelsaal ausgestellt.

Auf der Nordseite des Gebäudekomplexes steht die nach Osten ausgerichtete **Abteikirche.** Die dreischiffige Halle mit dem kaum vorspringenden Querhaus wurde 1118–54 erbaut und entspricht in ihrer eindrucksvollen Schmucklosigkeit dem Entsagungsideal des Or-

Der gotische Kreuzgang der ehemaligen Zisterzienserabtei Cadouin

densgründers Bernhard von Clairvaux. Mit ihren schlichten Rundbögen, den Blendarkaden und sparsamen Öffnungen wirkt die Fassade streng und verschlossen.

Südwärts folgt der atriumförmige **Kreuzgang,** das Herz- und Prunkstück der Anlage. Mit Ausnahme eines einzigen romanischen Portals (12. Jh.) handelt es sich um einen Neubau, der nach dem Hundertjährigen Krieg (15./16. Jh.) im Stil der Flamboyant-Gotik errichtet wurde. Charakteristisch sind die Spitzbogengewölbe, die ziselierten Fensteröffnungen und die feingearbeiteten Skulpturen mit ihren zum Teil satirischen Darstellungen. Besonders reich ist das Dekor in der Nordgalerie, wo sich bei den Lesungen der Abt in seinem gemauerten Stuhl niederließ und jeden Samstag die Küchengehilfen den

Mönchen die Füße wuschen. Das Spiel von Licht und Schatten wirkte ebenso mystisch wie die unheimliche Stille, die alle schweigend umherschreitenden Zisterziensermönche verband.

Vorbei an der alten Markthalle finden wir am Dorfplatz alles Nötige für eine angenehme Pause. Es lohnt sich, ostwärts die Hauptstraße hoch, noch das originelle **Velozipeden-Museum** zu besuchen. 72 Fahrradmodelle aus den Jahren 1817–1940 sind hier in drei Räumen ausgestellt, in einer Vitrine außerdem Rollschuhe von der Jahrhundertwende. Die Sammlung, das Lebenswerk eines Liebhabers, ist umfassend und einmalig: vom Hochrad zur Draisine, Dreirad mit Anhänger, Post- und Kriegsrad, die ersten Horizontalräder, diverse Gangschaltungen und Sattelkonstruktionen. Besonders wertvolle Stücke sind das Rad Jules Vernes (Nr. 14) und ein Rennrad von der ersten Tour de France 1903 (Nr. 60).

Per Rad oder motorisiert – der Ausflug nach Cadouin sollte einen Abstecher zum 5 km westlich gelegenen **Molières** einschließen. Die im Karree angelegte Siedlung ist eine typische Bastide, die kleinste in der Gegend, 1284 von Jean de Grailly im Auftrag des englischen Königs gegründet. Man sieht auf dem zentralen Platz ein Arkadenhaus, an der Hauptstraße die Kirche im typisch englischen Stil der Plantagenêt-Gotik und auf der gegenüberliegenden Seite der Ortschaft Burgruinen mit einem Donjon.

  L'Abbaye (Tel. 05 53 63 40 93, Fax 05 53 61 72 08, preiswert), direkt neben der Abtei, rustikale Gaststube. **Ferme-Auberge: La Ferme des Pradoux**, 1 km östlich von Molières, Tel. 05 53 63 13 93. Leckere Menüs (65–140 FF) mit Fleisch aus der eigenen Zucht (Geflügel, Kaninchen, Schwein)

 La Grande Veyière***, 1 km westlich von Molières mitten auf dem Land, Tel. 05 53 22 54 21.

  Ab Molières sind Wander- und Mountainbike-Routen nach Cadouin, Badefols, St-Avit-Sénieur ausgeschildert. Informationen am Maison de la Noix neben der Kirche.

Straße der Bastiden – Beaumont und Monpazier

Beaumont liegt auf einer »schönen Anhöhe« (Ortsname), die Mitte des 13. Jh. zu den Ländereien des Herrn von Biron, des Abts von Cadouin und des Priors von St-Avit gehörte. Das Schutzabkommen, das die drei Feudalherren mit dem englischen König Eduard I. schlossen, führte 1272 zur Gründung der Bastide. Sie scheint neben Lalinde eine der einträglichsten gewesen zu sein. Erst 1442 wurde sie, gleichzeitig mit Molières, von den Franzosen eingenommen.

Der Grundriss besteht in einem liegenden H. Die Befestigungsmauer ist verschwunden, und von den 16 Stadttoren steht nur noch die Por-

Bastiden

Anders als die meisten Dörfer, die im frühen Mittelalter unterhalb der Burgen entstanden, sind Bastiden neue Siedlungen, wie der aus der Langue d'oc stammende Begriff (*bastidas*) besagt. Sie häufen sich im südlichen Périgord und bildeten dort eine umkämpfte Grenzlinie im englisch-französischen Dauerkonflikt. Die knapp 40 Bastiden – erhalten sind noch 18 – sind etwa zur Hälfte französische bzw. englische Gründungen und gehen fast alle auf die zweite Hälfte des 13. Jh. zurück. Sie liegen in der Regel auf einer strategisch günstigen Kuppe, die für die Bebauung und landwirtschaftliche Nutzung gerodet wurde, nachdem der Bastidegründer mit dem Grundeigentümer einen Vertrag über die Verteilung der Steuer- und Zolleinkünfte geschlossen hatte. Da in den unbefestigten Dörfern Raubüberfälle alltäglich waren, hatten große Teile der sprunghaft wachsenden Landbevölkerung großes Interesse an diesen Kolonisationsprojekten. Ob die Bastide dem englischen oder dem französischen König gehörte, war von zweitrangiger Bedeutung.

Im Unterschied zu den »natürlich« gewachsenen Dörfern folgen die Bastiden einem streng geometrischen Plan. Sämtliche Straßen verlaufen gerade und kreuzen sich im rechten Winkel. Im Schachbrettmuster umschließen sie gleich große Grundstücke von etwa 8 x 20 m. Eine Bastide umfasst je nach Umfang zwischen 200 und 1000 bebauter Parzellen. Hinzu kommen Gartenparzellen am Rande nahe der Umwallung. Die meist erst später errichtete Stadtmauer enthält in der Regel vier Tore, die sich entsprechend der symmetrischen Anlage auf die vier Hauptachsen öffnen. Diese führen von allen Seiten ins Innere der Siedlung und treffen sich dort in einem zentralen Platz.

Interessanterweise steht die Kirche immer abseits vom Markt- und Festplatz, meist in der diagonalen Verlängerung einer Ecke. Im Zentrum dreht sich nämlich alles um weltliche Dinge. So zieht in der Nähe des öffentlichen Brunnens eine imposante Markthalle alle Blicke auf sich. Die Häuser besitzen Arkaden, unter denen Handwerker ihre Waren auslegen konnten. Die Häuserfassaden schließen den Platz förmlich ab, sind aber in der Ecke so eingeschnitten, dass Fuhrwerke durchfahren konnten. Die repräsentativsten Bauten sind die Häuser des Bayle, der als Statthalter des Königs die Justizgewalt innehatte, und der Konsuln, die als gewählte Stadtoberhäupter die Verwaltung ausübten. Die Bewohner waren Bauern, die im Erdgeschoss ihr Vieh unterbrachten, nicht selten aber dort auch eine Werkstatt einrichteten und einen Handwerkerberuf ergriffen.

Beaumont und Monpazier

Markthalle in Monpazier

te Luzier. Überragt wird die ganze Siedlung von der wuchtigen Silhouette der Kirche St-Front (13.–14. Jh.). Sie erhebt sich an der Nordostecke des zentralen Platzes, der leider seine Halle verloren, aber dienstags und samstags einen schönen Markt zu bieten hat. Das Gotteshaus diente im Belagerungsfall als letzte Zuflucht und zeigt typische Merkmale einer Festung: Verteidigungstürme, Pechnasen und rundum einen Wehrgang. Schmuck ist nur die Frontfassade mit dem gotischen Portal, über dem eine Galerie mit feingearbeiteter Balustrade verläuft.

3,5 km östlich von Beaumont stößt man in dem kleinen Dorf **St-Avit-Sénieur** auf ein vergleichbares Bauwerk. Die romanische Festungskirche (11.–12. Jh.) gehört zu einem verfallenen Klosterkomplex (9. Jh.) und ist seit Jahren einsturzgefährdet. Man passiert den Weiler auf der Straße von Cadouin nach Beaumont (D 25) und kann den Abstecher auch zur Weiterfahrt ins obere Couze-Tal nutzen (D 26), wo zwei sehenswerte Dörfer liegen: **Ste-Croix** und **Montferrand-du-Périgord.** Es ist eine Nebenstrecke auf dem Weg zur nächsten Bastide, die 16 km südöstlich von Beaumont ein strategisch bedeutsames Tor zwischen den Tälern der Dordogne und des Lot bildet.

Monpazier wurde 1285 durch einen Seneschall Eduards I. gegründet und verlängerte die englische Verteidigungslinie von Lalinde über Beaumont weiter nach Süden. Der Burgherr von Biron hatte über dem

Bergeracois

Dropt-Fluss eine geeignete Anhöhe parat, die abgeholzt und nach Plan besiedelt wurde. Schon Anfang des 14. Jh. fiel die Bastide in französische Hand und wechselte während des Hundertjährigen Kriegs mehrfach zwischen Kapetingern und Plantagenêt hin und her. Ende des 16. Jh. wurde die Reformation von Schloss Biron aus in die Stadt getragen (Eroberung 1574), während umgekehrt der Bauernaufstand in Monpazier begann (Bauernrat 1594) und später zur Plünderung der umliegenden Schlösser führte (Vernichtungsfeldzug Buffarots 1637).

Die auf einem 400 x 220 m großen Karree errichtete Bastide ist mustergültig erhalten. Innerhalb der Stadtmauer bilden die Straßen ein Schachbrett eng bebauter Parzellen, die für 8 m breite, höchstens 20 m tiefe Häuser Platz bieten. Es kreuzen sich vier Achsen, die im Zentrum einen 45 x 45 m großen Platz einschließen. Rundum stehen gleich proportionierte Arkadenhäuser (13. Jh.), deren Bögen und Fenster in den Formen variieren. Charakteristisch sind die schmalen Lücken und Eckportale zwischen den Häusern. Auf dem zentralen Platz befinden sich ein Brunnen und die aus Kastanienstämmen gezimmerte Markthalle (16. Jh.), unter deren Dachstuhl Hohlmaße zum Abwiegen des Getreides und der Nüsse aufgestellt sind. Schräg gegenüber, jenseits des Platzes, erreicht man die einschiffige Kirche St-Dominique (13.–14. Jh.) und die frühere Zehntscheuer (Maison du Chapitre, 14. Jh.).

Office de tourisme du Pays Beaumontois, 24440 Beaumont, Tel. 05 53 22 39 12, Fax 05 53 22 05 35. **Office de tourisme,** 24540 Monpazier, Tel. 05 53 22 68 59, Fax 05 53 74 30 08.

Unterhalb von Montferrand-du-Périgord ist das kleine Landhotel **Lou Peyrol** (Tel. 05 53 63 24 45, preiswert) ein günstiger Stützpunkt für Ausflügler, die im eigenen Restaurant auch gut essen können. In Monpazier wohnt man preisgünstig im **Hôtel de Londres** (Tel. 05 53 22 60 64, Fax 05 53 22 61 98, moderat), in dem Blaise Cendrars seinen Roman über den Lokalhelden Jean Galmot schrieb (»Rhum«).

La Bastide, 52, rue St-Jacques, Tel. 05 53 22 60 59. Der bretonische Chef hat sich in der Altstadt von Monpazier niedergelassen und bietet eine verfeinerte Périgord-Küche mit Qualitätsprodukten, deren Hersteller in der Speisekarte aufgeführt sind.

Biron

Zwischen den Tälern der Dordogne und des Lot erheben sich zwei imponierende Burgen: Biron und Bonaguil (s. S. 106f.). Während letztere eine späte Perfektionierung mittelalterlicher Festungsarchitektur darstellt (15.–16. Jh.), reicht das stilistisch uneinheitlichere Biron weit in die Feudalzeit zurück (12. Jh.).

Die südlichste Baronie des Périgord war 24 Generationen lang im Besitz der Familie Gontaut-Biron, die ihren unbeugsamen Stolz tradi-

Biron

tionell durch einen politisch verstandenen Protestantismus zum Ausdruck brachte. Bei seinem Kreuzzug gegen die häretischen Katharer belagerte Simon de Montfort als nördlichste Zufluchtsburg der Ketzer auch **Biron,** dessen Burgherr 1212 zu Tode geschleift und gehängt wurde. Während der Religionskriege hatte der Hugenottenführer Heinrich von Navarra die Unterstützung des Barons von Biron, die er aber mit seinem Aufstieg zum königlichen Konvertiten wieder verlor. Der zum Herzog beförderte Charles de Gontaud schmiedete ein Komplott gegen Heinrich IV., der ihn nach ausgeschlagenen Verzeihungsangeboten 1602 wegen Hochverrats köpfen ließ.

Man betritt die Burg durch einen Torbau, der sich nach außen trutzig-mittelalterlich (Zinnen, Wehrgang) gibt und nach innen mit seinem Renaissance-Dekor eher repräsentativen Charakter hat. Das spielerische Element der Renaissance zeigt sich am schönsten an der Schlosskapelle (16. Jh.), die rechter Hand mit einer ungewöhnlichen Dachbalustrade prunkt. Während das spitzbogig überwölbte Obergeschoss mit dem prachtvollen Sarkophag den Gontauts vorbehalten war, diente das schlichte Untergeschoss den Dorfbewohnern als Pfarrkirche. Über eine Treppe gelangt man vom unteren Burghof (Basse-Cour) in den von Wohngebäuden umschlossenen Ehrenhof (Cour d'honneur). Der nördliche Flügel (16. Jh.) wurde an den Donjon (13. Jh.) angebaut, der südliche (16.–18. Jh.) enthält den Ständesaal mit einem kielförmigen Dachstuhl. Zwischen beiden Trakten führt eine offene Loggia in den Park hinunter.

Im winzigen Dorf verblüfft das satte Gelb des lokalen Natursteins. Das Kriegerdenkmal (*Monument aux morts*) wurde 1996 von dem deutschen Bildhauer Jochen Gerz zu einem ›Monument vivant‹ umgestaltet. Auf 127 roten Täfelchen findet man die Antworten der Dorfbewohner auf die vom Künstler gestellte Frage nach dem Sinn patriotischen Sterbens. Der Obelisk bietet noch genügend Platz für die Stellungnahmen kommender Generationen.

🕒 **Château de Biron,** Juli–Aug. tgl. 10–19 Uhr, sonst Di–So 10–12, 14–18 Uhr, Mo geschl.

Bergerac

Nach Lalinde weitet sich das Tal der Dordogne zu einer von Hügeln umrahmten Schwemmlandebene, die großflächig mit Getreide, Tabak und Wein bepflanzt ist. Die renommierten Lagen von Pécharment beginnen oberhalb von Creysse, das mit einem Aquarium (33 Fischarten der Dordogne) und Gabare-Hafen noch kurz vor Bergerac zu einem Halt verlocken kann. Vorbei an Bergeracs Pulverfabrik (*Poudrerie*), die von Sprengstoff auf Kosmetik umgestellt hat, parkt man den Wagen dann auf dem schräg ansteigenden Quai Salvette, wo früher die Fässer in die Schiffsbäuche gerollt wurden.

Um die Brücke und den Flusshafen von Bergerac entwickelte sich im ausgehenden Mittelalter eine Stadt mit rührigen Händlern, die sich mit den Kaufleuten von Bordeaux maßen. Man war im Schiffsbau tätig, organisierte die Holzeinfuhr aus der oberen Dordogne und exportierte Papier aus Couze und Bergerac-Wein bis nach Amsterdam. Der Calvinismus fand im städtischen Bürgertum zahlreiche Anhänger, und der Frieden von Bergerac (1577) war ein Vorbild für das Edikt von Nantes (1598), das den Hugenotten ihre Hochburgen als Schutzplätze beließ. Als Ludwig XIII. jedoch die Stadtmauern von Bergerac schleifen ließ (1620) und sein Nachfolger sogar das Toleranzedikt aufhob (1685), emigrierten viele Bürger zu ihren Geschäftsfreunden nach Holland. Der Niedergang der Stadt war besiegelt, als nach der Revolution Périgueux zum Sitz der Präfektur bestimmt wurde und im 19. Jh. Eisenbahn und Reblaus auch noch die Wirtschaft durcheinanderbrachten. Erst in den letzten Jahrzehnten hat Bergerac (28 000 Einw.) als Forschungs- und Handelszentrum der französischen Tabakindustrie, durch ein vergrößertes und verbessertes Angebot an Weinen und mit der Altstadtsanierung auch im Tourismus Punkte gemacht.

Bergerac

Das Denkmal von Cyrano de Bergerac in Bergerac

Stadtrundgang

Vom Flusshafen sind es nur wenige Schritte zur **Maison du Vin,** die täglich Führungen mit Degustation (10, 12.30, 13.30, 18 Uhr) anbietet. Man befindet sich hier im ehemaligen Rekollektenkloster (Cloître des Récollets), dessen von Holzbalustraden (16. Jh.) umsäumter Innenhof und ehrwürdige Gewölbe sehenswert sind. Wo nach dem Widerruf des Toleranzedikts protestantische Bücher verbrannt wurden, wacht heute die Weinbruderschaft über Qualität und Marktstellung der Appellation. Eine gelungene Ergänzung ist der anschließende Besuch des **Museums der Flussschifffahrt und Böttcherei** (Musée du Vin, de la Batellerie et de la Tonnellerie, Di–Fr 10–12, 14–17.30 Uhr, Sa 10–12 Uhr, So 14–17.30 Uhr, Mo geschl.) gleich nebenan auf der Place de la Myrpe. Es befindet sich in einem der Fachwerkhäuser, die früher von Flussschiffern und Hafenarbeitern bewohnt wurden. Auf der Ostseite des von Kastanien bestandenen Platzes steht das Denkmal des langnasigen Cyrano de Bergerac, den die Stadt für sich reklamiert, obwohl er von einem nordfranzösischen Landgut gleichen Namens stammt. Doch man profitiert vom Renommee des Haudegen und Philosophen, der einige Schriften hinterließ, aber erst als komischer Theater- und Filmheld berühmt geworden ist. Edmond Rostands Komödie, in Frankreich seit 1887 ein Bühnenrenner, wurde 1991 mit Gérard Depardieu zum internationalen Kinoereignis.

Steigt man in der Altstadt höher, so gelangt man in den sanierten Bereich der **Place Pelissière,** die mit Brunnen, Bänken und Imbisslokalen ein terrassenförmiges Forum bildet. Hier gibt es an Sommerabenden Musik- und Tanzdarbietungen und um den 14. Juli ein mehrtägiges Schlemmerbüffet (Table de Cyrano). Oben erreicht man die neugotische Kirche St-Jacques, auf deren Nordseite die Fußgängerzone, hier als Grand'Rue, bis zur stadtbeherrschenden »Kathedrale« Notre-Dame hochführt. Man passiert dabei rechts die **Markthalle** (Marché couvert), eine moderne Konstruktion auf historischem Platz, denn hier stand der protestantische Tempel, der nicht nur Bethaus sondern auch Symbol des kommerziellen Reichtums war. 1642 erbaut, wurde er 40 Jahre später aufgrund eines Toulouser Parlamentserlasses niedergerissen. Mittwoch und Samstag ist hier Gemüsemarkt.

Unter Bergeracs Museen ist das originellste und auch bedeutendste zweifellos das **Tabakmuseum** (Musée du Tabac, Di–Fr 10–12, 14–18 Uhr, Sa 10–12, 14–17 Uhr, So 14.30–18.30 Uhr). Es ist östlich des Hafenkais in einem vornehmen Patrizierhaus, der 1603 erbauten Maison Peyrarède, untergebracht und zeigt in vier Sälen ein reich dokumentierte Kulturgeschichte des Rauchens. In den ersten Räumen sieht man, wie die von Amerika nach Afrika und schließlich Europa gelangende Tabakpflanze erst in unserer Zivilisation von der Medizin zum Genussmittel mutiert. Die in den Vitrinen ausgestellten Tabakdosen, Reiben, Pfeifen, Feuerzeuge, Zigarettenspitzen belegen eine Entwicklung der Konsumformen, die vom königlichen Schnupfen bis zum massenhaften Rauchen reicht. Die zweite Abteilung reflektiert das Thema im Medium der Malerei und präsentiert kunsthandwerkliche Meisterwerke und Kuriositäten (z. B. die »Sizilianische Hochzeit«, eine Zigarettenspitze aus Meerschaum und Bernstein). Neben dem Modell einer Colmarer Pfeifenwerkstatt (19. Jh.) kann man eine folgenlose Erfindung, die weltweit nur in zwei Exemplaren existierende Schnitzmaschine für Pfeifenköpfe sehen.

Office de tourisme, 24100 Bergerac, 97, rue Neuve-d'Argenson, Tel. 05 53 57 03 11, Fax 05 53 61 11 04.

Bahnlinie Bordeaux – Sarlat, 3 x wöchentlich **Flüge** von und nach Paris (Flughafen Roumanières, 5 km südlich).

Hôtel Le Family (Place du Marché Couvert, Tel. 05 53 57 80 90, preiswert), zentral gelegen. **Hôtel de Bordeaux***** (38, place Gambetta, Tel. 05 53 57 12 83, Fax 05 53 57 72 14, moderat), am Rand der Altstadt, mit Park und Feinschmeckerlokal Le Terroir.

Im Sommer gibt es jeden Mi abends im **Rekollektenkloster** Apéritif zum Jazz. Mit seiner Terrasse am Flusshafen ist **La Treille** (Tel. 05 53 57 60 11) noch spätabends eine beliebte

Essadresse. Gut und preiswert ist auch die am Platz vor der Markthalle gelegene **Crêperie La Blanche Hermine** (Tel. 05 53 57 63 42). Neben **Le Terroir** bietet auch **Le Cyrano** (Tel. 05 53 57 02 76, 2, boulevard Montaigne) Menüs für gehobene Ansprüche (90–250 FF).

 Die schönsten Läden (Antiquitäten, Kunsthandwerk, Reitartikel und Schmuck) findet man in der Rue des Fontaines, die besten Metzgereien und Fischgeschäfte in der Markthalle und dahinter.

Monbazillac und weiter südlich

Im Süden Bergeracs erheben sich hinter kilometerweiten Obst- und Gemüsefeldern die Weinberge von Monbazillac. Die bernsteingelben Spätlesen mit ihrer charakteristischen Edelfäule werden heute auf 4000 ha angebaut. Die lange Weinbautradition geht bis ins 11. Jh. zurück. Zum lukrativen Exportartikel wurde der Monbazillac mit seinen »Holländischen Marken«, die nach dem Widerruf des Edikts von Nantes von protestantischen Emigranten massiv nachgefragt wurden. Vor dem großen Exodus nach Holland (Ende 17. Jh.), zur Zeit der Religionskriege (15./16. Jh.), hatten die Herren von Monbazillac ihren protestantischen Glaubensbrüdern Schlossgemächer für ihre Versammlungen und Gottesdienste zur Verfügung gestellt.

Das **Schloss von Monbazillac,** um 1550 erbaut, dokumentiert in seinem Mischstil eine Epochenwende. Die Gräben, Türme, Pechnasen und Schießscharten erinnern noch an eine mittelalterliche Burg, doch die großen Fenster und das repräsentative Treppenhaus sind ganz im Stil der Renaissance. Man erhält am Eingang einen Besucherleitfaden (Mini-Guide), der durch die verschieden ausstaffierten Räume führt. Im Erdgeschoss verdienen der Saal der Weinbauberufe (Holzschuhmacher, Böttcher, Wagner, Sailer) und der protestantische Saal besonderes Interesse, während im ersten Stock vor allem der Ausblick aus den Turmzimmern lohnt. Das kleine Weinmuseum im Keller zeigt neben Wandtafeln zum Edelfäulepilz (*Botrytis Cinerea*) eindrucksvoll verstaubte holländische Marken und ein hübsches Mobile aus Flaschen, die zwischen dem 16. und 18. Jh. im nahe gelegenen Double-Wald (s. S. 175) hergestellt wurden. Eine Weinprobe gibt es zum Abschluss der Besichtigung im Empfangspavillon.

Auch im Dorf kann man direkt bei den Winzern probieren und kaufen. Der Ausflug wird sich dann auf einen Abstecher zur 3 km westlich gelegenen **Mühle von Malfourat** (D 14E) beschränken. Dort erläutert eine Orientierungstafel das weit ins Tal reichende Panorama. Eine kleine Rundfahrt durch die Weinberge führt südlich (D 107) zum **Château de Bridoire,** gleichfalls eine Protestantenburg aus dem 16. Jh. Beson-

Flaschenmobile im Weinmuseum von Schloss Monbazillac

ders empfehlenswert ist aber eine etwas größere Tour, die nach Issigeac und Eymet führt und sich die Weinverkostung in Monbazillac für die Rückfahrt vorbehält.

Issigeac ist ein mittelalterliches Städtchen (640 Einw.), dessen Umwallung auf Luftaufnahmen besonders schön zu erkennen ist. Man parkt an der spätgotischen Kirche (16. Jh.) und schlendert am Bischofspalast (17. Jh.), dem heutigen Rathaus, vorbei durch die krummen Gassen mit ihren z. T. renovierungsbedürftigen Fachwerkhäusern. Besonders kurios ist das hohe »Haus mit den Köpfen«, von dessen Fensterstöcken geschnitzte Fratzen auf die Passanten heruntergrinsen.

Das Städtchen **Eymet** ist eine entzückende Bastide in anmutiger Lage am Dropt-Fluss. 1270 von Alphonse de Poitiers an der Südgrenze des Périgord errichtet, fiel sie zwischenzeitlich an die Engländer, bis Du Guesclin 1377 in der Schlacht von Eymet das französische Roll-Back einleitete. Sehenswert sind der zentrale Platz mit den Arkadenhäusern und die Burgruine mit einem viereckigen Donjon (13. Jh.).

Der ehemalige Pferdestall und spätere Weinkeller des Schlosses dient heute als Speisesaal des **Restaurant du Château de Monbazillac** (Tel. 05 53 58 38 93), wo man unter der wuchtigen Balkendecke zu dezenter Renaissancemusik ein gepflegtes Mittagsmenü (95 FF) serviert bekommt.

Monbazillac und weiter südlich

 Markt: Issigeac So vormittags, Eymet Do vormittags.

 Château de Monbazillac, April–Sept. 10–12.30, 14–19 Uhr, Juli–Aug. durchgehend 10–19.30 Uhr, 35 FF inklusive Weinprobe.

Auf dem Weg nach Bordeaux

Westlich von Bergerac weitet sich die Dordogne zu einem trägen Strom, der im Flusshafen des Winzerdorfes **Lamothe-Montravel** ein letztes Mal idyllisch umrahmt erscheint. Danach, im Einflussbereich der Industriestadt Libourne, wird die Dordogne zu einer Wasserstraße ohne Landschaft. Bevor man jedoch Bordeaux ansteuert und in St-Emilion den ebenso berühmten wie teuren Edelwein verkostet, lohnt ein Abstecher in die Weinberge von Montravel. Es gibt hier – unmittelbar vor der Preisgrenze zum Bordeaux-Anbaugebiet – einen feinen Bergerac-Weißwein und zwei beachtliche Sehenswürdigkeiten zu entdecken.

13 km hinter Ste-Foy-la-Grande führt rechts ein Sträßchen nach **Montcaret.** Rund um die romanische Kirche (11. Jh.) haben Ausgrabungen gallo-römische Thermen zutage gefördert. Man sieht einen Hof mit Säulenumgang und ein ziegelgemauertes System von Kanälen, die Fußböden und Mauern mit Heißluft beheizten. Die verschieden temperierten Räume (*caldarium* = heiß, *tepidarium* = lauwarm, *frigidarium* = kalt) sind mit Pyrenäenmarmor und hübschen Mosaiken ausgelegt. Im Kreuz-, Kreis-, Spiral- und Zickzackmuster des kleinen Schwimmbeckens tummeln sich bunt zusammengepuzzelte Fische, Muscheln und Tintenfische. Ein auf der Nordseite der Kirche freigelegtes Mosaik mit Kettenmuster und kleinen Kreuzen datiert aus der Merowingerzeit (6. Jh.). Im Museum erfährt man Genaueres über die verschiedenen Epochen der Anlage, die z. B. den Urchristen als Friedhof gedient hat (tgl. 9–12, 14–18 Uhr, Juli–Aug. durchgehend 9–19 Uhr).

Auf dem Weg nach Bordeaux

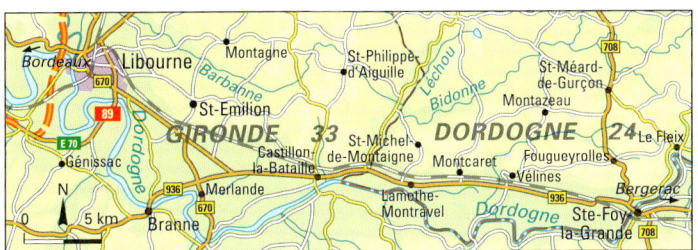

Bergeracois

St-Michel-de-Montaigne

Das Landsträßchen führt weiter in die Hügel nach **St-Michel-de-Montaigne.** Von den um die Kirche gruppierten Bauernhäusern geht es noch ein Stück weiter bergan zum Schloss, wo 1533 der Philosoph Michel de Montaigne zur Welt kam. Der Vater, Waffengefährte des Renaissance-Königs Franz I. und von der antikisierenden Gelehrsamkeit angesteckt, ließ dem Sohn eine streng klassische Erziehung angedeihen. Von Ovid bis Seneca bildeten die antiken Meister auch den Grundstock der Bibliothek, hinter deren Mauern der zum Philosophen gereifte Jurist 1572–89 sein Hauptwerk »Essais« verfasste. Zuvor hatte Montaigne als Parlamentsrat in Bordeaux lange ein öffentliches Amt bekleidet. Aber auch nach seinem Rückzug aufs väterliche Gut blieb er, als Bürgermeister von Bordeaux und als königlicher Kammerherr, politisch aktiv. So war der Hugenottenführer und Thronprätendent Heinrich von Navarra 1584 mit großem Gefolge (42 Edelmännern und Offizieren samt Dienern, Pagen und Soldaten) zwei Tage lang Gast auf Schloss Montaigne. Im nahe gelegenen Château de Fleix war 1580 zwischen ihm und König Heinrich III. der gleichnamige Vertrag ausgehandelt worden. Denn Montaigne, selbst gläubiger Katholik, vermittelte während der Religionskriege zwischen den Parteien und war davon

überzeugt, dass die Zugänglichkeit seines wenig wehrhaften Hauses der beste Schutz vor Gewalttaten war.

Der heutige Bau ist Ersatz für das 1884 bei einem Brand zerstörte Schloss der Eyquem, wie die Familie hieß. Der jenseits des Hofes in der Befestigungsmauer gelegene Bibliotheksturm (14. Jh.) blieb vom Feuer verschont und kann besichtigt werden (Juli–Aug. tgl. 9–12, 14–19 Uhr, sonst nur Mi–So). Man steigt von der Hauskapelle über eine Wendeltrep-

Auf dem Weg nach Bordeaux

pe in den darübergelegenen Schlafraum und weiter ins berühmte Bibliothekszimmer. Die rund 1000 Bücher, zum Teil aus dem Bestand des frühverstorbenen Freundes La Boétie, sind leider in alle Winde zerstreut. Sie lagen in fünf Regalreihen übereinandergeschichtet und bildeten für den im Gehen vor sich hin formulierenden Gelehrten einen ständig konsultierten Zitatenschatz. Einige besonders wichtige Sentenzen ließ er sich auf die Deckenbalken malen, so dass sie vom Schreibtischstuhl aus zu lesen waren.

In Montcaret bietet das **Château de Fonroque** (Tel. 05 53 58 65 83, Chambres d'hôte, von großem Park umgeben, um 300 FF.

Die **Auberge de la Tour** (Tel. 05 53 58 60 67) in St-Michel-de-Montaigne hat leider nur am Wochenende geöffnet. Dann gibt es eine herzhafte Regionalküche mit Wein aus der eigenen Produktion (besser reservieren!).

TIPPS & ADRESSEN

Alle wichtigen
Informationen rund
ums Reisen auf
einen Blick – von
Anreise bis Zoll

Ein Sprachführer
enthält die wichtig-
sten Begriffe

INHALT

Reisevorbereitung
Informationsstellen 201
Einreisebestimmungen 201
Karten. 202
Reisezeit 202

Anreise
… mit dem Auto 203
… mit der Bahn. 203
… mit dem Flugzeug 203

Unterwegs im Dordogne-Tal
…mit dem Auto. 204
… mit der Bahn. 204
… mit dem Minibus. 204
… mit dem Pferdewagen 204

Unterkunft
Hotels. 205
Gästezimmer 206
Ferienhäuser 206
Campingplätze 206

Unterkunft
Restaurants 207
Selbstvers orger 207
Spezialitäten 207

Urlaubsaktivitäten
Angeln 209
Baden. 209
Golf. 209
Kanu/Kajak 209
Klettern 210
Radfahren. 210
Wandern 211

Sprachführer 212

Informationen von A bis Z
Diplomatische Vertretungen . . 214
Feiertage 214
Geld 214
Gesundheit 215
Höhlen 215
Kinder 215
Notruf. 215
Öffnungszeiten 216
Post 216
Rauchen 216
Strom 216
Telefon 216

Literaturhinweise. 217

Abbildungsnachweis 218

Kartenverzeichnis 218

Register. 219

REISEVORBEREITUNG

Informationsstellen

...in Deutschland:
Maison de la France
Westendstraße 47
Postfach 100128
60325 Frankfurt/Main
Tel. 01 90 57 00 25
Fax 01 90 59 90 61
www.maison-de-la-france.com

... in Österreich:
Französisches Fremdenverkehrsamt
Argentinierstraße 41a
1040 Wien
Tel. 1/5032890
Fax: 1/5032871

... in der Schweiz:
Maison de la France
Löwenstraße 59
Postfach 7226
8023 Zürich,
Tel.1/2213561
Fax 1/2121614

... in Frankreich:
Comité départemental du Tourisme du Lot
107, quai Cavaignac
46001 Cahors Cedex
Tel. 05 65 35 07 09
Fax 05 65 23 92 76
E-Mail: le-lot.@wanadoo.fr

Comité départemental du Tourisme de la Dordogne
25, rue Wilson
24009 Périgueux Cedex
Tel. 05 53 35 50 24
Fax 05 53 09 51 41
E-Mail: cg.cdt.@perigord.tm.fr

... im Internet:
www.cg24.fr
www.semitour-perigord.com
www.quercy.net

Die Adressen der örtlichen Fremdenverkehrsämter (Office de Tourisme oder Syndicat d`Initiative) befinden sich im Routenteil.

Einreisebestimmungen

EU-Bürger benötigen einen gültigen Personalausweis oder Reisepass. Kinder unter 16 Jahren müssen entweder im Pass eines Elternteils eingetragen sein oder einen Kinderausweis mitführen. Wer sich länger als drei Monate in Frankreich aufhalten will, benötigt eine Aufenthaltsgenehmigung (*carte de séjour*).

Ein- und Ausfuhr unterliegen keinen Beschränkungen mehr, solange die Mengen im privaten Bedarfsrahmen bleiben. Bei Verdacht auf Handel wird Zoll kassiert.

Karten

Für Autofahrer sind die beiden Michelin-Karten Nr. 75 (Dordogne-Tal) und Nr. 79 (Lot-Tal) im Maßstab 1:200 000 unentbehrlich. Die ign-Touristenkarte »Dordogne« im Maßstab 1:125 000 reicht von Souillac bis Lamothe-Montravel und liefert Hinweise auf Bademöglichkeiten, Campingplätze, Gruppenunterkünfte, Weitwanderwege. Für Wanderer empfehlen sich die ign-Karten der »Série bleue« im Maßstab 1:25 000, vor allem Nr. 2136 ET (Causses du Quercy), 2036 ET (Sarladais), 1936 ET (Vézère-Tal).

Reisezeit

Von Mitte April bis Mitte Oktober herrscht gutes Reisewetter. Gelegentlich drängt eine kurze Regenphase oder die sommerliche Hundshitze (über 30° C) die Urlauber vermehrt in Museen und Höhlen. Bei angenehmen Temperaturen und geringen Besucherzahlen erlebt man in der Nebensaison überall noch die gewünschte Idylle. Im Juli und August haben die Sehenswürdigkeiten zwar ihre längsten Öffnungszeiten und die Gefahr, einen Ruhetag zu erwischen und vor verschlossenen Türen zu stehen, ist sehr gering. Doch auf den Uferstraßen, vor den prähistorischen Highlights und in der Altstadt von Sarlat stauen sich dann die Touristen. Unser Führer enthält jedoch zahlreiche Hinweise auf weniger bekannte Ziele, auf die der Sommerurlauber ausweichen kann.

TIPPS & ADRESSEN

ANREISE

... mit dem Auto

Die meisten Touristen fahren mit dem eigenen Wagen, den sie ja zum Erkunden der Region auch vor Ort benötigen. Die Autobahnen sind gebührenpflichtig (*péage*) und meist erfreulich wenig befahren. Je nach Standquartier und Urlaubsplanung kommen zwei Routen in Frage:

Die Ostroute führt zunächst nach Lyon, das man über Metz-Dijon (A 31) bzw. Mulhouse-Beaune (A 36) auf der Autoroute du Soleil (A 6) oder über die Schweiz auf der Genfer Strecke (A 40 / A 41) erreicht. Von Lyon fährt man im Bogen über Saint-Etienne (A 47 / A 72) nach Clermont-Ferrand, wo die gut ausgebaute Schnellstraße N 89 durch die Auvergne Richtung Bordeaux führt. In Tulle oder Brive zweigt man dann ins Dordogne-Tal ab.

Die Westroute führt über Paris-Orléans (A 10), Orléans-Vierzon (A 71), Vierzon-Limoges-Souillac (A 20) auf Autobahnen direkt ins Herz der Dordogne.

... mit der Bahn

Mit Ausnahme der TGV-Direktverbindung Lille-Bordeaux (5 Std.) führen Bahnreisen über Paris, wo man von der Gare du Nord oder Gare de l´Est mit der Métro oder dem Taxi zur Gare d´Austerlitz (SNCF-Züge) oder Gare Montparnasse (TGV) kutschieren muss. Einmal umgestiegen, erreicht man auf den SNCF-Linien Paris-Toulouse in annähernd 5 Std. Brive (Bus-Anschluss Sarlat), Souillac (Bus-Anschluss Sarlat), Gourdon, Cahors, Gramat (via Capdenac) oder Figeac (via Capdenac). Der TGV Atlantique rast in knapp 3 Std. nach Bordeaux und hält schon vorher in Angoulême, wo Busse nach Brantôme und Périgueux bereitstehen.

... mit dem Flugzeug

Von Genf, Zürich, Wien und etwa 20 deutschen Großstädten gibt es preiswerte Direktflüge nach Bordeaux und Toulouse, wo Leihwagen bereitstehen (87 km bis Bergerac bzw. 114 km bis Cahors). Ab Paris starten täglich 4 Maschinen nach Périgueux und Bergerac.

UNTERWEGS IM DORDOGNE-TAL

... mit dem Auto

Autofahren ist in Frankreich weitgehend denselben Regelungen wie in Deutschland unterworfen. Auf Vorder- und Rücksitzen besteht Anschnallpflicht, die Höchstgeschwindigkeit beträgt auf Autobahnen (A) 130 km/h, auf National- (N) und Départementstraßen (D) 90 km/h, in Ortschaften 50 km/h. Achtung: Geschwindigkeitsüberschreitungen werden mit hohen Bußgeldern geahndet.

... mit der Bahn

Nahverkehrszüge verbinden zahlreiche Haltestationen auf den Nebenlinien Brive-Figeac, Cahors-Capdenac, Cahors-Fumel, Sarlat-Bergerac und Sarlat-Les Eyzies-Périgueux.

... mit dem Minibus

Privatveranstalter bieten für Gruppen Ausflugsrundfahrten von folgenden SNCF-Bahnhöfen:
Souillac: 4x4 Evasion, Tel. 05 65 37 03 64
Cahors: Voyages Belmon, Tel. 05 65 35 59 30
Sarlat: Hep Excursions, Tel. 05 53 28 10 04, Fax 05 53 28 18 34
Les Eyzies: Taxi Tardieu, Tel. 05 53 06 93 06, Fax 05 53 59 61 43
Le Buisson: Taxi Denis Valadié, Tel. 05 53 22 04 77
Bergerac: Yves Morissoneau, Tel. 05 53 57 55 66

... mit dem Pferdewagen

Ein beschauliches Fortbewegungsmittel ist der Pferdewagen (*roulotte*), den man nach einer gründlichen Einweisung ohne besondere Vorkenntnisse mieten kann. Nach jeder Etappe findet man Futter und Standplatz für Pferd und Wagen, der Betten und eine Kochnische enthält.

TIPPS & ADRESSEN

UNTERKUNFT

Hotels

Wer auf der Durchreise hier und dort Station machen oder wegen der Vielfalt der Sehenswürdigkeiten das Stammquartier häufiger wechseln will, wird im Dordogne-Tal am besten in Hotels wohnen. Sie unterliegen alljährlicher Kontrolle und sind nach ihrer Ausstattung in vier Kategorien unterteilt:

*	Einfach (nicht immer Dusche/WC)
**	Recht komfortabel
***	Sehr komfortabel
****	Luxusklasse

Die Preiskategorien sind jeweils angegeben:
günstig   DZ 150–250 FF
moderat DZ 200–400 FF
teuer   DZ 300–700 FF
Luxus   DZ ab 700 FF

Das Frühstück muss extra gerechnet werden und kostet 30–50 FF. In der Hauptsaison ist Halbpension oft verpflichtend.

Im Mittelklassebereich zeichnen sich die **Logis de France** (Emblem: gelber Kamin auf grünem Grund) durch familiäre Atmosphäre und ein gutes Preis-Leistungs-Verhältnis aus. Die **Relais du Silence** (Silence-Hotels) garantieren zu etwas gehobeneren Preisen eine lärmfreie, naturnahe, manchmal bezaubernde Lage. Dies gilt auch von den Häusern mit Charakter (alte Herrenhäuser, Klöster, Schlösser), die sich in den Ketten **Relais & Châteaux** oder **Châteaux & Hotels Indépendants** zusammengeschlossen haben und dem Reisenden für kurze Zeit den Genuss fürstlichen Wohnens bescheren. Neben den allgemeinen Hotelverzeichnissen der Fremdenverkehrsämter empfiehlt es sich daher, bei folgenden Adressen speziellere Kataloge anzufordern:

Fédération nationale des Logis de France
83 av. d'Italie
75013 Paris
Tel. 01 45 84 70 00
Fax 01 45 83 59 66

Relais du Silence
17 rue d´Ouessant
75015 Paris
Tel. 01 44 49 79 00
Fax 01 44 49 79 01
www.relais-du-silence.com/

Relais&Châteaux
Hannoversche Straße 55–56
29221 Celle
Tel. 05 141/21 71 21
Fax 05 141/27 119

Châteaux &Hôtels Indépendants
15 rue Malebranche
75005 Paris
Tel. 01 40 07 00 20
Fax 01 40 07 00 30
www.chatotel.com, chatotel

Gästezimmer

Die Vermieter von *chambres d'hôte* verstehen sich als Gastgeber, die den Fremden in ihrem Bauern-, Winzer- oder Herrenhaus ein authentisch eingerichtetes Zimmer überlassen, sie unter Umständen auch an ihre Tafel bitten (*table d'hôte*) und ihnen auf ihrem Terrain interessante Freizeitangebote machen. Eine Liste dieser Privatunterkünfte erhält man bei den regionalen Fremdenverkehrsämtern.

Ferienhäuser

Wer sich selbst versorgen will, mietet am besten eine Ferienwohnung auf dem Lande. Diese *gîtes ruraux* sind oft in Bauernhöfen, Weingütern oder Dorfhäusern untergebracht und ermöglichen direkten Kontakt mit den Einheimischen abseits der Touristenzentren. Der französische Staat fördert diese Form des bevölkerungsnahen Tourismus und verbindet mit dem Prädikat ›Gîte de France‹ Mindestanforderungen an Komfort (Bad/WC, Herd, Kühlschrank, Geschirr, Sitzgruppe). Die Klassifizierung: 1 Ähre = einfach, 2 Ähren = komfortabel, 3 Ähren = sehr komfortabel (mit Terrasse), 4 Ähren = außergewöhnliche Ausstattung (Spülmaschine, TV, Telephon). Die Preise liegen pro Woche bei circa 900 FF für zwei Personen und 2000 FF für Gruppen bis zu 8 Personen. Verzeichnisse verschicken:

Gîtes de France
59, rue St-Lazare
F-75009 Paris
Tel. 01 49 70 75 75
Fax 01 42 81 28 53
www.gites-de-france-fr

Gîtes de France
Sachsenhäuser Landwehrweg 108
60598 Frankfurt a.M.
Tel. 069/68 43 14
Fax 069/68 62 26
Deuschsprachiger Auswahlkatalog.

Campingplätze

Es gibt im Dordogne-Tal viele, zum Teil sehr schön gelegene Zeltplätze, die nach ihrer Ausstattung mit einem bis vier Sternen bewertet und in der Regel von April bis Anfang Okt. geöffnet sind. Bademöglichkeit besteht nicht selten am Fluss, meistens zusätzlich im eigenen Swimmingpool. Zahlreiche Campingplätze haben spezielle Einrichtungen für Caravans, die oft auch zu mieten sind. Darüber hinaus bieten auch Landwirte Camping auf dem Bauernhof (*camping à la ferme*) an.

Man kann sich von den regionalen Fremdenverkehrsämtern eine Liste zuschicken und/oder vor Ort in einem Syndicat d'Initiative oder im Rathaus (*mairie*) nach einem Camping municipal fragen.
Internet: www.finest.tm.fr/dordogne-camping.

TIPPS & ADRESSEN

ESSEN UND TRINKEN

Restaurants

Bistros, Brasserien, Crêperien, Pizzerien und Schnellimbisse sind nur in die Städte vorgedrungen, wo vom Algerier bis zum Portugiesen auch die Immigranten ihre kleinen Lokale eröffnet haben. Sonst findet man überall das traditionelle Hotel-Restaurant, in dem mehrgängige Menüs angeboten werden, aber auch *à la carte* bestellt werden kann. Die Menüs kosten ab 60 FF aufwärts, besonders preisgünstig sind während der Woche die Mittagsmenüs.

Neben den klassischen Hotel-Restaurants bieten exquisite Gourmetrestaurants eine verfeinerte (und auch teurere) Variante von Regionalküche. Die preiswerteste und zugleich authentischste Variante regionaltypischer, bodenständiger Restaurants sind die *ferme-auberges*, deren Tagesmenüs dem Gast die Wahl abnehmen. Den Kochlöffel schwingt hier die Bäuerin, und auf den Tisch kommt bis auf wenige Zutaten das, was aus der Scheune und vom Acker des Hofes stammt. Voranmeldung ist in jedem Fall ratsam, zumal die *ferme-auberges* nur am Wochenende geöffnet sind und als Geheimtipps weiterempfohlen werden. Normale Restaurants haben außerhalb der Saison oft So abends und Mo geschlossen.

Selbstversorger

Es genügt eine Baguette, ein Stück Käse oder Rillettes – und schon hat man die Grundlage für ein Picknick beisammen. In jedem Dorf gibt es eine Bäckerei (*boulangerie/pâtisserie*), die selbst am So morgens geöffnet hat. Dasselbe gilt für den kleinen Tante-Emma-Laden (*épicerie*), in dem sämtliche Lebensmittel auf engem Raum gestapelt und auch örtliche Informationen erhältlich sind. Die Supermärkte, riesige Konsumtempel am Rande größerer Ortschaften, sind hervorragend sortiert und wochentags bis spät abends geöffnet.

Das größte Einkaufserlebnis bieten die Wochenmärkte. Man findet dort die landestypischen Produkte frisch und preiswert und bekommt von den Einheimischen auch noch Küchentipps und Rezepte. Im Sommer bieten manche Orte den Urlaubern einen abendlichen Schlemmermarkt (*marché gourmand*).

Spezialitäten

Die Feinkostprodukte des Périgord und Quercy reichen von der *foie gras* über sämtliche Geflügelkonserven, Trüffel- und Nussprodukte bis zum Wein. Es gibt sie auf den Märkten, in speziellen Supermarktregalen und in schmucken, nicht gerade billigen Läden mit der Aufschrift »Produits régionaux«. Es empfiehlt sich aber der Kauf direkt beim Hersteller, der gerne auch einen Einblick in die Produktion gestattet. Nicht aus ökonomischer Barmherzigkeit, sondern wegen der zuverlässigen Qualität kauft man die Geflügelspezialitäten am besten bei den ›artisanalen‹ Konserverien, die nicht für den Export, sondern für den heimischen Markt produzieren.

Weinproben bieten die beste Gelegenheit zum Gespräch mit den Winzern, die sich – anders als im renommierten Bordelais – gerne Zeit für jeden Kunden nehmen.

URLAUBSAKTIVITÄTEN

Angeln

Viele Bäche und Flüsse laden zum beschaulichen Angeln ein. Interessenten besorgen sich den Angelschein für Urlauber und eine Fischfang-Karte des jeweiligen Departements. Auskunft:

Fédération du Lot pour la pêche et la protection du milieu aquatique
182, quai Cavaignac
46000 Cahors
Tel. 05 65 35 50 22
Fax 05 65 23 92 48

Fédération de la Dordogne pour la pêche et la protection du milieu aquatique
2, rue Antoine-Gadaud
24002 Périgueux
Tel. 05 53 53 44 21
Fax 05 53 54 57 91

Baden

An den Ufern der Dordogne, des Lot, des Célé findet man überall Badeplätze, die gelegentlich (z. B. Gluges, St-Cirq-Lapopie) sogar überwacht sind. Die lokalen Verkehrsbüros informieren auch über Teiche (*étangs*), künstliche Seen (*plans d´eau*) und Schwimmbäder, die oft mit Rutschen und anderen Spielgeräten ausgestattet sind. Die Erlebniskultur ist am Dordogne-Tal nicht vorübergegangen, wie man an den Namen der Freizeitparks erkennt: Padirac Loisirs, Quercyland Les Ondines (Souillac), L'Archipel (Cahors), Aquafolies (Payrac).

Golf

Neben einer Reihe von 9-Loch-Anlagen gibt es folgende 18-Loch-Golfplätze: Golf de la Croix (Mortemart bei Le Bugue, Tel. 05 53 03 27 55), Golf de Saltgourde (Périgueux, Tel. 05 53 53 02 35, Fax 05 53 09 46 29), Golf des Vigiers (Monestier 18 km östlich von Bergerac, Tel. 05 53 61 50 33, Fax 05 53 61 50 31) sowie Swin Golf La Peyrière (St-Geniès, Tel. 05 53 28 98 12, Fax 05 53 28 29 30).

Kanu/Kajak

Die Dordogne genießt als malerisches Paddelrevier einen sehr guten Ruf. Auch die weniger stark befahrenen Nebenflüsse Célé, Dronne, Isle, Lot, Vézère sind zum Kanuwandern geeignet. Außerhalb der Saison ist man auf das eigene Boot angewiesen, von Mai bis Ende Sept. kann man an diversen Basen Kanus oder Kajaks mieten und wird dann praktischerweise zum Startplatz gefahren bzw. am Ziel wieder abgeholt. Tagespreis inklusive Versicherung pro Person ab 75 FF, bei mehrtägigen Abfahrten degressive Tarife.

Die Flüsse sind als sehr leicht (Klasse I) bis leicht (Klasse II) eingestuft, und gerade Anfänger können sich bedenkenlos auf die Strecke wagen. An der Dordogne gibt es nur zwischen Argentat und Carennac einige tückische Stellen, am Lot muss man das Boot an Staudämmen vorbeitragen, am Célé gibt es ein paar ›sportliche‹ Passagen und die Ufer sind weitgehend unzugänglich da Privatgrund.

Folgende Sicherheitsregeln sind zu beachten: Schwimmtüchtigkeit ist unabdingbare Voraussetzung, weshalb Kleinkinder nicht ins Boot gehören. Jeder Bootfahrer trägt eine Schwimmweste. Nicht bei drohendem Hochwasser starten und bei Verkehrsbüros und Bootsvermietern aktuelle Informationen über den Wasserstand einholen: Ist sichergestellt, dass die Schleusen der Stauwehre (oberhalb von Argentat) geschlossen bleiben? Während der Fahrt vor unübersichtlichen Passagen aussteigen und unter den Brücken die Strömung begutachten. Sonnenschutz nicht vergessen.

Der Französische Kanuverband hat einen Führer (Guide canoëkayak de la descente de la Dordogne) herausgegeben, der im Buchhandel und in zahlreichen Tourismusbüros erhältlich ist. Nähere Informationen über Etappen, Verleih und Pauschalarrangements:

Comité départemental de canoëkayak
Place Chico-Mendès
46000 Cahors
Tel. 05 65 35 91 59
www.canoe-france.com/dordogne-lot/index.htm

Zwei Verleihfirmen bieten in der Region ein besonders breitgefächertes Angebot:

Quercyland Copeyre
Tel. 05 65 37 33 51
Fax 05 65 38 78 21

Safaraid
Tel. 05 65 30 74 47/
05 55 28 80 70 (Saison)
Fax 05 65 30 74 48

Klettern

Kletterfelsen gibt es nicht nur an den Steilabfällen der Causses, sondern auch im Innern der Kalksteinmassive, weshalb sich neben dem klassischen Klettern (*escalade*) das Höhlendurchsteigen (*spéléologie*) zu einem dem Canyoning verwandten Sport entwickelt hat. Nähere Informationen über Anforderungen und Kurse in den regionalen Fremdenverkehrsämtern.

Radfahren

Es gibt in der Dordogne viele Asphaltsträßchen, die abseits der großen Verkehrswege beschau-

TIPPS & ADRESSEN

liche Strecken garantieren. Zwischen Plateaus und Tälern muss man allerdings mit kräftigen Steigungen rechnen. Zur Planung der Radtour genügen die Michelin-Karten, nach denen man sich die Route möglichst aus weißen Départementstraßen zusammenstellt. Unterwegs ist trotzdem Vorsicht angesagt: Einheimische Kraftfahrer benutzen die verkehrsarmen Landstraßen gerne als Abkürzung, ohne ihre Geschwindigkeit dem ›Schleichweg‹ anzupassen.

Wer sein Rad nicht mitbringt, findet auf fast allen Campingplätzen Leihräder. Im übrigen gibt es ein dichtes Netz von Radläden, die alle handelsüblichen Ersatzteile führen und vor Ort Räder verleihen. Ein einfaches Fahrrad (*vélo traditionnel*) kostet ab 70 FF pro Tag, ab 200 FF die Woche, etwas teurer kommt ein Tourenrad (*vélo randonneur*) oder Mountainbike (*vélo tout terrain* = V.T.T.). Die Räder sind meist in ordentlichem Zustand.

Wer sein Fahrrad per Bahn an die Dordogne versenden will, muss 5–6 Tage rechnen und sollte vorher eine Versicherung abschließen. Trotz der Kartonschutzhüllen kommt es gelegentlich zu Beschädigungen. Innerhalb Frankreichs muss man das Rad nicht am Gepäckschalter abgeben, sondern kann es bei den Nahverkehrszügen (Fahrradsymbol) selbst vom Bahnsteig weg verladen. Genauere Informationen in der SNCF-Broschüre (Guide train & vélo) bei:

Französische Eisenbahnen
Westendstraße 24
60325 Frankfurt a.M.
Tel. 069/72 84 45

Wandern

Rot-weiß markierte Weitwanderwege (*Grande Randonnée* = GR), durchziehen die Dordogne-Region:
GR 6 (Dordogne): Figeac - Souillac - Sarlat - Les Eyzies - Limeuil - Lalinde - Monbazillac - Ste-Foy-la-Grande.
GR 36 (Lot-Vézère-Dronne): St-Cirq-Lapopie - Cahors - Luzech - Bonaguil - Monpazier - Belvès - Allas-les-Mines - St-Cyprien - Les Eyzies - Montignac - L'Herm - Périgueux - Bourdeilles - Brantôme.
GR 46 (Causses-Route): Turenne - Martel - Gluges - Rocamadour - St-Cirq-Lapopie.
GR 64 (Dordogne-Nebenroute): Gourdon - Domme - Castelnaud - Allas-les-Mines.
GR 651 (Célé-Route): Béduer - Espagnac - Marcilhac - Cabrerets - Bouziès.
Für gelb-weiß markierte Kurz- oder Rundwanderungen (*Petites Randonnées, Circuits*) erhält man Wegbeschreibungen in den örtlichen Verkehrsbüros. Die Weitwanderwege sind auf den ign-Karten (Série bleue) verzeichnet und in den vom Französischen Wanderverband (Fédération Française de la Randonnée Pédestre) herausgegebenen Topo-Guides beschrieben.

SPRACHFÜHRER

Unterwegs

la gare	Bahnhof
le train	Zug
l'arrivée	Ankunft
le départ	Abfahrt
l'aéroport	Flughafen
l'avion	Flugzeug
le billet	Fahrschein
le supplément	Zuschlag
la réservation	Reservierung
l'aller	Hinfahrt
le retour	Rückfahrt
le séjour	Aufenthalt
la voiture	Auto
le permis de conduire	Führerschein
l'essence	Benzin
sans plomb	bleifrei
la station d'essence	Tankstelle
le service de dépannage	Pannenhilfe, Abschleppdienst
l'autoroute	Autobahn
la route	(Land)Straße
la rue	Straße
la place	Platz
le vélo	Rad
le VTT	Mountainbike
la moto	Motorrad
la mobylette	Mofa
le péage	Maut(gebühr)
la sortie	Ausgang, Ausfahrt
l'entrée	Eingang
le car	Bus
l'arrêt	Haltestelle
la gare routière	Busbahnhof
la direction	Richtung

Übernachten

l'hôtel	Hotel
la chambre	Zimmer
la chambre d'hôte	Gästezimmer
la clé	Schlüssel
la salle des bains	Bad
la douche	Dusche
le lit	Bett
le grand lit	Doppelbett
la couverture	Bettdecke
le drap	Laken
la serviette	Handtuch
le chauffage	Heizung
l'oreiller	Kopfkissen

Tage und Monate

lundi	Montag
mardi	Dienstag
mercredi	Mittwoch
jeudi	Donnerstag
vendredi	Freitag
samedi	Samstag
dimanche	Sonntag
janvier	Januar
février	Februar
mars	März
avril	April
mai	Mai
juin	Juni
juillet	Juli
août	August
septembre	September
novembre	November
décembre	Dezember

SPRACHFÜHRER

Essen und Trinken

le menu	Menü
la carte	Speisekarte
la carte des vins	Weinkarte
le plat	Gericht
le plat du jour	Tagesgericht
le verre	Glas
le couteaux	Messer
la fourchette	Gabel
la cuillère	Löffel
le vin	Wein
le vin blanc	Weißwein
le vin rouge	Rotwein
le petit déjeuner	Frühstück
le déjeuner	Mittagessen
le dîner	Abendessen
le régime	Diät
végétarien	vegetarisch
les légumes	Gemüse
la viande	Fleisch
le poisson	Fisch
la soupe	Suppe
la salade	Salat
le dessert	Nachtisch
l'entrée	Vorspeise
l'hors d'œuvre	Vorspeise
la garniture	Beilage
les fruits	Obst

Geld

la banque	Bank
l'argent	Geld
la monnaie	Kleingeld
la carte de crédit	Kreditkarte
le chèque	Scheck
le change	Geldwechsel
payer	bezahlen
les espèces	Bargeld
le billet	Geldschein

Zeit und Zahlen

un, une	eins, eine
deux	zwei
trois	trois
quatre	vier
cinq	fünf
six	sechs
sept	sieben
huit	acht
neuf	neun
dix	zehn
onze	elf
douze	zwölf
treize	dreizehn
quatorze	vierzehn
quinze	fünfzehn
seize	sechzehn
dix-sept	siebzehn
dix-huit	achtzehn
dix-neuf	neunzehn
vingt	zwanzig
trente	dreißig
quaranter	vierzig
cinquante	fünfzig
soixante	sechzig
soixante-dix	siebzig
quatre-vingt	achtzig
quatre-vingt-dix	neunzig
cent	hundert
mille	tausend
l'heure	Stunde, Uhr
le jour	Tag
la semaine	Woche
le mois	Monat
le matin	Morgen
le midi	Mittag
l'après-midi	Nachmittag
le soir	Abend
la nuit	Nacht
demain	morgen
aujourd'hui	heute

INFORMATIONEN VON A BIS Z

Diplomatische Vertretungen

Generalkonsulat der Bundesrepublik Deutschland
377, boulevard du Président Wilson
33200 Bordeaux-Caudéran
Tel. 05 56 17 12 22
Fax 05 56 42 32 65

Honorarkonsulat der Republik Österreich
86, cours Balguerie-Stutenberg
33300 Bordeaux
Tel. 05 56 00 00 70
Fax 05 57 87 60 30

Generalkonsulat der Schweiz
14, cours Xavier-Arnozan
33080 Bordeaux
Tel. 05 56 52 18 65
Fax 05 56 44 08 65

Feiertage und Feste

1. Januar: Jour de l'An (Neujahr)
Ostermontag: Lundi de Pâques
1. Mai: Fête du Travail
(Tag der Arbeit)
8. Mai: Armistice
(Waffenstillstand 1945)
Christi Himmelfahrt: Ascension
Pfingstmontag: Lundi de Pentecôte
14. Juli: Fête Nationale (Sturm auf die Bastille 1789)
15. August: Assomption
(Mariä Himmelfahrt)
1. November: Toussaint
(Allerheiligen)
11. November: Armistice
(Waffenstillstand 1918)

Vor allem im Sommer jagen sich die lokalen Feste. Sie reichen von den traditionellen Jahrmärkten (*foires*) bis hin zu den Festivals, die auch erstklassige Musiker und Theatergruppen ins Dordognetal locken. Beachten Sie die Anschläge in den Ortschaften und holen Sie nähere Informationen im betreffenden Office de Tourisme ein.

Geld

Bis zur Einführung des Euro ist die Landeswährung noch der Franc (FF), der etwa ein Drittel des DM-Werts repräsentiert. Der Umtausch in Frankreich ist etwas günstiger als bei uns, allerdings verlangen viele Wechselstuben und Banken Gebühren. Kreditkarten sind weit verbreitet und werden auch an Tankstellen, Supermärkten, Restaurants und Hotels akzeptiert. Da sich überall Geldautomaten durchgesetzt haben, erübrigt sich in der Regel der Besuch einer Bank (Mo–Fr 9–12, 14–16.30 Uhr).

TIPPS & ADRESSEN

Gesundheit

Die medizinische Versorgung entspricht im wesentlichen derjenigen Deutschlands. In den äußerst zahlreichen Apotheken (pharmacies) sind oft billigere, aber gleichwertige Medikamente zu bekommen. Für die Bezahlung von Ärzten benötigen Kassenpatienten einen Auslandskrankenschein. Andernfalls bezahlt man bar und lässt sich den ausgelegten Betrag nach Vorlage der Rechnung von der heimischen Krankenkasse erstatten.

Höhlen

Wärme, Licht und verändern Luftströme stören das Mikroklima der prähistorischen Höhlen, die von Algen- und Moosbefall bedroht sind. Die Besucherzahlen werden daher beschränkt, was Wartezeiten mit sich bringt und - bei den berühmten Höhlen in der Hauptsaison – Vorbestellung nötig macht. Zur Vermeidung von Beschädigungen gelten folgende Verhaltensregeln: die Tropfsteine und Wände nicht berühren, keine sperrigen Gegenstände oder Tiere mitnehmen, keine Nahrungsmittel auspacken, keine Abfälle zurücklassen, nicht photografieren. Wegen der niedrigen Temperaturen (10° C) und oft schlüpfrigen Passagen empfiehlt sich warme Kleidung und festes Schuhwerk.

Kinder

Für einen Urlaub mit Kindern sind die zahlreich vorhandenen Campingplätze und Ferienhäuser (gîtes) ideal. Einige Restaurants bieten preiswerte Kindermenüs an, die Radverleiher haben Kinderräder im Angebot, und die Touristenbähnchen (petit train) machen die Besichtigung einer Altstadt auch für die Kleinen zum Erlebnis. Im übrigen haben die Franzosen in den letzten Jahren nicht nur ihre Freizeitparks (parc de loisir) vervielfacht, sondern zahlreiche Sehenswürdigkeiten und Museen ansprechend ›animiert‹. Bei den Eintrittspreisen gibt es mehr oder weniger familienfreundliche Regelungen: der Besuch für Kinder ist meist bis zum Alter von 4 oder 6, im Bestfall bis zu 12 Jahren gratis; die ermäßigten Tickets kosten die Hälfte bis zwei Drittel des Normalpreises.

Notruf

Den Ärzte- und Apothekennotdienst erfährt man aus der Lokalpresse oder beim örtlichen Polizeikommissariat. Notrufnummern:

Ärztliche Hilfe: 15
Polizei: 17
Feuerwehr: 18

Öffnungszeiten

Ladenschlusszeiten sind in Frankreich variabel. Als normale Geschäftszeiten gelten Di–Sa 9–12, 14–19 Uhr. Supermärkte haben durchgehend bis 20 oder sogar 22 Uhr geöffnet. Manche Geschäfte (Bäckereien, Epicerien, Tabak, Zeitschriften) sind auch am So vormittags geöffnet. Dafür ist der Mo in der Regel Ruhetag.

Museen und Sehenswürdigkeiten haben in der Regel Mo oder Di sowie an Feiertagen geschlossen. Meist gibt es eine Mittagspause zwischen 12–14 Uhr, die nur in der Hauptsaison (Juli–Aug.) entfällt. Auch Öffnungszeiten variieren nach der Saison.

Post

Die Postämter sind in Städten meist 8–19 Uhr, in kleineren Orten Mo–Fr 9–11.30, 14–17.30, Sa 8–12 Uhr geöffnet. Um langes Anstehen zu vermeiden, kauft man Briefmarken besser in Tabac-Läden. Das Porto beträgt für Postkarten 2,80 FF, für Briefe 3 FF.

Rauchen

In öffentlichen Gebäuden, Bahnhöfen, Flugplätzen, Hotels, Restaurants und Cafés ist das Rauchen nicht gestattet. Vor allem in der Gastronomie sind aber Raucherzonen eingerichtet.

Strom

Man trifft heute in Frankreich fast ausschließlich auf 220-Volt-Anschlüsse. Die Steckdosen sind jedoch nicht vereinheitlicht, so dass ein Adapter gelegentlich gute Dienste tut. In manchen Hotels funktioniert die Steckdose im Bad nur für den Rasierapparat, nicht aber für den Fön, der daher im Zimmer eingesteckt werden muss.

Telefon

Zum Telefonieren benötigt man eine Télécarte (50 oder 120 Einheiten), die man in der Post, an Kiosken oder in Tabakläden erhält. Unter der Woche ist Telefonieren ab 21.30 Uhr billiger.

In Frankreich wählen Sie überall die betreffende zehnstellige Nummer.

Von Frankreich beachten Sie die spezielle Auslandsvorwahl für

Deutschland:
0049 + Ortskennzahl ohne 0

Österreich:
0043 + Ortskennzahl ohne 0

Schweiz:
0041 + Ortskennzahl ohne 0

Nach Frankreich:
0033 + Rufnummer ohne 0.

TIPPS & ADRESSEN

LITERATURHINWEISE

Michel Lorblanchet: Höhlenmalerei, Sigmaringen 2000
Klassisches Handbuch aus der Feder des renommierten französischen Forschers, schön bebildert

Michel de Montaigne: Essais, Frankfurt/Main 1998
In der vielgelobten Neuübersetzung werden die zeitlos-aktuellen Gedanken des französischen Gelehrten auch dem deutschsprachigen Publikum zum Lesegenuss.

Detlev Werth: Streifzüge durchs Périgord, München 1997
Ein großer Liebhaber des Périgord berichtet von Sitten und Köstlichkeiten seiner zweiten Heimat; mit zahlreichen Rezepten.

Bitte schreiben Sie uns, wenn sich etwas geändert hat!
Alle in diesem Buch enthaltenen Angaben wurden von den Autoren nach bestem Wissen erstellt und von ihnen und dem Verlag mit größtmöglicher Sorgfalt überprüft. Gleichwohl sind – wie wir im Sinne des Produkthaftungsrechts betonen müssen – inhaltliche Fehler nicht vollständig auszuschließen. Daher erfolgen die Angaben ohne jegliche Verpflichtung oder Garantie des Verlages oder der Autoren. Beide übernehmen keinerlei Verantwortung und Haftung für etwaige inhaltliche Unstimmigkeiten. Wir bitten dafür um Verständnis und werden Korrekturhinweise gerne aufgreifen:
DuMont Buchverlag, Postfach 10 10 45, 50450 Köln
E-Mail: reise@dumontverlag.de

ABBILDUNGSNACHWEIS

Archiv für Kunst und Geschichte Berlin Abb. S. 22, 136

Bildarchiv Preußischer Kulturbesitz, Berlin Abb. S. 146/147

Thorsten Droste (Cerciat/Estadens) Abb. S. 102, 198

Nikolaus Miller, München Abb. S. 12, 18/19, 38, 41, 43, 44/45, 60, 69, 78, 88, 100, 107, 111, 119, 126, 129, 138, 141, 170/171, 174, 187, 191, 194

Rolf Nobel / plus 49 VISUM (Hamburg) Abb. S. 123

Manfred Scharnberg / plus 49 VISUM (Hamburg) Titelabb., Abb. S. 24, 176/177, 189

Martin Thomas vordere Umschlaginnenklappe, hintere Umschlaginnenklappe, Vignette, S. 2/3, 8, 10, 21, 30/31, 34/35, 37, 49, 52, 53, 54, 57, 58, 66, 74, 77, 80/81, 82, 84, 92/93, 95, 98, 108/109, 112, 130/131, 133, 143, 152, 155, 156, 158/159, 163, 164/165, 167, 182/183, 184, 196/197

KARTENVERZEICHNIS

Übersichtskarte Dordogne .... vordere Umschlagklappe
Quercy .... S. 64
Cahors .... S. 91
Lot-Tal .... S. 96
Sarladais .... S. 217
Sarlat .... S. 121
Vézère-Tal .... S. 134
Périgueux .... hintere Umschlagklappe
Périgueux und das Dronne-Tal .... S. 161
Bergeracois .... S. 179
Auf dem Weg nach Bordeaux .... S. 179

REGISTER

Personen

Abadie, Paul 159
Alarich II., Westgotenkönig 23
Alphonse von Poitiers 24
Arnaud Daniel 173
Arnaud de Stapone, Abt von Sarlat 120

Bérenger de Roquefeuil 106
Bernard de Clairvaux 184
Bourdeille, Pierre de s. Brantôme
Brantôme, Pierre de Bourdeille de 166, 167, 168f.
Breton, André 94
Breuil, Henri Abbé 144
Buffarot, Weber 26, 188

Cavaillez, Sylvain 123
Cerval, Julien de 115, 127
Champollion, Jean-François 98
Charles de Gontaud, Herzog 189
Chlodwig, Merowingerkönig 23
Colbert, Jean-Baptiste 94

Du Guesclin, Bertrand 25, 194

Eduard I., König von England 185
Eduard III., König von England 25, 122
Eleonore von Aquitanien, Königin von Frankreich 23
Eluard, Paul 119

Fénelon, François de Salignac de La Mothe 79, 110

Géraud de Maumont 171

Gerz, Jochen 190
Gontaud-Biron, Familie 188, 189
Guillaume de Domme 112

Heinrich II. Plantagenêt, König von England 23, 76
Heinrich von Navarra (als Heinrich IV. König von Frankreich) 25, 26, 90, 189, 196
Hugue de Castelnau 68

Innozenz III., Papst 24
Isabelle de Limeuil 178, 181

Jean de Grailly 185
Jean de la Linde 180
Jean II. de Losse 142
Jean de Séguirier 72
Jeanne d'Arc 25
Johannes XX., Papst 14, 90, 94, 121

Karl der Große, Kaiser 23
Karl Martell 81
Karl VII., König von Frankreich 25
Kosuth, Joseph 98

La Boétie, Etienne de 122
La Mothe-Fénelon, Familie 79
La Mothe La Forêt, Kaufmann 26
La Tour, Galhiot de 181
La Tour d'Auvergne, Henri de 182
Lacoste, Robert 27
Lartet, Edouard 28
Le Noble, Ambroise 172
Le Roy, Eugène 147, 148, 150
Ludwig VII., König von Frankreich 23

Ludwig IX. der Heilige, König von Frankreich 25, 76, 183
Ludwig XI., König von Frankreich 76, 183
Ludwig XIII., König von Frankreich 190
Ludwig XIV., König von Frankreich 26, 190
Lurçat, Jean 70f., 72, 76

Mérimée, Prosper 183
Miller, Henry 119
Montaigne, Michel de 25, 196
Mortillet, Gabriel de 28

Peytral, Monique 144
Philipp II. August, König von Frankreich 24
Philipp III. der Kühne, König von Frankreich 112
Philipp IV. der Schöne, König von Frankreich 76, 120
Philipp VI., König von Frankreich 76

Pierre de Mareuil, Abt von Brantôme 166

Ravidat, Marcel 144
Richard Löwenherz, Köing von England 24, 103, 116, 183
Richelieu (Armand Jean du Plessis), Kardinal 26
Robert d'Arbrissel 183
Rostand, Edmond 191

Salignac de La Mothe Fénélon, Familie 128
Sermadiras, Patrick 127
Simon de Montfort 24, 111, 112, 116

Tarde, Jean de 115

Verne, Jules 185
Vivans, Geoffroy de 25, 112, 122, 143

Zadkine, Ossip 87

REGISTER

Orte

Albas 105
Anglars 105
Archignac 47, 128
Argentat 12, 62f.
Aubeterre-sur-Dronne 174
Aubusson 70
Autoire 73
Auvézère, Fluss 13, 163

Bara-Bahau, Grotte de 140
Beaulieu 63
Beaumont 25, 185f.
Bélaye 105
Belcastel 83
Bergerac 25, 26, 27, 50, 52, 190ff.
Bergeracois 178ff.
Beune-Täler 132ff.
Beynac 23, 24, 116, 118ff.
Biron 23, 26, 188ff.
Bonaguil 106f.
Boschaud, Kloster 165
Bourdeilles 23, 171f.
Bouriane 87
Bouziès 94
Brantôme 23, 166f.
Bretenoux 67ff.
Breuil 132
Breuil, Cabanes du 132, 133
Bridoire, Château de 193
Bruzac 164

Cabrerets 100f.
Cadouin, Abtei 23, 183ff.
Cahors 13, 23, 25, 27, 50, 52, 90ff.
Caillac 103
Caix 103
Cajarc 95
Cajarc, Causse de 15
Calvignac 95

Cap Blanc, Abri du 133
Cardaillac 23
Carennac 79
Carlucet 128
Carlux 110
Carpe Diem, Tropfsteinhöhle 139
Castelfranc 105
Castelnau 23, 68
Castelnaud 25, 116f.
Causses 16f.
Célé, Fluss 99ff.
Cénac 113
Cenevières, Château de 94
Cent Mammouths, Grotte des 151
Chancelade, Abtei 161f.
Chastang, Barrage du 63
Collonges-la-Rouge 65f.
Commarque, Château de 132
Cougnac, Grottes de 87
Couze-et-St-Front 180
Creysse 82
Cubjac 163
Curemonte 65
Cuzals 100

Domme 24, 25, 111ff.
Dordogne, Département 13, 20, 26, 27, 44, 48, 144
Dordogne, Fluss 12, 62ff., 195
Double, Forêt de la 175
Dronne, Fluss 13, 166ff.

Echourgnac 175
Espagnac-Ste-Eulalie 99
Eymet 25, 37, 194
Eyrignac 127, 128

Fanlac 148
Faycelles 95
Fénelon, Château de 110
Festalemps 174
Figeac 23, 24, 39, 96ff.

Fleix, Château de 196
Font-de-Gaume, Höhle 133f.

Gluges 81
Gourdon 23, 30, 87
Gramat, Causse de 15, 73
Grand-Brassac 173f.
Grand Roc, Grotte du 138f.
Grézels 105

Hautefort 163

Isle, Fluss 13
Issigeac 194

L'Herm, Château de 148
La Gavette 28
La Madeleine 28, 141
La Rigale, Château de 174
La Roque-Cageac 114f.
La Roque St-Christophe 141f.
La Treyne, Château de 83
Lacave 83
Lalinde 25, 26, 180
Lamothe-Montravel 16, 195
Lanquais 25, 181f.
Larroque-Toirac 95
Lascaux 27, 143ff.
Laussel, Château de 132
Le Bournal, Freilichtmuseum 140
Le Bugue 140
Le Change 163
Le Moustier 28, 142
Le Thot 143
Les Arques 87
Les Combarelles, Höhle 133
Les Eyzies-de-Tayac 27, 28, 135ff.
Limargue 15
Limeul 26, 34, 178
Limeul, Cingle de 178
Losse, Château de 142f.

Lot, Département 13, 20, 26, 27, 44, 48, 53
Lot, Fluss 12, 41, 90ff.
Loubressac 73
Luzech 103f.

Malartrie, Château de la 115
Malfourat 193
Marcilhac-sur-Célé 99
Mareuil 23
Marqueyssac 115, 126
Martel 81f.
Martel, Causse de 15
Marthonie, Château de la 166
Mercuès 103
Merlande, Priorat 162
Molières 185
Monbazillac 50, 193
Monpazier , 25, 26, 36, 187f.
Montbrun 95
Montcaret 195
Montferrand-du-Périgord 187
Montfort, Château de 111
Montfort, Cingle de 111
Montignac 147f., 157
Montravel 50, 195
Montvalent, Cirque de 81
Moulin de la Tour 125
Mounine, Saut de la 95
Moustier 28

Padirac, Gouffre de 73
Parnac 103
Paulin 128
Pech-Merle, Grotte-Musée 101f.
Périgord 13, 16, 23, 25, 26, 32, 40, 45, 47, 55, 56
Périgord, Grünes 13, 16, 163, 166
Périgord, Purpurnes 16, 52
Périgord, Schwarzes 16, 110f., 132, 140, 151

REGISTER

Périgord, Weißes   16
Périgueux   13, 23, 25, 26, 154ff.
Poisson, Abri du   139
Préhistoparc, Tursac   141
Presque, Grotte de   72
Proumeyssac, Gouffre de   140
Puy St-Front   154, 155
Puy-l'Evêque   106
Puyguilhem, Château de   164

Quercy   13, 14f., 16, 23, 24, 25, 26, 32, 40, 55, 62ff.

Ribérac   37, 173
Rocamadour   75ff., 99f.
Rouffillac, Château de   111
Rouffiniac   151

St-Amand-de-Coly   34, 146f.
St-Astier   175
St-Avis-Sénieur   187
St-Capraise-de-Lalinde   180
St-Céré   69ff.
St-Cirq-Lapopie   94
St-Crépin   128
St-Geniès   128
St-Jean-de-Cole   164
St-Laurent-les-Tours   69, 70
St-Léon-sur-Vézère   130, 142
St-Martin-de-Ribérac   175
St-Martin-la-Méanne   63
St-Michel-de-Montaigne   196
St-Pierre-Toirac   95
St-Privat-des-Prés, Kirche   174
St-Sulpice   100
Ste-Croix   187
Ste-Foy-la-Grande   25
Ste-Nathalène   125
Salignac, Kanton   128f.
Salignac, Ort   128
Sarladais   47, 110ff.
Sarlat   23, 34, 44, 120ff.
Segonzac   175
Servières-le-Château   63
Siorac-de-Ribérac   175
Sorcier, Grotte du   140
Sorges   163f.
Souillac   23, 24, 85ff.

Tayac   138
Trémolat   178f.
Trémolat, Cingle de   179
Turenne   23, 67
Tursac   141

Vanxains   175
Veyrignac   111
Vézère, Fluss   12, 132ff.
Villefranche-de-Lonchat   25
Villefranche-du-Périgord   24

DUMONT
Reise-Taschenbücher

»Was den DUMONT-Leuten gelungen ist: Trotz der Kürze steckt in diesen Büchern genügend Würze. Immer wieder sind unerwartete Informationen zu finden, nicht trocken eingestreut, sondern lebhaft geschrieben... Diese Mischung aus journalistisch aufgearbeiteten Hintergrundinformationen, Erzählung und die ungewöhnlichen Blickwinkel, die nicht nur bei den Farb- und Schwarzweißfotos gewählt wurden – diese Mischung macht's. Eine sympathische Reiseführer-Reihe.«
Südwestfunk

»Zur Konzeption der Reihe gehören zahlreiche, lebendig beschriebene Exkurse. Sie vertiefen zentrale Themen und sollen zu einem abgerundeten Verständnis des Reiselandes führen.«
Main Echo

Weitere Informationen über die Titel der Reihe DUMONT Reise-Taschenbücher erhalten Sie bei Ihrem Buchhändler oder beim
DUMONT Buchverlag · Postfach 10 10 45 · 50450 Köln · www.dumontverlag.de

DUMONT

RICHTIG-REISEN

»Den äußerst attraktiven Mittelweg zwischen kunsthistorisch orientiertem Sightseeing und touristischem Freilauf geht die inzwischen sehr umfangreich gewordene, blendend bebilderte Reihe ›Richtig Reisen‹. Die Bücher haben fast schon Bildbandqualität, sind nicht nur zum Nachschlagen, sondern auch zum Durchlesen konzipiert. Meist vorbildlich der Versuch, auch jenseits der ›Drei-Sterne-Attraktionen‹ auf versteckte Sehenswürdigkeiten hinzuweisen, die zum eigenständigen Entdecken anregen.«
Abendzeitung, München

»Zum einen bieten die Bände dem Leser eine vorzügliche Einstimmung, zum anderen eignen sie sich in hohem Maß als Wegweiser, die den Touristen auf der Reise selbst begleiten.«
Neue Zürcher Zeitung

Weitere Informationen über die Titel der Reihe DUMONT Richtig Reisen erhalten Sie bei Ihrem Buchhändler oder beim
DUMONT Buchverlag · Postfach 10 10 45 · 50450 Köln · www.dumontverlag.de

DUMONT
KUNST-REISEFÜHRER

Der Klassiker – neu in Form: »Man sieht nur, was man weiß« – wer gründlich informiert reisen will, greift seit Jahren zu den DUMONT Kunst-Reiseführern. Seit 1968 setzen die DUMONT Kunst-Reiseführer Maßstäbe mit sorgfältig recherchierten Informationen von erfahrenen Autoren. Die neue Gestaltung ist übersichtlicher – die Qualität ist geblieben.

»...brillante Fotografien, detaillierte Zeichnungen und farbige Karten machen den neuen zu einem würdigen Nachfolger des alten Kunst-Reiseführers. Wer ihn benutzt, wird keinen zusätzlichen Museumsführer oder Ortsplan brauchen. Der gelbe Teil mit den reisepraktischen Tipps wurde ausgeweitet.« *Die Zeit*

Weitere Informationen über die Titel der Reihe DUMONT Kunst-Reiseführer erhalten Sie bei Ihrem Buchhändler oder beim
DUMONT Buchverlag • Postfach 10 10 45 • 50450 Köln • www.dumontverlag.de

DUMONT
VISUELL-REISEFÜHRER

»Wer einen der atemberaubenden Reiseführer aus der Reihe ›DUMONT visuell‹ wie unsere Rezensentin in der Badewanne aufschlägt, der sollte sich vorsichtshalber am Rand festhalten, denn was einem in diesen Bänden geboten wird, verführt den Leser geradezu, in das Land seiner Träume einzutauchen.«
Kölner Illustrierte

»Sehfreude wird provoziert, Neugierde geweckt, Leselust angeheizt...«
Rheinischer Merkur

»Faszinierend sind die detailgetreu gezeichneten Ansichten aus der Vogelperspektive, die Form, Konstruktion und Struktur von Stadtlandschaften und architektonischen Ensembles auf einzigartige Weise vor Augen führen.«
Hamburger Abendblatt

Weitere Informationen über die Titel der Reihe DUMONT visuell-Reiseführer erhalten Sie bei Ihrem Buchhändler oder beim
DUMONT Buchverlag • Postfach 10 10 45 • 50450 Köln • www.dumontverlag.de

DUMONT

Aktiv Wandern

»DUMONT macht mobil! DUMONT aktiv heißt die neue Reiseführerreihe des DUMONT Buchverlags für Wanderfreunde. Ob Schwarzwald, Dolomiten, Irland oder die Pyrenäen, die Reiseführer im handlichen Format geben nützliche Informationen über Wandersaison, Ausrüstung sowie interessante Naturerscheinungen entlang der vorgeschlagenen Routen. Farbige Höhenprofile zu jeder Wanderung lassen sofort erkennen, wie anspruchsvoll der Weg ist und wieviel Zeit man dafür einplanen muß.«
Augsburger Allgemeine

»Sie passen in jede Rucksackseiten- oder Anoraktasche. Die kompakte Form geht jedoch nicht zu Lasten der Beschreibungen. Jede Route wird mit allem geschildert, was wichtig ist: der Wanderzeit, der Weglänge, dem Routen-Charakter bis hin zu Sehenswürdigkeiten und Einkehrmöglichkeiten am Wege«
Welt am Sonntag

Weitere Informationen über die Titel der Reihe DUMONT aktiv erhalten Sie bei Ihrem Buchhändler oder beim
DUMONT Buchverlag · Postfach 10 10 45 · 50450 Köln · www.dumontverlag.de